.

Mikrorechner-technik

Die Intel Mikroprozessor-Familie
80286 - 80386 - 80486

von
Professor Dr. Heinrich Weber
Fachhochschule für Technik Esslingen

R. Oldenbourg Verlag München Wien 1994

Prof. Dr. rer. nat. Heinrich Weber gehört dem Fachbereich Technische Informatik der Fachhochschule für Technik Esslingen an. Er arbeitete nach dem Studium der Elektrotechnik in Saarbrücken (Dipl.-Ing.) und der Informatik in Karlsruhe (Dipl. Inform.) von 1985 bis 1991 am Forschungszentrum Informatik (FZI) und der Universität in Karlsruhe.

Die Deutsche Bibliothek — CIP-Einheitsaufnahme

Weber, Heinrich:
Mikrorechnertechnik : die Intel-Mikroprozessor-Familie 80286
– 80386 – 80486 / von Heinrich Weber. – München ; Wien :
Oldenbourg, 1994
  ISBN 3-486-22628-2

© 1994 R. Oldenbourg Verlag GmbH, München

Gesamtherstellung: R. Oldenbourg Graphische Betriebe GmbH, München

ISBN 3-486-22628-2

Inhaltsverzeichnis

1 . Grundlagen

1.1. Von Neumann-Architektur

Trotz der heute vorhandenen großen Zahl von unterschiedlichen Rechner-modellen, angefangen vom Taschenrechner über den Personalcomputer bis hin zum Großrechner, arbeitet die weit überwiegende Zahl nach dem gleichen Prinzip und verfügt über die gleiche Architektur. Diese ist nach ihrem Erfinder Johann von Neumann[1] (Neumann-Architektur) benannt.

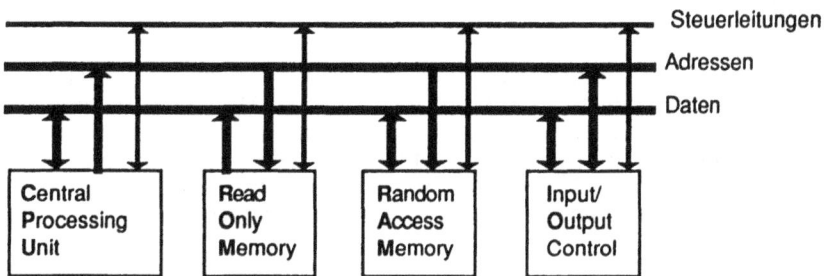

Abb. 1.1-1: Von Neumann-Rechner

Die grundlegenden Bestandteile dieser Rechnerarchitektur sind der Prozessor, verschiedene Arten von Speicherelementen sowie Elemente zur Ein- und Ausgabe von Daten an die Umgebung des Rechners. Die Elemente kommunizieren hierbei über vielpolige Leitungen (sog. Busse) miteinander. Das zentrale Element in dieser Anordnung ist der Prozessor (**CPU**, für central processing unit). In modernen Mikrorechnersystemen sind heute oftmals mehrere Prozessoren, teilweise mit ganz speziellen Aufgaben, im System vorhanden. Typische Beispiele hierfür sind die FPU (Floating Point Unit), der GDP (Graphic Display Processor) oder der DMA-Controller (Direct Memory Access).

Ein klassischer Prozessor besteht aus einem

• **Rechenwerk (ALU,** für Arithmetic Logic Unit), einem

• Satz von **Registern (RU,** für Register Unit) und einem

• **Steuerwerk (CU,** für Control Unit).

Das Rechenwerk übernimmt die Durchführung von arithmetischen (+,-, *, /), logischen (AND, OR, XOR, ...) Verknüpfungen sowie unterschiedlichen Shift-Operationen. Diese Operationen werden mit Wörtern der Länge n, wobei n die Wortbreite des Prozessors bezeichnet, durchgeführt (z.B. 8-Bit-Prozessor).

---

[1] Johann von Neumann: * 1903 in Budapest, † 1957 in Washington. Der erste von Neumann-Rechner "EDEVAC" wurde 1949 von M.V. Wilkes in England (erst 1952 in den USA) fertiggestellt.

Innerhalb des Registerblocks befinden sich Register, welche Operanden aufnehmen können (häufig mehrere, mindestens jedoch ein Akkumulator), und Register, welche Adressen aufnehmen können (Datenzeiger, oftmals auch Datenzähler genannt). Letztere sind in der Regel breiter und erlauben somit die Adressierung eines größeren Speicherbereiches.

Das Steuerwerk (auch Leitwerk genannt) ist ein synchrones Schaltwerk (taktgesteuert!), welches die Abarbeitung eines Befehls steuert. Die Generierung der einzelnen Steuersignale über ein oder mehrere Taktphasen hinweg wird in der Regel durch ein Schaltwerk oder per Mikroprogrammierung vorgenommen. Sie dienen zum Öffnen und Schließen von CPU-internen Datenpfaden sowie zur Ausgabe von Steuersignalen an die Logik außerhalb des Prozessors.

Während die oben aufgeführten Einheiten (evtl. in unterschiedlicher Form) mindestens vorhanden sein müssen, haben moderne Mikroprozessoren häufig noch weitere Einheiten, welche z.B. die Verarbeitungsgeschwindigkeit erhöhen (prefetch queue, Cache Speicher, paging unit...) oder Möglichkeiten zur ereignisgesteuerten Unterbrechung des laufenden Programms realisieren. Letzteres ist insbesondere für die Prozeßdatenverarbeitung von großer Bedeutung.

Eine CPU hat damit z.B. den nachfolgenden prinzipiellen Aufbau:

Central Processing Unit

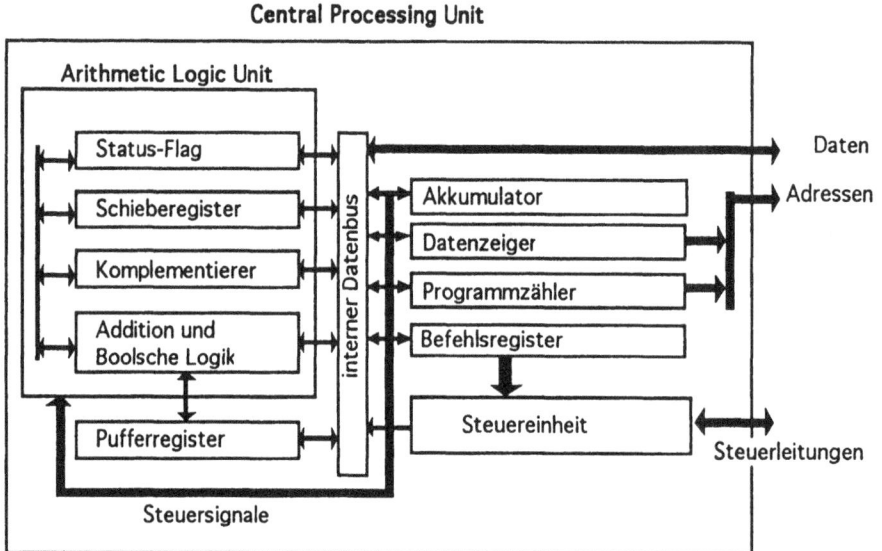

Abb. 1.1-2: Interne Struktur eines Prozessors

Sie kommuniziert über Adreß-, Daten- und Steuerleitungen mit ihrer Umgebung.

Als Bauelement der Elektronik ergibt sich physikalisch für eine CPU z.B. die folgende Struktur:

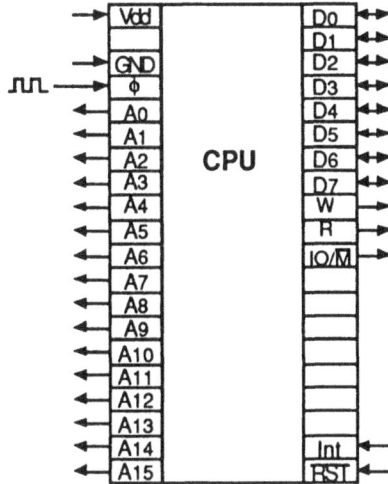

Abb. 1.1-3: Realisierung als Standardbauelement

Hierbei richtet sich die Anzahl der Anschlüsse nach der Komplexität der CPU und reicht von 40 bis zu 168 (z.B. beim 80486). Ein solcher Rechner bzw. die in ihm enthaltene CPU arbeitet dabei grundsätzlich nach folgendem Prinzip:

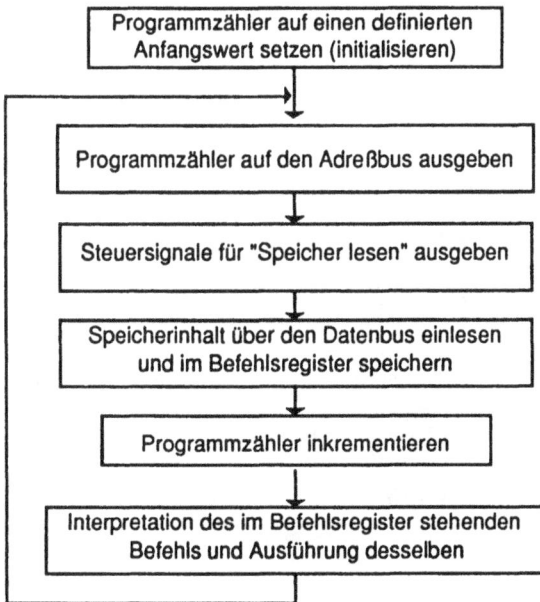

Abb. 1.1-4: Arbeitsweise des von Neumann-Rechners

Um die Arbeitsweise zu demonstrieren, betrachte man nachfolgendes Programmstück sowie seine Abarbeitung durch den Prozessor[2]:

Beispiel:

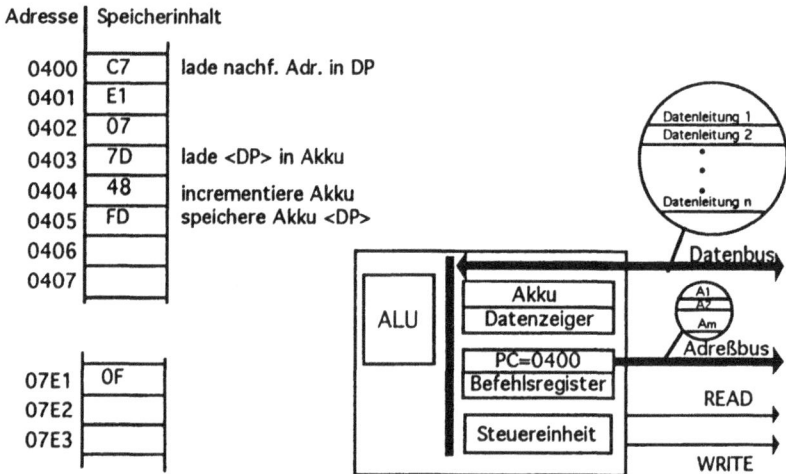

Abb. 1.1-5: Befehlsabarbeitung eines Rechners

Für das folgende Beispiel wird vorausgesetzt, daß der Programmzähler (Program Counter, PC oder auch Instruction Pointer, IP) aktuell den Wert 0400H beinhaltet, d.h. von dieser Adresse im Speicher den nächsten auszuführenden Befehl einliest.

Op-Code=$\boxed{\text{C7}}$: Lade die nachfolgende Adresse in den Datenzeiger

1   Programmzähler auf Adreßbus legen
2   READ-Steuersignal auf "1" legen
     → jetzt wird der Speicher veranlaßt, sein Datum (=C7) auf den Datenbus auszugeben
3   Datum in das Befehlsregister (command register, CR) eintragen, READ auf "0" legen
     und PC inkrementieren
4   Schaltwerk bzw. Mikroprogramm für Befehl C7 anstoßen
5   PC auf Adreßbus legen
6   READ→1, Datum lesen (=E1) und in DP-low speichern, READ→0, PC inkr.
7   READ→1, Datum lesen (=07) und in DP-high speichern, READ→0, PC inkr.

---

2   Im folgenden werden in Beispielen Zahlen für Adressen und Befehlscodes verwendet. Da für die Darstellung von Zahlen in der Regel Vielfache von 8 Bit verwendet werden, eignet sich zur Notation besonders das Hexadezimalformat (2 Hexadezimalziffern für 8 Bit).

Op-Code=⟨7D⟩ : Lade den durch DP adressierten Speicherinhalt in den Akkumulator

1   PC auf Adreßbus legen
2   READ-Steuersignal auf "1" legen
     → jetzt wird der Speicher veranlaßt, sein Datum auf den Datenbus auszugeben
3   Datum in das Befehlsregister eintragen, READ auf "0" legen und PC inkr.
4   Schaltwerk bzw. Mikroprogramm für Befehl 7D anstoßen
5   DP auf Adreßbus legen
2   READ-Steuersignal auf "1" legen
     - jetzt wird der Speicher veranlaßt sein Datum auf den Datenbus auszugeben
3   Datum in den Akku eintragen, READ auf "0" legen und PC inkr.

Op-Code=⟨48⟩ : Inkrementiere den Inhalt des Akkumulators

1   PC auf Adreßbus legen
2   READ-Steuersignal auf "1" legen
     → jetzt wird der Speicher veranlaßt, sein Datum auf den Datenbus auszugeben
3   Datum in das Befehlsregister eintragen, READ auf "0" legen und PC inkr.
4   Schaltwerk bzw. Mikroprogramm für Befehl 48 anstoßen
5   Akkuinhalt in ALU bringen, dort inkr. und zurück in Akku schreiben

Op-Code= ⟨FD⟩ : Speichere den Akkumulator in die durch DP adressierte Speicherzelle

1   PC auf Adreßbus legen
2   READ-Steuersignal auf "1" legen
     → jetzt wird der Speicher veranlaßt, sein Datum auf den Datenbus auszugeben
3   Datum in das Befehlsregister eintragen, READ auf "0" legen und PC inkr.
4   Schaltwerk bzw. Mikroprogramm für Befehl FD anstoßen
5   DP auf Adreßbus legen
2   WRITE-Steuersignal auf "1" legen
     → jetzt wird der Speicher veranlaßt das Datum vom Datenbus zu übernehmen
3   Datum in den Akku eintragen, READ auf "0" legen und PC inkr.

Betrachtet man den internen Ablauf innerhalb des Prozessors, so ergibt sich zwischen den verschiedenen Registern und dem internen Datenbus eine ähnliche Art der Programmabarbeitung, wie außerhalb zwischen CPU und externen Speichern oder der Ein-/ Ausgabe.

Die Bearbeitung eines einzelnen Befehls übernimmt innerhalb der CPU das Steuerwerk (CU für Control Unit). Nach dem Einlesen eines Befehlskodes erfolgt dessen Interpretation und Ausführung. Während die Befehlsholphase (Instruction-Fetch) bei allen Prozessorbefehlen gleich ist, lösen verschiedene Befehle während ihrer Ausführung auch unterschiedliche Reaktionen innerhalb und außerhalb der CPU aus. Dabei liefert ein komplexes Schaltwerk oder ein fest eingetragenes Bitmuster (Mikroprogramm) eine Menge von Signalverläufen, welche interne Datenpfade schalten und Register zur Übernahme von Daten veranlassen (triggern).

Zur Durchführung von internen Aktionen wird also an jedes der Datentore bzw. an jedes vorhandene Triggersignal eines internen Registers eine exakt definierte und zeitlich aufeinander abgestimmte Folge von binären Signalen ausgegeben. Die Folge ergibt sich z.B. durch die aufsteigende Adressierung des Mikroprogrammspeichers ab einer, dem Befehl zugeordneten Anfangsadresse, welche von der Steuereinheit abhängig vom eingelesenen und dekodierten Maschinenbefehl eingestellt wird.

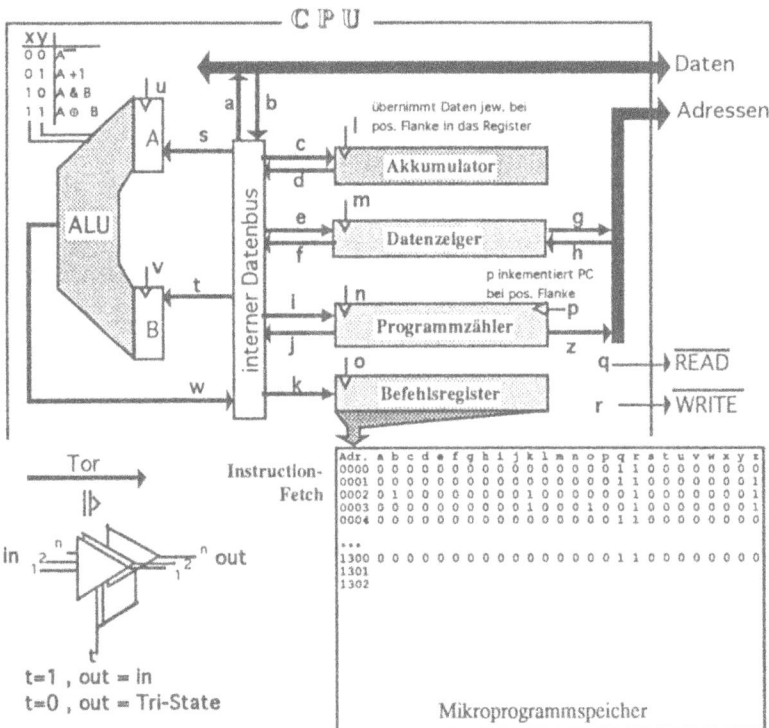

Abb. 1.1-6: Beispiel für die Abläufe innerhalb der CPU

Bei der überwiegenden Zahl der Prozessoren (insbesondere bei einer Realisierung des Steuerwerks als Schaltwerk) liegen diese internen Abläufe unveränderlich fest. Im Fall der Realisierung mit Hilfe eines Mikroprogramms besteht potentiell auch die Möglichkeit, dieses Mikroprogramm teilweise statt

in einem ROM, in einem RAM zu halten und es mit Hilfe von Prozessorbefehlen zu verändern. Prozessoren, welche über diese Möglichkeit verfügen,
nennt man **mikroprogrammierbar**. Sie erlauben somit die Definition von
speziellen (eigenen) Prozessorbefehlen (Makrobefehlen).

Um unterschiedliche Rechnerkomponenten wie z.B. CPU, Speicher oder I/O-
Bausteine an einem gemeinsamen Bus betreiben zu können, müssen die
Ausgangstreiber einen zusätzlichen Zustand besitzen, in welchem sie weder
"0" noch "1" Signal führen, sondern eine Abtrennung vom Bus bewirken.
Nehmen die Ausgänge diesen dritten Zustand ein, so sind sie gegenüber dem
gemeinsamen Bus hochohmig geschaltet (**Tri-State-Ausgänge**).

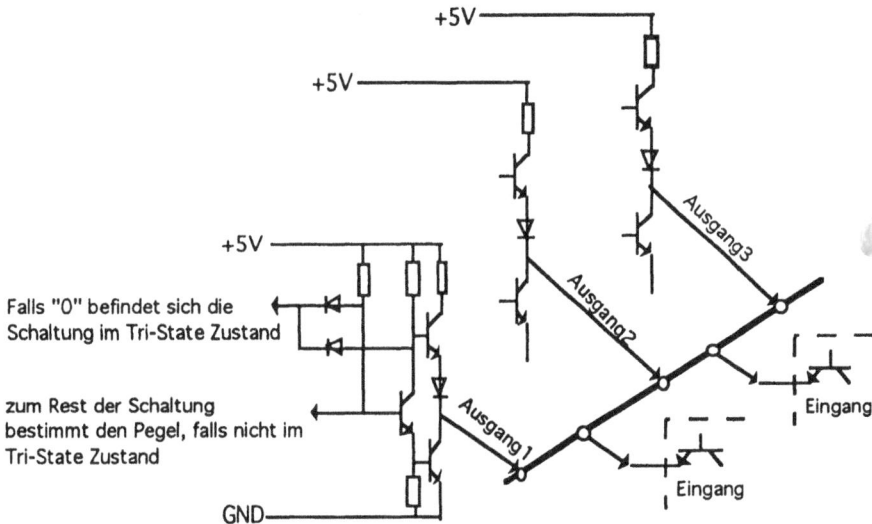

Abb. 1.1-7: Schaltung mit Tri-State-Ausgang

Ein anderer Ausgang kann damit den Pegel auf der gemeinsam genutzten
Datenleitung bestimmen. Will man einen "Kurzschluß" vermeiden, so darf sich
von allen Ausgängen, welche an einer gemeinsam benutzten Datenleitung
angeschlossen sind, nur höchstens einer im aktiven Zustand (d.h. nicht im Tri-
State-Zustand) befinden.

1.2. Die Realisierung von Rechenwerken

Für zweistellige Verknüpfungen beinhaltet ein typischer Rechenzyklus folgende Operationen:

1. Selektion von zwei Quellregistern aus einem Registerblock
2. Verknüpfung der Registerinhalte in einer ALU
3. Speicherung des Ergebnisses in ein Zielregister in einem Registerblock

Für die Realisierung eines solchen Rechenwerks können Drei-, Zwei- und Ein-Bus Rechenwerke mit ein- bis dreischrittigem Rechenzyklus unterschieden werden. Die logisch einfachste Realisierung eines Rechenwerks besteht in einem Drei-Bus Rechenwerk mit einschrittigem Rechenzyklus:

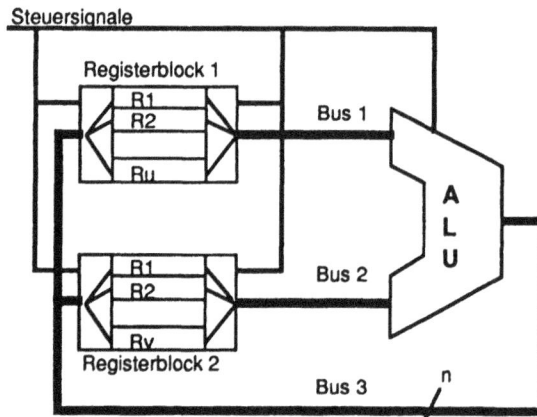

Abb. 1.2-1: Drei-Bus Rechenwerk mit zwei Registerblöcken

Hierbei verfügt jeder Registerblock über einen separaten Eingangs- und Ausgangsmultiplexer sowie Busanschluß. Es können jeweils nur ein Register aus verschiedenen Registerblöcken in der ALU verknüpft werden. Die Steuerleitungen definieren die Operandenregister (Ausgangsmultiplexer), die gewünschte ALU-Operation sowie das Zielregister (Eingangsmultiplexer).

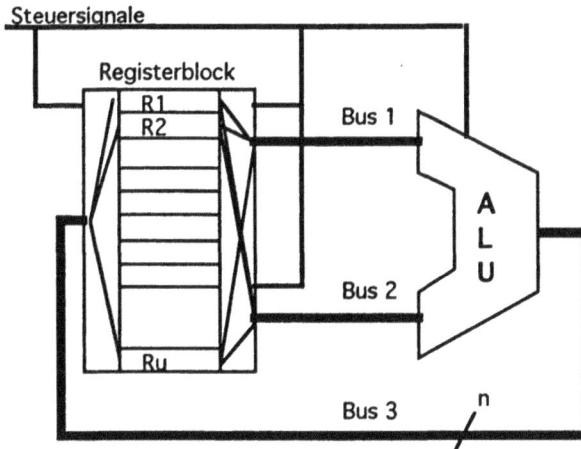

Abb. 1.2-2: Drei-Bus Rechenwerk mit einem Registerblock

Zur Steigerung der Flexibilität können die beiden Registerblöcke auch zusammengefaßt werden. Es sind damit beliebige Registerpaare miteinander verknüpfbar.

Zur Reduktion der notwendigen Ausgangsmultiplexer und Busleitungen auf dem Chip werden Zwei-Bus Rechenwerke eingesetzt. Sie benötigen dann jedoch zwei Schritte, um eine Operation in der ALU durchführen zu können.

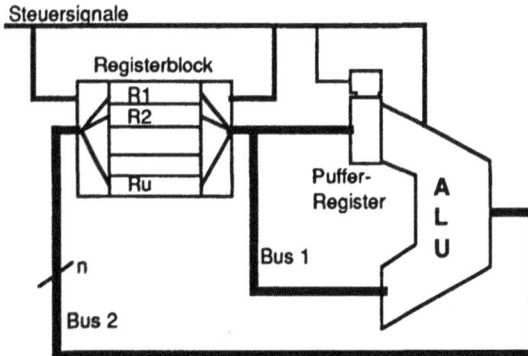

Abb. 1.2-3: Zwei-Bus Rechenwerk mit zweischrittigem Rechenzyklus

Zur weiteren Vereinfachung der Verdrahtung beim Chip-Layout werden auch Ein-Bus Rechenwerke eingesetzt. Hierbei benötigt man zur Durchführung einer ALU-Operation jedoch drei Schritte, wobei sich zuerst die beiden Operanden und dann das Ergebnis auf dem gemeinsamen Bus befinden. Die Operanden werden beide in Puffern zwischengespeichert.

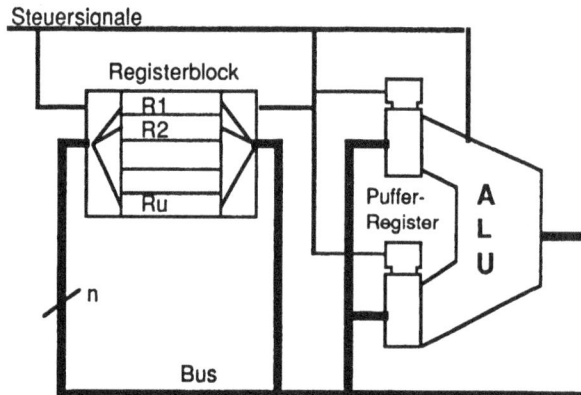

Abb. 1.2-4: Ein-Bus Rechenwerk mit einem Registerblock

1.3. Logik außerhalb der CPU

Das Timing der Signale außerhalb der CPU hat in der Regel den folgenden Aufbau:
Jeder Vorgang beginnt z.B. mit der Anstiegsflanke des Taktsignals φ. Zu diesem Zeitpunkt gibt der Prozessor eine Adresse auf den Adreßbus und setzt das Signal zum Lesen eines Datums. Der Speicherbaustein und die evtl. vorhandene Dekodierlogik dekodiert die angelegte Adresse und für den Fall, daß sie angesprochen wurde, legt sie das entsprechende Datum auf den Datenbus. Während das Lesesignal bereits wieder mit der fallenden Flanke von φ zurückgenommen wird, bleibt das Datum des Speicherbausteins noch bis zum Ansteigen des Taktsignals stabil. Innerhalb dieser Zeit übernimmt der Prozessor das Datum in das intern angesprochene Register (z.B. Befehlsregister oder Akku).

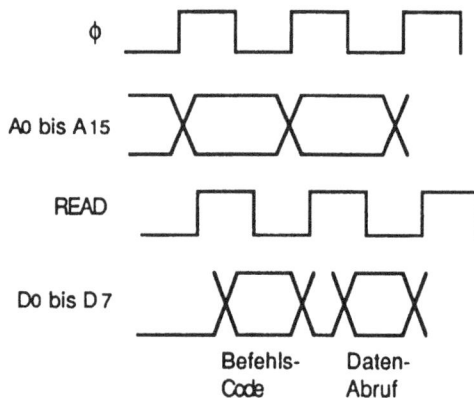

Abb. 1.3-1: Timing außerhalb der CPU

Soll ein Datum geschrieben werden, so wird statt des READ-Signals ein
WRITE-Signal ausgegeben. Die Dekodierlogik, welche sich teils innerhalb,
teils außerhalb der Speicherbausteine befindet, sorgt dafür, daß (bei vollständiger Dekodierung) genau eine Adresse, bzw. ein Register des Speichers oder
eines Ein-/Ausgabebausteins angesprochen wird.

Zum Anschluß eines einfachen Registers an einen Mikrorechner genügt also
die nachfolgende Schaltung:

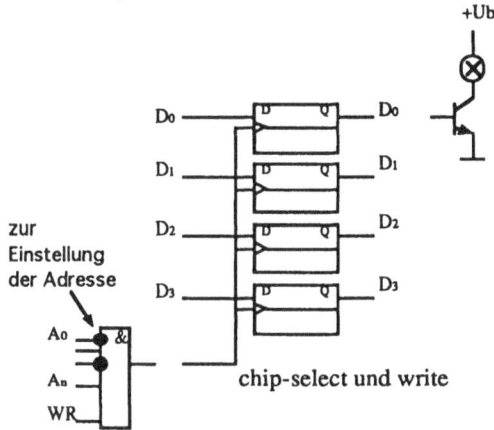

Abb. 1.3-2: Anschluß eines einfachen Registers (Latch)

Mit ihrer Hilfe läßt sich auf einfache Weise ein Ausgabebaustein realisieren.
Werden Adreßleitungen und die WRITE-Leitung in geeigneter Weise
beschaltet, so übernimmt das Register die momentan auf dem Datenbus
befindlichen Daten (hier nur Bit 0 bis 3).

Eine Erweiterung der Schaltung ermöglicht das Auslesen von Registerinhalten. In der u.a. Schaltung können vier Bit adressiert und ein- bzw.

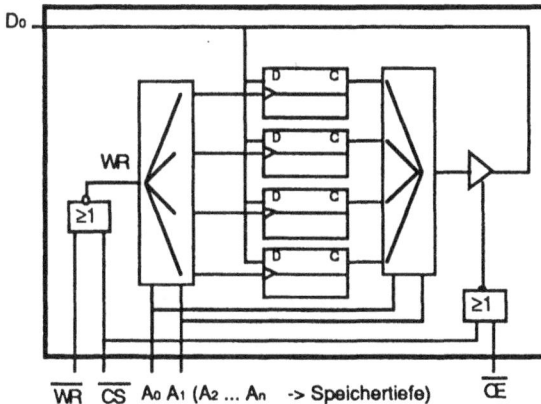

Abb. 1.3-3: Speichermodell

ausgelesen werden. Während der Baustein mit dem Anschluß CS (für Chip-Select) aktiviert wird und mit Hilfe der beiden Adreßleitungen eine der vier Adressen selektiert werden kann, erfolgt mit den Anschlüssen WR (WRITE) und OE (Output-Enable) das Einschreiben bzw. Auslesen von Speicher-inhalten.

Werden Multiplexer mit einer größeren Anzahl von Kanälen und einer damit erhöhten Anzahl von Auswahlleitungen (A_1 bis A_m) verwendet, so erhöht sich der adressierbare Speicherbereich (Speichertiefe). Wird die gesamte Anordnung n-mal dupliziert und bis auf die Anschlüsse D_i (i= 0 bis n-1) alle weiteren miteinander entsprechend verbunden, so erhöht sich die Wortbreite (Speicherbreite).

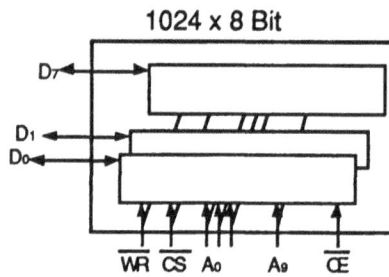

Die verwendeten Halbleiterspeicher, welche an einen Mikroprozessor angeschlossen werden können, unterscheiden sich grob nach

• Typ (RAM, ROM, EPROM, BIPORT-RAM, ...)
• Organisation (**n K x m Bit**, z.B. 32K x 8 Bit)
• Größe (Anzahl Kilobyte **KB**, Megabyte **MB**, Gigabyte **GB**)
        - statische Parameter
                - Spannung, Strom
                - fan-in, fan-out
                - Leistungsaufnahme
        - dynamische Parameter
                - Zugriffszeit
                - Zykluszeit > Zugriffszeit
                - Setup- und Hold-Zeiten

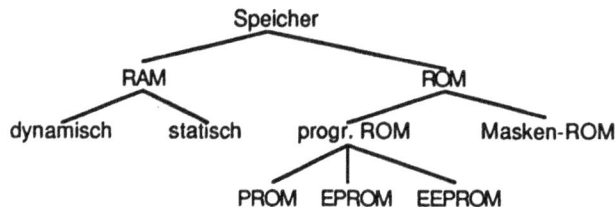

Abb. 1.3-4: Speichertypen

Hierbei stehen:

RAM für Random Access Memory, d.h. Schreib-/Lesespeicher mit
wahlfreiem Zugriff,
ROM für Read Only Memory, d.h. nur Lesespeicher, nicht wie bei RAM,
PROM für Programmable ROM, d.h. programmierbarer ROM,
EPROM für Electrically PROM, d.h. elektrisch programmierbarer ROM und
EEPROM für Erasable EPROM, d.h. löschbarer EPROM.

Während PROM entweder im Verlauf des Herstellungsprozesses oder nach der
Herstellung vom Anwender nur einmalig programmiert werden können, bieten
(E)EPROM-Bausteine den Vorteil, daß sie elektrisch oder per intensiver
Bestrahlung mit UV-Licht mehrfach gelöscht und neu programmiert werden
können. Da letztere teurer sind, entscheidet der Anwendungsfall und die
Anzahl benötigter Bausteine die Wahl (z.B. Entwicklung oder Konsumgüter).

1.4. Mikrorechnerfamilien

Eine Mikrorechnerfamilie besteht aus einem Satz von Bauelementen mit
aufeinander abgestimmten Eigenschaften (auch die TTL-Bausteine 74xx
bilden z.B. eine Familie).

Voraussetzung für die Verträglichkeit von verschiedenen Bauelementen
innerhalb einer Schaltung sind dabei

• definierte Signalpegel,

• abgestimmte Lastfaktoren,

• definierte Steuersignale und Logik,

• abgestimmtes Zeitverhalten (Timing) und in der Regel auch

• gleiche Versorgungsspannung.

Beispiele für die bekanntesten Mikrorechnerfamilien sind:

8 Bit Familien		16 und 32 Bit Familien	
• 8080(Z80)	Fa. Intel (Fa. Zilog)	• 680x0	Fa. Motorola
• 6800	Fa. Motorola	• 80x86	Fa. Intel
• 6502	Fa. Motorola	• Z8000	Fa. Zilog
		• TMS 9900	Fa. Texas Instruments
		• 32000	Fa. National

Zu den Komponenten einer Rechnerfamilie zählen neben der CPU auch
Speicher- und Ein-/ Ausgabebausteine, Adreßdekoder, Interrupt- und DMA-
Controller, usw. .

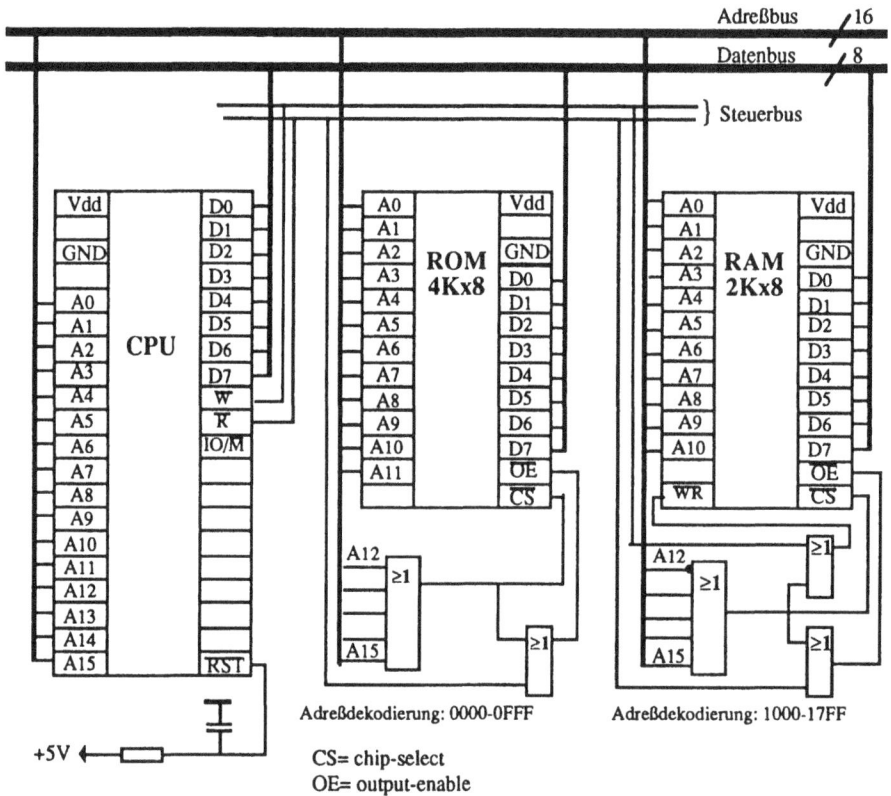

Abb. 1.4-1: Verbindung von Komponenten einer Rechnerfamilie zu einem Modul

In der Praxis gibt es für die verschiedenen Funktionen und Anwendungen oftmals bereits angepaßte, vorgefertigte Module:

• **CPU-Modul**
 - CPU, Koprozessor, DMA, ... ,ROM mit Monitorprogramm, minimaler RAM
 - evtl. eine ser. Schnittstelle zum Anschluß eines Terminals

• **Speichermodul**
 - Hauptspeicher des Systems (1-32 MB)

• **Hard-Disk (HD-) bzw. Floppy-Disk (FD-) Controller**
 - zum Anschluß von Hintergrundspeicher, z.B. Hard- oder Floppy-Disk

• **Ein-/Ausgabemodul**
 - V.24 oder Centronix Schnittstelle, ISDN Anschluß (B+B+D Kanal), ...
 - Feldbus Schnittstelle, Ethernet Anschluß, ...

• **Module zur Ankopplung von Prozeß Ein-/Ausgabe**
  - Digital Ein-/Ausgabe
  - Analog Ein-/Ausgabe
  - Zähler und Zeitgeber

Die Verbindung dieser Module erfolgt über einen Systembus, welcher Adreß-, Daten- und Steuerbus umfaßt und oftmals zahlreiche weitere Leitungen enthält.

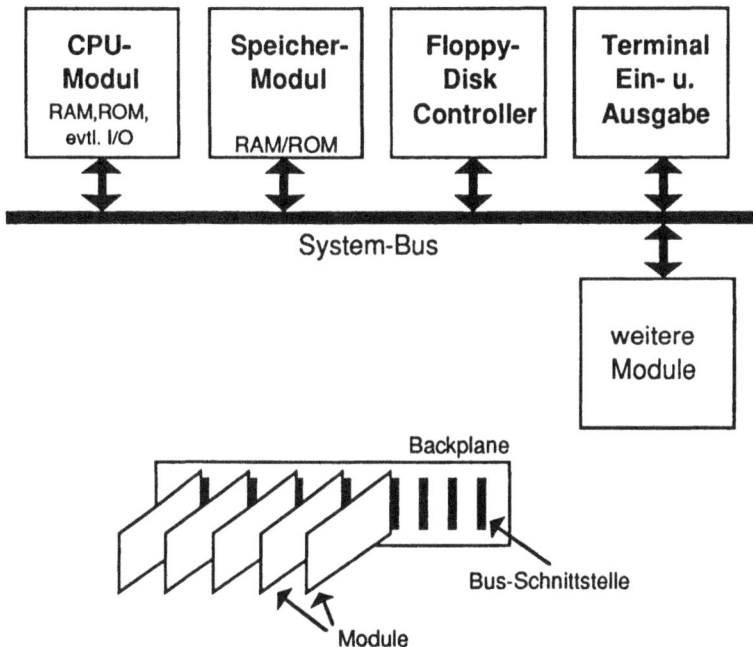

Abb. 1.4-2: Modularer Aufbau eines Rechnersystems

Die Vorteile eines modularen Aufbaus:

• Überschaubarkeit und getrennte Testbarkeit der einzelnen Module
• System ist durch den Anwender frei konfigurierbar
• reparaturfreundlicher Aufbau → erhöhte Verfügbarkeit
• Standardisierung der Busschnittstelle möglich, d.h. mehrere Hersteller können kompatible Module anbieten

Nachteile:

• hoher mechanischer Aufwand (und damit auch Preis)
• auf jedem Modul werden Bausteine zum Ansteuern des Busses benötigt (sog. Anschaltlogik)

- mehr Bausteine heißt höherer Leistungsbedarf, d.h. teureres Netzteil und höhere Betriebskosten
- der Bus bedingt zusätzliche Signalverzögerungszeiten
  d.h. stärkere Begrenzung der Signalanstiegs- und Abfallzeiten

Heute verbreitete Bussysteme sind z.B.:

PC-Slot-Bus (ISA), EISA, Local-Bus, Micro-Channel, Turbo-Channel, VME-Bus, Future-Bus++, Q-Bus, Multibus-II, Nu-Bus, S-Bus, ...

2. Hardware des Mikroprozessors 80286

2.1. Einleitung

Die Anfänge der Mikroprozessorfamilie der Fa. Intel gehen vor das Jahr 1970 zurück. Nach einem ersten 4-Bit- und 8-Bit-Prozessor, welche einen großen Aufwand an externer Beschaltung erforderten, mehrere zeitlich verschobene Taktsignale benötigten und an mehrere verschiedene Spannungspegel angeschlossen werden mußten, entstand 1974 der Prozessor 8080. Er hatte eine Wortbreite von 8 Bit und konnte 64 KByte Speicher adressieren (16-Bit-Adreßbus).

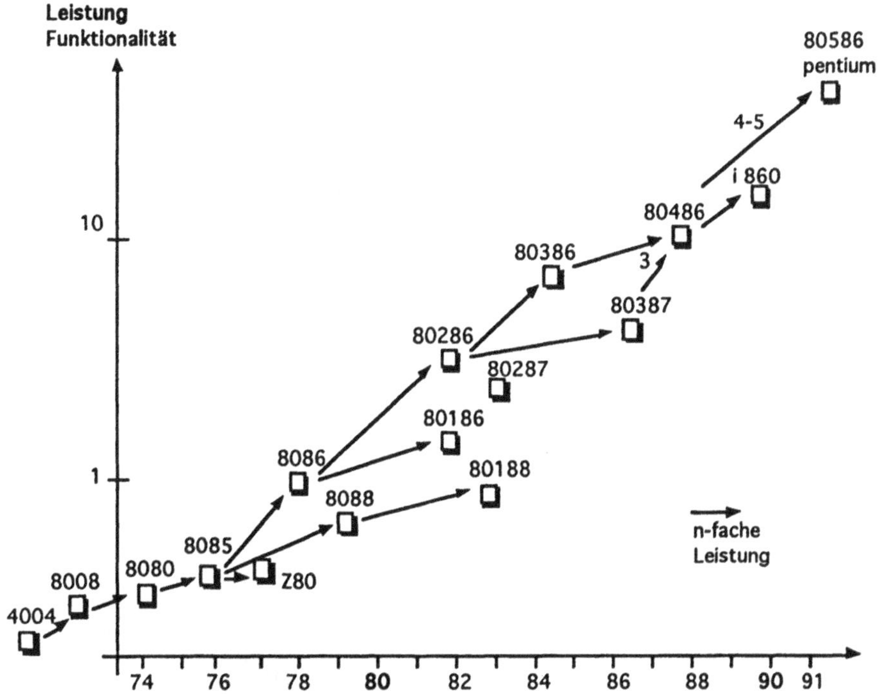

Abb. 2.1-1: Die Intel Mikroprozessorfamilie

Mit der Entwicklung des 16-Bit-Mikroprozessors 8086 vollzog die Fa. Intel 1978 den Übergang zu der Familie der 16-Bit-Mikroprozessoren. Eine Variante dieses Prozessors, der Baustein 8088, welcher intern dem 8086 zwar gleich war (insbesondere befehlskompatibel), jedoch extern mit einem im Zeitmultiplex betriebenen 8 Bit breiten Datenbus auskam, wurde zur Grundlage für die ersten Personalcomputer (PC), welche im industriellen

Umfeld sehr rasch Verbreitung fanden und sich zusammen mit dem Betriebssystem DOS (Disc Operating System) zum "Quasistandard" entwickelten. Die stetige Verbesserung und Weiterentwicklung dieser Prozessoren brachte eine

- Reduktion der zusätzlich notwendigen Bausteine und eine geringfügige Erweiterung des Befehlssatzes (dieses führte zum 80186), eine

- Vergrößerung des Adreßraumes sowie Hardwareunterstützung für eine effizientere Implementierung von leistungsfähigeren Betriebssystemen (als DOS) und einen getrennten Adreß- und Datenbus (dies führte zum 80286), den

- Einstieg in die 32-Bit-Architektur mit 32-Bit-Adressen und Daten, einem erweiterten Befehlssatz, höheren Taktraten sowie zusätzliche Unterstützung für eine virtuelle Speicherverwaltung (dies führte zum 80386) und eine

- höhere Integration des 32-Bit-Prozessors mit internem mathematischen Koprozessor und internem schnellen Zwischenspeicher (sog. Cache, dies führte zum 80486).

Mikroprozessor	8086	-88	-86	-188	-286	-386	-486	-586
max. MIPS	1.0	0.7	1.3	0.9	2.0	4..11.4	54	112
Ext. Datenformat: Bit	16	8	16	8	16	32	32	64
int. Datenformat: Bit	16	16	16	16	16	32	32	64
Taktfrequenz in Mhz	5/10	5/8	8/12	8/10	6/16	16..33	DX2/66	66
Bus-Bandbreite: MB/s	2.5/5	1.3/2	4/5	2/2.5	6/16	32/50	422	528
Mit MMU und Schutz	nein	nein	nein	nein	ja	ja	ja	ja
Paging Verfahren	nein	nein	nein	nein	nein	ja	ja	ja
Adreßbusbreite	20	20	20	20	24	32	32	32
physik. Speicher: MB	1	1	1	1	16	4000	4000	4000
virtueller Sp. Ber.	nein	nein	nein	nein	16 MB	64 TB	64 TB	64TB
Taktgenerator	8284A	8284A	intern	intern	82284	82384		
Systemsteuerung	8288	8288	intern	intern	82288	82380		
Interruptsteuerung	8259A	8259A	intern	intern	8259A	8259A		
DMA-Steuerung	8089	8237/ 8089	intern/	8089				
	82258	82258	82258		82258	82258		
Zähler/Zeitgeber	8253/ 8254	8253/ 8254	intern	intern	8253/ 8254			
Arithm.-Koprozessor	8087	8087	8087	8087	80287	80287/ 80387	intern	intern
Anz. Anschlüsse	40	40	68	68	68	132	168	273
Technologie	HMOS -I	HMOS -I	HMOS -II	HMOS -II	HMOS -II	CHMOS -III	CHMOS -IV	BiCMOS
Anz. Transist.: Mill						0.27	1.2	3.1

Um die Nutzung der für die ersten PC unter DOS geschriebenen Programme weiterhin zu ermöglichen[3], wurde bei allen Weiterentwicklungen streng auf die Kompatibilität zum 8086 geachtet. Alle nachfolgenden Prozessoren bis hin zum 80586 werden darum nach dem Einschalten zunächst in der zum 8086

---

3   Die heute weltweit für PC verfügbare Software hat einen Wert von ca. 40 Milliarden US-$.

kompatiblen Betriebsart (Real Adress Mode) betrieben. Selbstverständlich beträgt die Leistung der neueren Prozessoren selbst in dieser Betriebsart ein Vielfaches des 8086 Prozessors.

Da alle Prozessoren initial in dieser Betriebsart arbeiten und weitere komplexere Betriebsarten erst durch ein explizites Umschalten (durch spezielle Assemblerbefehle) erreicht werden können, wird zunächst diese, für alle Prozessoren sehr ähnliche Betriebsart (Real Address Mode) ausführlich erläutert.

Stellvertretend wird diese Betriebsart am Mikroprozessor 80286 betrachtet.

2.2. Charakteristische Kennzeichen des 80286

Die allgemeinen Daten des Prozessors 80286 lassen sich wie folgt zusammenfassen:

- 16-Bit-Mikroprozessor mit der Von Neumann-Architektur
  (ein Wort hat 16 Bit)

- 6 bis 20 MHz Basistakt

- der Adreßraum umfaßt betriebsartabhängig:
  - 1 Megabyte physikalisch (z.B. unter DOS) oder
  - 16 Megabyte physikalisch, 1 Gigabyte virtuell
  Der Speicher ist jeweils byteweise organisiert, d.h. die kleinste Einheit auf die zugegriffen werden kann, ist ein einzelnes Byte.

- die zwei vorhandenen Betriebsarten sind:
  - Real Adress Mode wie 8086 mit 1 MB Adreßraum und der
  - Virtual Protected Mode mit Speicherschutzmechanismen und
  Unterstützung von Betriebssystemfunktionen für eine virtuelle Speicherverwaltung und Multitasking

- der Speicher ist logisch aufgeteilt in Segmente (im Real Mode zu je 64 Kilobyte), welche sich auch überlappen können

- der Baustein kommt mit nur einer Versorgungsspannung von +5V aus

- 68 Pin Gehäuse , davon 60 genutzt (Vcc und GND mehrfach, einige NC)
  - 16 Pins für 16 Bit Daten
  - 24 Pins für 24 Bit Adressen
  - 3 Pins für Versorgung (+5V, GND, Substrat-Kondensator)
  - 17 Pins für Steuer- und Statusleitungen

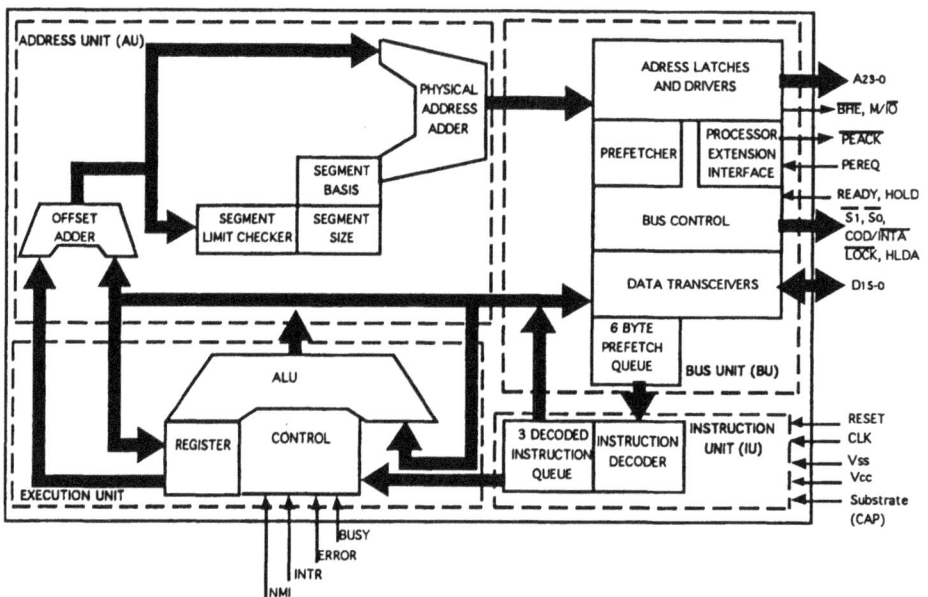

Abb. 2.2-1: Blockschaltbild des Mikroprozessors 80286

2.3. Komponenten der CPU

Die CPU setzt sich aus mehreren weitgehend unabhängig voneinander arbeitenden Einheiten zusammen. Dieses sind die

Bus-unit (Bus-Einheit):

- Sie führt für die CPU alle Operationen zur Bussteuerung aus und erzeugt und verarbeitet dazu alle notwendigen Steuer-, Daten- und Adreßsignale entsprechend dem definierten Busprotokoll.

- Ist die Buseinheit "frei", so liest sie unabhängig vom Programmablauf "vorausschauend" die nächsten (max. 3) Befehle aus dem Speicher. Die Befehle werden nach aufsteigenden Adressen eingelesen. Programmverzweigungen können dabei nicht berücksichtigt werden. Die im voraus eingelesenen Befehle werden in einer Warteschlange (FIFO für 6 Byte) zwischengespeichert, bevor sie an die Befehls-Dekodier-Einheit weitergegeben werden.
  Wird beim Einlesen der Befehle die Segmentgrenze erreicht, so werden keine weiteren Befehle im voraus eingelesen. Erst nach dem Umschalten auf ein neues Segment wird die Befehlswarteschlange erneut aufgebaut. Bei Programmverzweigungen sind die im voraus eingelesenen Befehle wertlos, da sie nicht mehr zur Ausführung kommen.

- Sie führt gegebenenfalls die Synchronisation mit dem angeschlossenen mathematischen Koprozessor durch. Weiterhin werden von dieser Einheit alle Datentranfers zwischen der CPU und dem Koprozessor gesteuert.

- Sie wickelt gegebenenfalls mit DMA-fähigen Bausteinen (DMA für Direct Memory Access) das vorgeschriebene DMA-Protokoll ab.

- Sie führt beim Anschluß mehrerer Prozessoren (Mehrrechnersystem) synchronisierte Buszugriffe aus.

Instruction-unit (Befehls-Dekodier-Einheit):

- Sie dekodiert die von der Buseinheit eingelesenen Befehle und legt sie in dekodierter Form in einen maximal drei Befehle umfassenden FIFO-Puffer ab. Die Ausführungseinheit bezieht die von ihr auszuführenden Befehle aus dieser Befehlswarteschlange.

Execution-unit (Ausführungseinheit):

Sie besteht aus:

- Registerblock mit Daten- und Indexregistern

- Status- oder Flagregister

- ALU mit Shift-Einheit

- Festkomma-Multiplizierer und -Dividierer

- Steuerung für Befehlsausführung, Interrupt-Erkennung und Einleitung der Interrupt-Verarbeitung bei vorliegendem Interrupt

Von ihr werden die Maschinenbefehle ausgeführt. Zur Bearbeitung der Befehle können weitere Buszugriffe notwendige werden. Die Ausführungseinheit bedient sich dazu der Adreß- und Buseinheit. Treten bei der Befehlsausführung externe Unterbrechungsanforderungen (Interrupts) auf, so wird die Interrupt-Verarbeitung eingeleitet. (Flagregister und Befehls-adreßregister retten, Interrupt-Vektor laden, ...) Der Prozessor 80286 enthält "restartable" instructions, welche für eine virtuelle Speicherverwaltung unverzichtbar sind.

Address-unit (Adreßeinheit):

- Die Adreßeinheit (auch Memory Management Unit) setzt die **logischen Adressen**, welche sich bei der Ausführung von Befehlen ergeben, in **physikalische Adressen** um und gibt diese an die Buseinheit weiter.
Zusätzlich können im Virtual Protected Mode (s.u.) Speicherschutz-funktionen wie z.B. Prüfen von Zugriffsberechtigungen, Überwachung auf

Adressierung außerhalb des eigenen Speicherbereiches, Schutz der Betriebssystemprogramme, ... ausgeführt werden. Vom Standpunkt des "normalen" Anwenders ist der Adreßmodus transparent.

- Die Adreßeinheit arbeitet entsprechend der eingestellten Betriebsart (jedoch initial, d.h. nach dem Einschalten, bzw. nach einem RESET stets im Real Mode).

a) im *Real Mode*
d.h. mit 20 Bit langen physikalischen Adressen wie der 8086. Die physikalische Adresse wird im Prinzip aus zwei 16-Bit Werten berechnet: Segmentregister und
Offset **physikalische Adresse = Segmentregister * 16 + Offset**

b) *Virtual Protected Mode* (vgl. Kap. über Protected Mode)
Virtuelle Adressen 1 Gigabyte (30 Bit)
physikalische Adressen 16 Megabyte (24 Bit)

2.3.1. Befehls-Pipelining

Zur Steigerung der Verarbeitungsgeschwindigkeit arbeiten die o.a. vier Einheiten weitgehend unabhängig voneinander und ermöglichen damit eine zeitliche Überlappung ihrer Tätigkeiten. Dieses Verarbeitungsprinzip nennt man **pipelining**. Wird dieses Verfahren zum Einlesen von Befehlen verwendet, so spricht man vom Befehls-Pipelining und setzt man es zum Einlesen von Daten ein, so spricht man vom Daten-Pipelining.

Treten Programmverzweigungen auf, so muß die überlappte Verarbeitung abgebrochen, und die in der Warteschlange stehenden Befehle müssen als ungültig markiert werden. Schließlich müssen im Falle der Verzweigung die an der Zieladresse stehenden Befehle eingelesen und schrittweise in die Pipeline eingespeist werden. Diese kann sich dann erneut bis zu ihrer maximalen Länge aufbauen.

Nicht überlappte Befehlsverarbeitung:

Überlappte Befehlsverarbeitung :

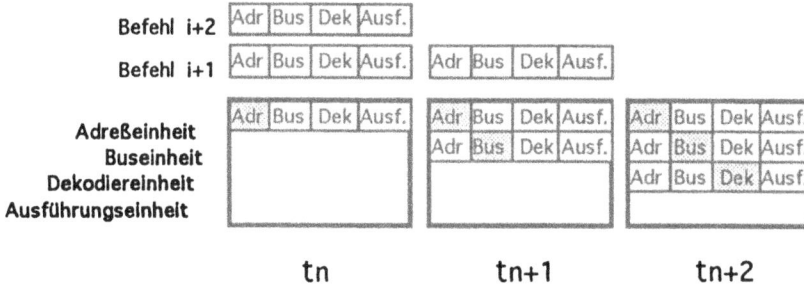

Befehl i+2 | Adr | Bus | Dek | Ausf. |

Befehl i+1 | Adr | Bus | Dek | Ausf. | | Adr | Bus | Dek | Ausf. |

Adreßeinheit
Buseinheit
Dekodiereinheit
Ausführungseinheit

Adr	Bus	Dek	Ausf.		Adr	Bus	Dek	Ausf.		Adr	Bus	Dek	Ausf.
Adr	Bus	Dek	Ausf.		Adr	Bus	Dek	Ausf.
Adr	Bus	Dek	Ausf.

tn   tn+1   tn+2

Abb. 2.3-1: Überlappte und nicht-überlappte Befehlsverarbeitung

Auf Grund der Pipeline-Verarbeitung und der damit verbundenen Befehlsüberlappung können kaum exakte Befehlsausführungszeiten berechnet werden. In den Datenbüchern werden daher nur die optimal möglichen Befehlsausführungszeiten angegeben, welche sich bei totaler Überlappung ergeben (kürzester Befehl z.B. Flags → Register : 2 Takte).
Weiterhin ist Vorsicht bei Schreibbefehlen geboten, welche den Programmcode unmittelbar vor dem aktuellen Stand des Programmzählers modifizieren (selbstmodifizierende Programme). Ist der Abstand kleiner als 6 Byte bei 80286, so wurden die Befehle eventuell bereits in die Pipeline geladen, was bedeutet, daß die alten Befehle ausgeführt werden.

2.3.2. Die Register des 80286

Der Prozessor 80286 verfügt über einen Satz von Registern, welche dem Programmierer im "Real Mode" zugänglich sind und über zusätzliche Register, welche erst bei der Betrachtung des "Virtual Protected Mode" (bzw. beim 80386 auch des "Virtual 8086 Mode") von Interesse sind. Zunächst werden nur die dem Programmierer im "Real Mode" zugänglichen Register des 80286 behandelt. Während die Register in der 80286 Architektur noch für jeweils spezielle Anwendungen vorgesehen und nicht in beliebiger Weise für alle Befehle als allgemeine Register verwendet werden können, wird diese starke Zweckbindung der Register durch eine Erweiterung des Maschinencodes ab 80386 z.T. aufgehoben.

Entsprechend der Verwendung der unterschiedlichen Register sind Daten- und Indexregister in der Ausführungseinheit und Segmentregister und Befehlsadreßregister in der Adreßeinheit angeordnet.

Allgemeine Register:

AX	AH	AL	Akkumulator, allgemeines Register
BX	BH	BL	Base-Register
CX	CH	CL	Count-Register (für Schleifen, Shift,...)
DX	DH	DL	Data-Register, z.B. nur AX, DX für Mult., Div. und I/O-Befehle

Basis- / Indexregister:

BP		Basis Indexregister evtl. mit BX
SI		Source- Indexregister
DI		Destination- Indexregister
SP		Stackpointer

Flag-Register der ALU:

Flag		Zustandsregister

Abb. 2.3-2: Register in der Ausführungseinheit des 80286

Segmentregister:

CS		Codesegment
SS		Stacksegment
DS		Datensegment
ES		Extrasegment

Befehlsadreßregister (oder auch Programmzähler):

IP		Instruction-Pointer (auch Program-Pointer)

Abb. 2.3-3: Register der Adreßeinheit des 80286

Die Adressen für Befehle und Daten innerhalb des Speichers werden stets durch Addition eines Segmentregisterinhaltes und eines Offset gebildet. Der Offset kann in vielfältiger Weise z.B. durch die Addition von (evtl. mehreren) Registerinhalten und Konstanten gebildet werden.

Beispiel:

Befehle werden im Real Mode stets adressiert über:

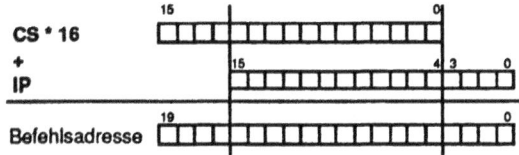

Abb. 2.3-4: Berechnung der Adressen im Real Mode[4]

Durch diese Art der Adreßberechnung wird der Arbeitsspeicher in Segmente mit einer Größe von maximal 64 Kilobyte aufgeteilt.
Das Segmentregister (multipliziert mit 16) zeigt dabei stets auf den Anfang (das erste Byte) eines max. 64 KB großen Segmentes, der Offset zeigt (relativ zum Segmentanfang) auf die Adresse innerhalb des Segmentes. Segmente beginnen somit stets auf einer durch 16 teilbaren physikalischen Adresse.

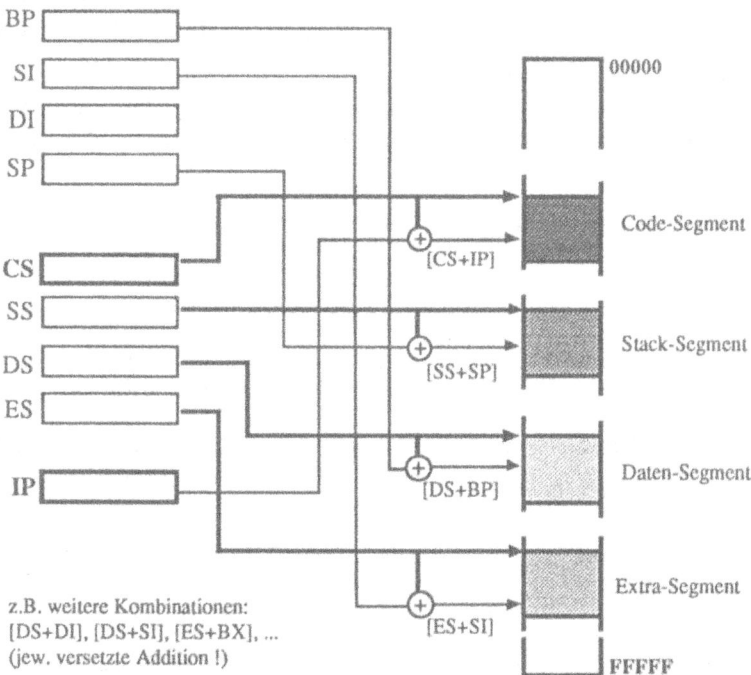

Abb. 2.3-5: Segmentierung des Arbeitsspeichers

---

[4]   Die 80286 Bus-Unit erlaubt es, Instruktionen (bis zu 6 Byte Länge) im Voraus (ahead) aus dem Speicher zu lesen (prefetching), darum kann die aktuell über den Adreßbus ausgegebene Adresse zum Lesen von Befehlen der durch CS*16 + IP gebildeten Adresse bis zu 6 Byte vorauseilen. Dies gilt nicht für DS, ES und SS !

Wegen des Offsets der segmentrelativen Adresse von 16 Bit ist die Größe von
Segmenten mit max. 64 KB fest vorgegeben. Segmente können sich hierbei
auch überlappen. Dies ist dadurch möglich (und auch zulässig), daß zwei
Segmentzeiger auf Adressen zeigen, welche weniger als 64 KB voneinander
entfernt sind.
Sollen Segmente kleiner als 64 KB sein, so gibt es im Real Mode keine
Möglichkeit eine evtl. unzulässige Überschreitung der Segmentgrenzen
festzustellen oder zu verhindern. Ein Übertrag am obersten Ende des
Speichers, welcher z.B. aus CS *16+IP bei CS=FFFF und IP=FFFF entstehen
könnte, ist unzulässig und muß vermieden werden.

Die Aufteilung des Speichers in verschiedene Segmente kann bei der
Erstellung eines Programms berücksichtigt werden oder wird von einem
Betriebssystem automatisch vorgenommen. Während die Segmentzeiger für
Daten- und Stacksegmente i.a. auf RAM-Bereiche zeigen müssen, kann das
Codesegment mit dem ausführbaren Programm und den evtl. vorhandenen,
nicht veränderlichen Daten (Konstanten) auch innerhalb eines ROM-
Bereiches liegen.
Als Schreibweise für Adressen, welche wie oben gezeigt stets durch versetzte
Addition gebildet werden, hat sich die Darstellung **Segment:Offset**
durchgesetzt, z.B. CS:IP, CS:0FF3 oder 1A00:3FF0 = 1DFF0. Bei dieser
Notation muß die tatsächliche Adresse zwar erst durch Addition berechnet
werden, jedoch sind absolute Adressen im Real Mode von geringerem Nutzen,
da Sie stets nur komponentenweise (d.h. Segmentadresse und segmentrelative
Adresse) verwendet werden können.

Die einzelnen Segmente sind vorgesehen für :

CS: Codesegment	Speicherbereich für Befehle und konstante Daten (häufig auch Textsegment genannt)
DS: Datensegment	Speicherbereich für variable Daten, auf welche lesend und schreibend zugegriffen werden soll
ES: Extrasegment	Extraspeicherbereich für zusätzliche (meist globale) Daten, welche gelesen und geschrieben werden können
SS: Stacksegment	Stapel- (oder Keller-) Speicher (last in first out, LIFO) für temporäre Daten, wie z.B. Rücksprung- adressen und Parameter bei Unterprogrammaufrufen

Nicht nur aus Kompatibilitätsgründen zu den älteren 8-Bit-Prozessoren gibt es
neben den 16-Bit-Registern AX , BX , CX und DX auch die entsprechenden
Byte Register AH, AL, BH, BL, CH, CL, DH und DL. Dadurch sind die Inhalte
der Register als 16-Bit-Wort oder als Byte, wobei hier der höherwertige und
niederwertige Anteil unterschieden werden muß, ansprechbar.

Während bestimmte Befehle wie z.B. Multiplikation , Division , Ein-/Ausgabe
usw. nur mit den Registern AX und DX (bzw. den entsprechenden Byte

Registern) durchgeführt werden können, stehen die 16-Bit-Register AX, BX, CX, DX, SI, DI, BP, SP für die meisten Befehle als Operanden zur Verfügung. Das Register CX wird vorwiegend bei Schleifenbefehlen und Mehrfach-Schiebebefehlen als Schleifenzähler eingesetzt.

Die Register der Ausführungseinheit sind vorzugsweise für die unten auf-geführten Anwendungen vorgesehen und in ihrer Benutzung teilweise zweckgebunden. Für die Adressierung von Daten innerhalb eines Segmentes können nur die Register

BX und BP   als Basisregister,
SI und DI   als Indexregister sowie
SP   als Stackpointer (oder Stapelzeiger) verwendet werden.

Ein Basisregister enthält dazu eine Basisadresse (z.B. Anfangsadresse eines Arrays), das Indexregister enthält den Index des gewünschten Elements und die tatsächliche Adresse des Objekts ergibt sich aus der Summe beider: Adresse = Basisregister + Indexregister.

Zur Speicherung des aktuellen Zustands der CPU existiert ein ausgezeich-netes Register (Flagregister), dessen Inhalt teilweise auch bitweise angesprochen werden kann. Es ist unterteilt in einzelne Bits, welche jeweils durch die Ausführung von arithmetischen und logischen Operationen beeinflußt werden können.

Die einzelnen Bits des Flagregisters werden bei bedingten Programmverzweigungen implizit abgefragt. Ihre Bedeutung ist wie folgt festgelegt worden:

15						8	7					0	
x	NT	IOPL	OF	DF	IF	TF	SF	ZF	x	AF	x	PF	x	CF

Abb. 2.3-6: Flagregister-Aufteilung

CF : Carry Flag
Wird auf 1 gesetzt, bei Endübertrag vom höchstwertigen Bit (d.h. von A_7 bzw. A_{15}) nach Addition oder bei Unterlauf (d.h kein Übertrag von A_7 bzw. A_{15} auch Borrow bzw. negativer Endübertrag genannt) nach Subtraktion. FFFF+3=2 u. CF=1, 1-2=FFFF u. CF=1

PF : Parity Flag
Wird auf 1 gesetzt, bei gerader Anzahl von Bits in den unteren 8 Bit des Ergebnisses einer ALU-Operation

AF : Auxiliary Carry Flag
Wird auf 1 gesetzt, wenn in den unteren 4 Bit bei einer Addition ein Übertrag (Subtr.: Borrow) auftritt. Wird für Dezimalarithmetik benutzt

ZF : Zero Flag
Wird auf 1 gesetzt, wenn das Ergebnis einer ALU-Operation 0 ist

SF : Sign Flag
Wird auf 1 gesetzt, falls das Ergebnis einer ALU-Operation negativ ist (z.B. 3-4=FFFF u. SF=1)

TF : Trap Flag
Wenn 1, so werden alle Befehle im Einzelschritt ausgeführt. Wird durch Interrupts automatisch gelöscht, damit Interruptroutinen ganz durchlaufen werden. Erneutes Setzen erfolgt durch IRET

IF : Interrupt Enable Flag
Wenn 1, so versuchen alle maskierten Interruptanforderungen (INTR-Eingang) eine Unterbrechung des laufenden Programms. Wird bei jedem HW-Int. automatisch gelöscht. Kann per Befehl gesetzt oder gelöscht werden. Ebenso auch durch IRET von STACK überschrieben werden

DF : Direction Flag
Wenn 1, so werden bei String-Befehlen die Speicheradressen abwärts gezählt, sonst aufwärts (z.B. Zeichenketten kopieren)

OF : Overflow Flag
Wird auf 1 gesetzt, falls bei arithmetischen Operationen eine Bereichsüberschreitung für vorzeichenbehaftete Zahlen auftritt (z.B. 7F+02=81 → OF=1, CF=0; OF= $\ddot{U}_{Sign-Bit}$ XOR $\ddot{U}_{höchstwert. Stelle}$!)

NT- und IOPL-Flag werden erst beim Virtual Protected Mode behandelt.

2.4. Der Stapelspeicher

Zur Realisierung von Unterprogrammtechniken verfügt die CPU über einen Mechanismus, welcher es gestattet, Unterprogramme (auch geschachtelt und rekursiv) aufzurufen, und jeweils geordnet in die aufrufende Umgebung zurückzukehren. Dazu wird der Stack- (oder Stapel-) bereich, ein beliebiger Ausschnitt (Adreßbereich) im Arbeitsspeicher des Rechners eingerichtet, welcher zur temporären Speicherung von Daten nach dem LIFO-Prinzip dient. Dieser Bereich muß als Schreib-/Lesespeicher (RAM) ausgelegt sein. Beim 80x86-Prozessor wird der Stack über das Segmentregister (Stacksegment SS) und über den Stackpointer (Register SP) verwaltet.

Er ist als Stapelspeicher bzw. Kellerspeicher organisiert, d.h. man kann seine Organisation mit einem Stapel Papier auf dem Schreibtisch vergleichen. Auf den Stapel kann nur oben etwas aufgelegt bzw. von oben etwas entnommen werden. Dieses Prinzip, d.h. "Was zuletzt abgelegt wurde, wird zuerst wieder entnommen", wird im Englischen kurz mit "Last in, first out" (LIFO) bezeichnet.
Dieses Prinzip wird mit Hilfe des Stackpointer-Registers SP realisiert. Der Stackpointer SP zeigt dazu immer auf den zuletzt mit Daten beschriebenen Speicherplatz des Stacks.

Der Stack wächst nach kleineren Adressen hin, d.h. vor jedem Abspeichern eines Wortes wird der Stackpointer dekrementiert und nach jedem Lesevorgang von Daten auf dem Stack wird er inkrementiert.

Das Betriebssystem eines Rechners oder der Programmierer muß Stacksegmentregister und Stapelzeiger vor seiner ersten Benutzung auf sinnvolle Anfangswerte setzen. Es können nur Wörter (keine einzelnen Bytes) auf den Stapel geschrieben werden. An der größeren Adresse wird stets das höherwertige Byte eines Wortes abgelegt (High-Endian im Gegensatz zur Prozessorfamilie MC680x0).

Zum Ablegen eines Wortes auf den Stack müssen von der CPU folgende Einzelschritte ausgeführt werden:

$$SP - 1 \rightarrow SP; \text{High-Byte} \rightarrow [(SS * 10_{16} + SP)]$$
$$SP - 1 \rightarrow SP; \text{Low-Byte} \rightarrow [(SS * 10_{16} + SP)]$$

Das Laden von Daten vom Stapel erfolgt in umgekehrter Reihenfolge :

$$[(SS * 10_{16} + SP)] \rightarrow \text{Low-Byte}; SP + 1 \rightarrow SP$$
$$[(SS * 10_{16} + SP)] \rightarrow \text{High-Byte}; SP + 1 \rightarrow SP$$

Der über SS:SP adressierte Speicherplatz wird auch als "Top of Stack" (TOS oder Spitze des Stapels) bezeichnet. Er zeigt immer auf den letzten gültigen Eintrag (Low-Byte) im Stack. Werden zuvor geschriebene Daten vom Stapel zurückgelesen, so ist der freigegebene Speicherplatz danach undefiniert !

Zahlenbeispiel:

vor Schreibvorgang: SS= 2800, SP= 100, AX= 12FA

                            AX → [SS:SP]
                            Befehl zur Ablage von AX auf den Stack, PUSH AX

danach: [280FE] = FA, [280FF] = 12 (low-Byte first), SS= 2800, SP= 0FE

Die Organisation als Stapel eignet sich besonders gut für Daten, die nach dem LIFO-Prinzip organisiert sein müssen.

Beispiel:
Wenn zwei Unterprogramme ineinander verschachtelt sind, so muß nach Beendigung des inneren Unterprogramms zunächst zum äußeren Unterprogramm zurückgekehrt werden. Erst wenn das äußere Unterprogramm beendet ist, muß zum rufenden Programm zurückgekehrt werden.
Die Rücksprungadressen sind dazu in umgekehrter Reihenfolge, in welcher sie gespeichert wurden, zu lesen.

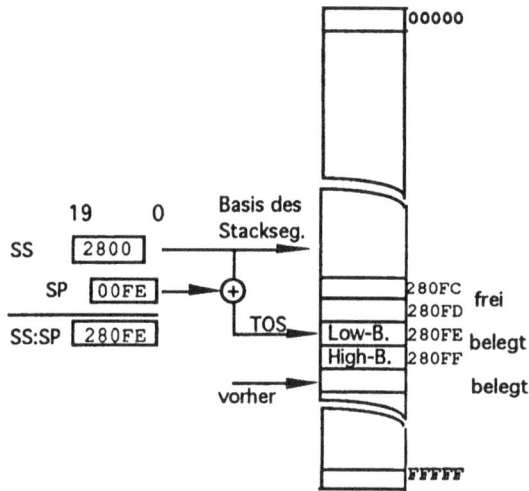

Abb. 2.4-1: Arbeitsweise des Stapelspeichers (Stackpointer)

Ferner werden typischerweise lokale Daten (und Parameter) einer Prozedur auf dem Stack abgelegt, sie werden dann relativ zum Stackpointer adressiert. Dies ist insbesondere bei rekursiven Prozeduren mit lokalen Variablen und geschachtelten Umgebungen notwendig.

int max(int a, int b, int c) *Aufruf: p= max(u,v,4711)*
{ int m;
    m = (a>b) ?a : b;
    return (m>c) ? m : c;
}

-8	int m 1. lokale Var.
-6	Frame- (Base-) Pointer
-8	Rückkehradresse
-6	int u 1. Parameter
-4	int v 2. Parameter
-2	int 4711 (je 2 Byte)
SP	

vgl. Beispiel im Anhang

In der o.a. C-Funktion werden die Variablen c,b und a (in genau dieser Reihenfolge) vor dem Aufruf auf dem Stack abgelegt. Dann erfolgt der Sprung zum Unterprogramm. Innerhalb der Funktion max wird SP auf BP kopiert, um per [BP+4] auf a, [BP+6] auf b und [BP+8] auf c zugreifen zu können. Nach Beendigung des Unterprogramms sind die Parameter nicht mehr verfügbar.

2.5. Anschluß des Arbeitsspeichers

Obgleich die Wortbreite des 80286 16 Bit beträgt, d.h. bei einem Prozessorbefehl gleichzeitig 16 Bit verknüpft bzw. verarbeitet werden können, besitzt er auch Byteregister (z.B. AH, AL, ..., je 1 Byte = 8 Bit) und Operationen, welche mit einem Byte durchgeführt werden. Darum ist der

Arbeitsspeicher in der größtmöglichen Auflösung byteweise organisiert. Dennoch hat der 80286 einen 16 Bit breiten Datenbus. Mit diesem Bus müssen also sowohl Byte- als auch Worttransfers durchgeführt werden können.

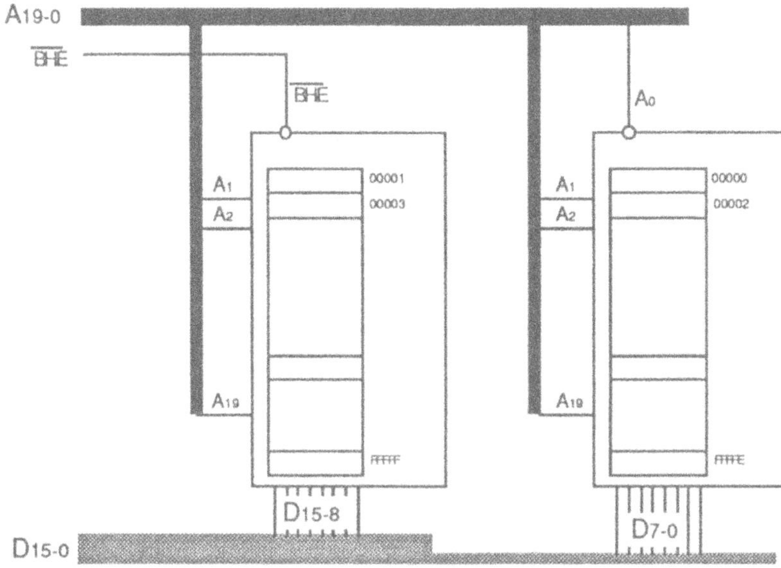

Abb. 2.5-1: Byte- und Wortzugriffe der CPU

Zur Steuerung des Speicherzugriffs stehen darum neben den Adreß- und Datenleitungen zusätzliche Steuer- und Statusleitungen zur Verfügung. Mit ihnen signalisiert die CPU dem Speicher, ob auf Byte oder Worte zugegriffen werden soll.

$\overline{BHE}$	A_0	
0	0	Worttransfer in einem Zyklus
0	1	Byte-Transfer, höherwertiges Byte
1	0	Byte- Transfer, niederwertiges Byte
1	1	tritt nicht auf (reserviert für Intel)

Tab. 2.5-1: Interpretation der Signale BHE (Bus High Enable) und A_0

Bytetransfer an gerader Adresse:

stets ein Zyklus	$\overline{BHE} = 1$	$A_0 = 0$
Byte wird über		$A_1 = x$
D_{7-0} übertragen		$\bullet\bullet\bullet$
		$A_{19} = x$

Bytetransfer an ungerader Adresse:

    stets ein Zyklus $\overline{BHE} = 0$ $A_0 = 1$

    Byte wird über $A_1 = x$

    $D_{15\text{-}8}$ übertragen   •••

                                        $A_{19} = x$

Worttransfer an gerader Adresse:

    stets ein Zyklus $\overline{BHE} = 0$ $A_0 = 0$

    Wort wird über $A_1 = x$

    $D_{15\text{-}0}$ übertragen   •••

                                        $A_{19} = x$

Worttransfer an ungerader Adresse:

    erster Zyklus $\overline{BHE} = 0$ $A_0 = 1$

    niederwertiges Byte $A_1 = x$

    wird über $D_{15\text{-}8}$ •••

    übertragen $A_{19} = x$

    zweiter Zyklus $\overline{BHE} = 1$ $A_0 = 0$

    höherwertiges Byte $A_1 = x +$ Übertrag von A_0

    wird über $D_{7\text{-}0}$ •••

    übertragen $A_{19} = x$

Insbesondere bei der Programmierung von ROM- oder EPROM-Bausteinen muß die oben dargestellte Speicherorganisation berücksichtigt werden, da diese in der Regel byteweise organisiert sind. In diesem Fall liegen jeweils 2 aufeinanderfolgende Speicheradressen auf zwei unterschiedlichen Speicherchips. Warum ist dies bei RAM-Bausteinen nicht relevant ?

Zur Abwicklung des Busprotokolls zum Lesen und Schreiben von Speicherinhalten oder auch für den Zugriff auf Ein-/Ausgabebausteine usw. stellt die CPU mehrere Steuer- und Statusleitungen bereit. Mit diesen kann sie einen exakt vorgegebenen zeitlichen Verlauf der Datenübertragung per Adreß- und Datenbus steuern. Die Steuer- und Statusleitungen werden dazu mehrfach verwendet:

• Anschluß von Speicherbausteinen

• Anschluß von Ein-/Ausgabebausteinen

• Interrupt - Quittungssignale

Sie enthalten in kodierter Form Informationen über den aktuellen Buszustand:

COD/$\overline{\text{INTA}}$	M/$\overline{\text{IO}}$	$\overline{\text{S}_1}$	$\overline{\text{S}_0}$	
0	0	0	0	Interrupt Acknowledge Zyklus
0	1	0	0	Wenn A_1 =1 -> HALT-Zustand, sonst Abschalten der CPU
0	1	0	1	Daten aus Speicher lesen
1	0	0	1	Daten von Eingabegerät lesen
1	1	0	1	Befehl von Speicher lesen
0	1	1	0	Daten in Speicher schreiben
1	0	1	0	Daten zum Ausgabegerät schreiben

Tab. 2.5-2: Leitungen zur Steuerung des Datenverkehrs

COD/$\overline{\text{INTA}}$:
Code (Instr. fetch) bzw. Memory-Zugriff oder Interrupt Acknowledge-Zyklus bzw. IO

M/$\overline{\text{IO}}$:
Memory oder I/O-Select

S_0, S_1:
Buszyklus Status

Während die logische Abfolge der Signale durch das Protokoll vorgegeben ist, hängt der exakte zeitliche Verlauf der Signale vom Prozessortakt ab. Die an den Eingang CLK angelegte Taktfrequenz wird hierbei intern einmal unter-setzt (halbiert), d.h. an einen 80286, welcher für eine Taktfrequenz von 8 MHz ausgelegt ist, muß am Anschluß CLK eine Frequenz von 16 MHz angelegt werden. PCLK entspricht hier dem Prozessortakt (Systemtakt) von 8 MHz.

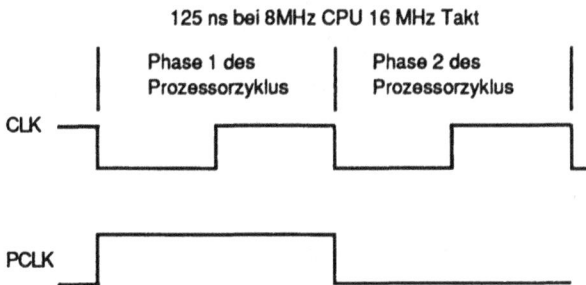

125 ns bei 8MHz CPU 16 MHz Takt

Phase 1 des
Prozessorzyklus

Phase 2 des
Prozessorzyklus

CLK

PCLK

Abb. 2.5-2: Taktfrequenz (CLK) und Systemtakt (PCLK)

Bezogen auf diesen Systemtakt ergibt sich folgender typischer Verlauf eines Speicherlesezyklus für den Betrieb mit einem lokalen Speicher (kein Mehrprozessorbetrieb!):

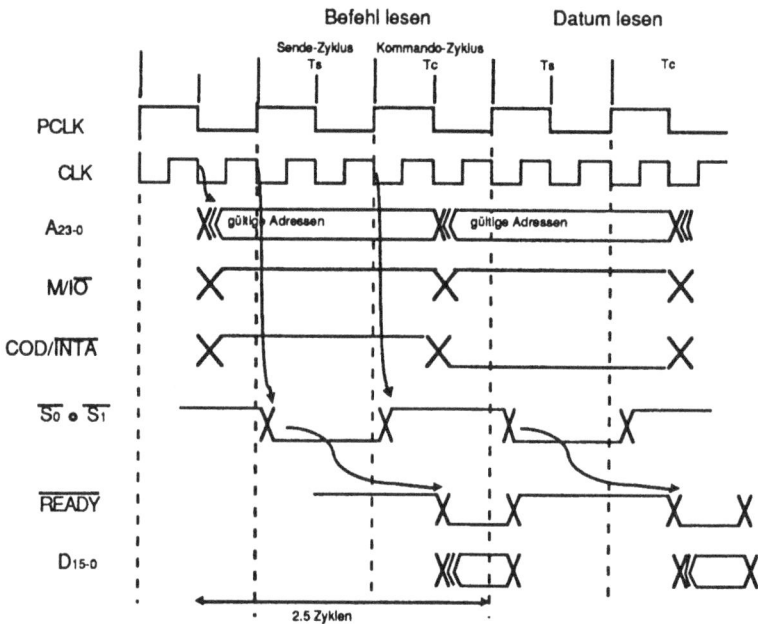

Abb. 2.5-3: Speicherlesezyklus (Befehl lesen, Daten lesen)

Wie obiges Diagramm zeigt, beträgt die Zeit von der Bereitstellung der Adresse bis zum Auslesen des Speichers ca. 2.5 PCLK-Zeiten. Bei einer Zeit PCLK=125 ns (bei 8 MHz CPU) sind dies ca. 300 ns. Zwischen Mikroprozessor und Speicher müssen jedoch weitere Bausteine (Adreß-zwischenspeicher und bidirektionale Verstärker für den Datenbus sowie zusätzliche Steuerlogik zur Adreßdekodierung) geschaltet werden. Dadurch verkürzt sich die zur Verfügung stehende Zugriffszeit für die Speicherbausteine auf ca. 85 ns für Lesezugriffe, wenn nicht zusätzliche Maßnahmen in der Speicherorganisation vorgenommen werden.

Solche Maßnahmen sind beispielsweise das Einfügen "nutzloser" Prozessor-zyklen (sog. Wait-States), auf Verlangen von langsamen Speicher- oder Ein-/Ausgabebaugruppen. Es werden dann so viele Wait-States eingefügt, bis z.B. der Speicher das gewünschte Datum (Byte oder Wort) stabil auf den Datenleitungen zur Verfügung stellen kann. In jedem Falle wird vom Arbeitsspeicher eine vorgegebene Zugriffsgeschwindigkeit verlangt, die er nicht überschreiten darf.

Zum Einfügen zusätzlicher Wartezyklen dient der READY-Eingang der CPU. Wenn zum Zeitpunkt des Lesens dieser Eingang 1 ist, so wird ein zusätzlicher Wartezyklus eingefügt (d.h. 125ns bei 8MHz CPU). Durch diese Eigenschaft der CPU kann man auch langsamere Speicher oder Ein-/Ausgabegeräte an den Prozessorbus anschließen.
Bei PCs wird z.B. die Hardware auf dem Board im Rahmen eines Setup-Programms auf die Generierung von Wait-States bei der Adressierung

bestimmter Adreßbereiche (z.B. angeschlossener Module am AT-Bus) vorbereitet.

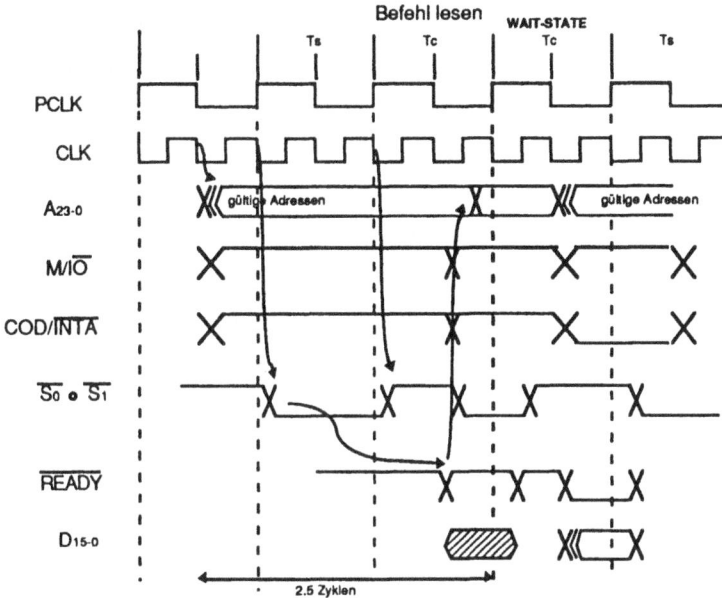

Abb. 2.5-4: Speicherlesezyklus mit angefordertem Wait-States

Der 80286-Bus hat (neben dem WAIT- und dem HOLD-Zustand) zwei Basiszustände:

Ts = Sendestatus (send status)
In diesem Zustand des Taktes ($\overline{S_1}$ = 0 oder ($\overline{S_0}$ = 0 werden Daten bzw. Kommandos an die Datenleitungen angelegt.

Tc = Kommandoausführung (perform command)
In diesem Zustand muß der Speicher oder ein E/A-Gerät die Daten auf den Bus legen oder es müssen die von der CPU ausgegebenen Daten vom Bus gelesen werden.

Die Daten müssen dazu stabil anliegen, d.h. auch Einschwingvorgänge auf den Leitungen müssen abgeschlossen sein.

Aus den Statusleitungen $\overline{S_0}$, $\overline{S_1}$, COD/$\overline{INTA}$, M/$\overline{IO}$ werden die Steuersignale für den Arbeitsspeicher abgeleitet. Z.B. müssen jeweils ein Lese- und ein Schreibsignal für den Arbeitsspeicher und für gegebenenfalls angeschlossene I/O-Bausteine erzeugt werden. Diese Signale können durch konventionelle Logikschaltkreise oder aber einfacher mit dem Bussteuerbaustein 82288 erzeugt werden.

2.5.1. Der Bussteuerbaustein 82288

Erst dieser Baustein generiert aus den von der CPU über die Statusleitungen ausgegebenen Zustandsmeldungen Steuersignale für den Anschluß von Speicher- und Ein-/Ausgabebausteinen. Weiterhin stellt er Steuersignale für die Zwischenspeicherung der von der CPU nur im Zeitmultiplexverfahren ausgegebenen Adressen und Daten zur Verfügung.

Ein 80286-Prozessor kann über verschiedene Bussysteme mit mehreren Speicher- oder Ein-/Ausgabemodulen verbunden sein. Dann werden auch mehrere 82288-Bussteuerbausteine für die CPU benötigt. Werden mehrere Prozessoren an einem gemeinsamen Bus (wie z.B. dem Multibus, VME-Bus, ...) betrieben, so ist eine spezielle Auswahlschaltung (Bus-Arbiterbaustein) welcher die Zuteilung des Busses an die Prozessoren regelt, erforderlich.

Folgende Signale werden aus $\overline{S_0}$, $\overline{S_1}$, M/$\overline{IO}$ sowie READY und CLK erzeugt :

Steuersignale für den Anschluß von Speicher- und Ein-/Ausgabebausteinen:

$\overline{MRDC}$	Memory Read
$\overline{MWTC}$	Memory Write
$\overline{IORC}$	Input Read
$\overline{IOWC}$	Input Write
$\overline{INTA}$	Interrupt Acknowledge (Quittungssignal für Interrupts)

Steuersignale für die Zwischenspeicherung von Daten:

ALE	Adreß-Latch Enable
	Mit diesem Signal kann man die Adresse vom Adreßbus in Zusatzspeichebausteine zwischenspeichern (8282 oder 74LS373)
DEN	Data Enable
	Dient zur Steuerung von bidirektionalen Verstärkern (Transceiver). Es wird als Freigabesignal für die Transceiver-Ausgänge benutzt.
DEN=1	Transceiver-Ausgänge durchgeschaltet
DEN=0	hochohmiger Zustand
DT/$\overline{R}$	Data Transmit/Receive
	Weiteres Steuersignal für Transceiver (8286) zur Richtungsbestimmung am Datenbus
MCE	Master Cascade Enable
	zur Steuerung eines Interruptsteuerbausteins (8259A s.u.

Weitere Steuereingänge:

MB   Multibus Select Bei lokalem Bus immer auf 0.
CENL   Command Enable Latched. Bei Betrieb mit nur einem Bussteuer-
        baustein stets 1.
CMDLY   Command Delay: Immer auf 0, wenn keine Kommandoverzögerung
        gewünscht.
CEN   Command Enable: Bei lokalem Bus und nur einem Bus-Controller
        immer auf 1.

Der Bussteuerbaustein 82288 verkürzt die für Speicher oder I/O zur
Verfügung stehende Zugriffszeit um die eigene Laufzeit eines Signals durch
den Baustein. Üblicherweise wird zwischen den CPU-Adreßleitungen und den
Busleitungen (z.B. AT-Bus) noch ein Adreßzwischenspeicher geschaltet (zur
Erhöhung der Treiberleistung), wodurch sich die zur Verfügung stehende
Zugriffszeit weiter um die Verzögerungszeit durch den Adreßzwischen-
speicher (Latch-Register) verkürzt. Die Verschaltung und das Zusammen-
wirken von CPU und Bussteuerbaustein zeigt die nachfolgende Standard-
Applikation.

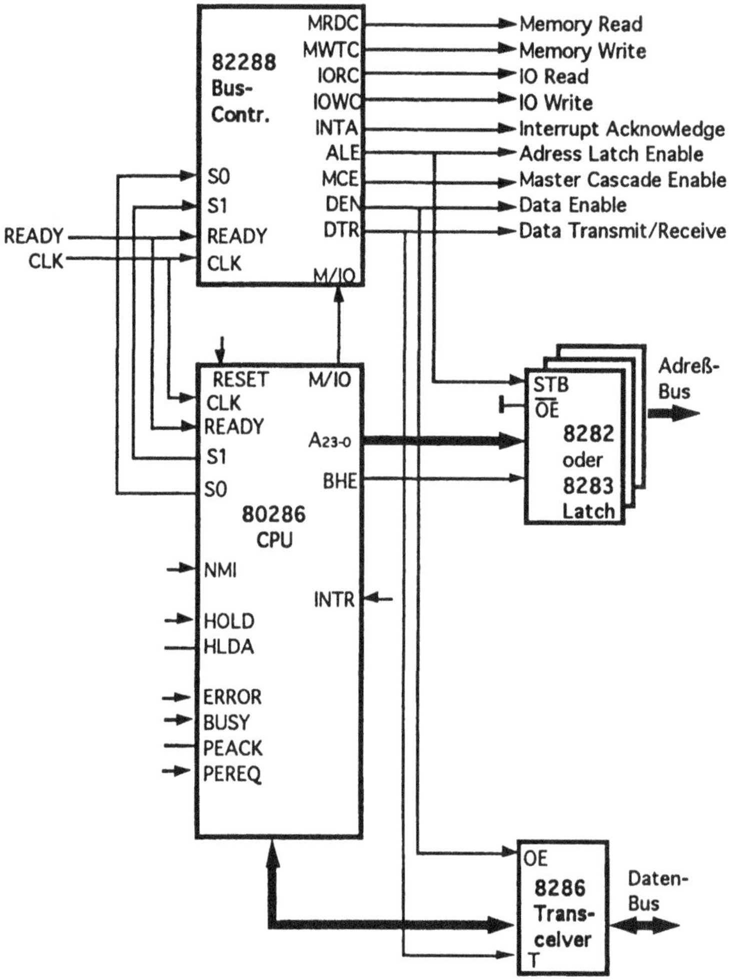

Abb. 2.5-5: 80286 mit Zusatzbausteinen für Speicheranschluß

8282-Adreßzwischenspeicher:
Er enthält 8 zustandsgesteuerte D-Flip-Flop mit Tri-State Ausgängen.
OE=0: Ausgänge sind durchgeschaltet, OE=1: Ausgänge sind hochohmig.
Speichert die angelegte Adresse, wenn der Eingang STB=1 ist.

8286-Transceiver:
Bidirektionale Verstärker für Datenbus mit Tri-State-Ausgängen

$\overline{\text{OE}}$ =0	Output Enable (durchgeschaltet, d.h. nicht im hochohmigen Zustand)
T =0	Receive (von links nach rechts)
T =1	Transmit (von rechts nach links)

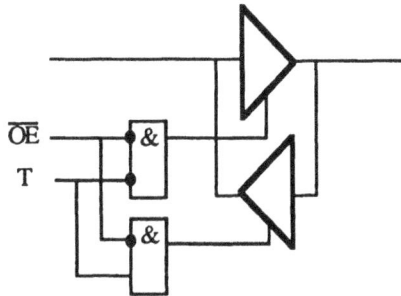

Abb. 2.5-6: Prinzipschaltbild des Transceivers (8286, ein Kanal)

2.6. Memory Mapped- und Isolated I/O

Für den Anschluß von Peripheriebausteinen (sog. I/O Devices) an ein Mikrocomputersystem unterscheidet man zwei prinzipiell verschiedene Verfahren. Dieses sind die Isolated I/O und die Memory Mapped I/O. Um das erste der Verfahren einsetzen zu können, bedarf es besonderer hardware-technischer Voraussetzungen von Seiten des Prozessors. Im zweiten Fall wird das I/O-Device genauso wie ein Speicherbaustein angesprochen. Bei der 80x86-Prozessorfamilie können beide Arten des Anschlusses von E/A-Bausteinen verwendet werden:

1. Isolated I/O

Bei der getrennten oder "isolierten" Ein-/Ausgabe muß der Prozessor über

• zusätzliche Ein-/Ausgabebefehle und
• zusätzliche Steuerleitungen

verfügen, mit denen er die Datenübertragung zu einem I/O-Device signalisieren kann. Der Anschluß von E/A-Bausteinen ist sehr ähnlich zum Anschluß von Speicherbausteinen. Verschiedene E/A-Bausteine werden durch unterschiedliche Adressen voneinander unterschieden. Zur Unterscheidung von Speicher- und I/O-Zugriffen dienen die zusätzlich vorhandenen Steuerleitungen.
Bei den Prozessoren 80x86 werden bei der Isolated I/O nur die niederwertigen 16 Bit der Adreßleitungen (plus $\overline{\text{BHE}}$) zur Auswahl von E/A-Adressen (und damit auch Bausteinen) verwendet. Da Peripheriebausteine jedoch in der Regel nur über wenige Register verfügen und mit den 16 Adreßleitungen insgesamt 64 KByte I/O-Adressen angesprochen werden können, bildet dies kaum eine praktische Einschränkung beim Entwurf von Mikrorechner-systemen.

2. Memory Mapped I/O

Wie der Name dieses Verfahrens bereits andeutet, werden hier die Adressen von I/O-Registern an eine Stelle innerhalb des gesamten Speicherbereichs des Prozessors abgebildet (mapped). Das bedeutet, daß aus der Sicht des Prozessors keine Unterscheidung zwischen Speicher- und Ein-/ Ausgabeadressen stattfindet. Es gibt darum auch keine besonderen Befehle oder zusätzliche Steuerleitungen, wie bei der isolierten I/O.
Bei dieser Art von Ein-/Ausgabe werden E/A-Bausteine genauso wie Speicherbausteine angeschlossen. Sie belegen somit jedoch mindestens eine Speicheradresse innerhalb des (physikalischen) Adreßraums der CPU. Es werden die gleichen Befehle für Ein- und Ausgabe verwendet, die für den Zugriff auf den Arbeitsspeicher vorgesehen sind. Zur (vollständigen) Adressierung müssen damit 20-Bit lange Adressen dekodiert und an den Chip-Select-Eingang eines E/A-Bausteins angeschlossen werden.
Da sich die Adreßbereiche von Speicherbausteinen und E/A- Bausteinen nicht überlappen dürfen und ein Speicherbaustein in der Regel einen größeren Speicherbereich überdeckt (z.B. 256 KB oder 1 MB), wird durch die Plazierung eines I/O-Bausteins der Speicherbereich eines Speicherchips "belegt".

Eine Beispiel-Applikation für die Anschaltung eines I/O-Bausteins mit isolierter Ein- / Ausgabe zeigt das nachfolgende Bild. Die dekodierte Adresse wird an den Chip-Select-Eingang des Ein-/Ausgabebausteines angeschlossen:

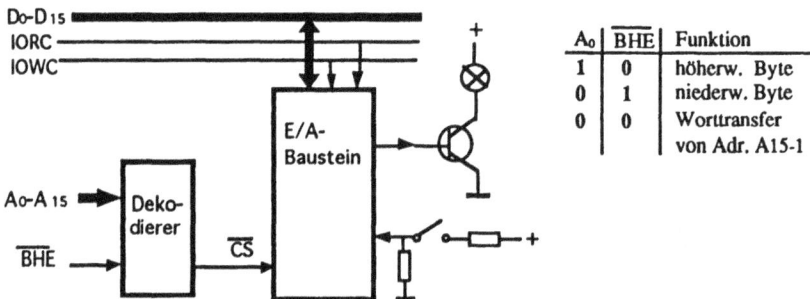

A_0	$\overline{BHE}$	Funktion
1	0	höherw. Byte
0	1	niederw. Byte
0	0	Worttransfer von Adr. A15-1

Abb. 2.6-1: Anschluß eines E/A-Bausteins bei Isolated I/O

Mit Hilfe der Prozessorsignale I/O-Read-Control (IORC) und I/O-Write-Control (IOWC) signalisiert die 80x86-CPU Lese- bzw. Schreibzugriffe auf Ein-/Ausgabebausteine.

2.7. Erzeugung von Takt- und Reset-Signalen

Wie bereits eingangs beschrieben, handelt es sich bei einem Mikroprozessor um ein synchrones Schaltwerk, welches zur Erfüllung seiner Aufgabe mit einem zentralen Takt versehen werden muß. Durch den angelegten Takt werden u.a. die Buszyklen zur Abwicklung des Busprotokolls erzeugt. Die Dauer des Taktes ist einerseits nach oben durch die verwendete Technologie[5] und Komplexität der internen Schaltung begrenzt und darf andererseits bei Verwendung von dynamischen Speichern im Innern der CPU eine untere Grenze nicht unterschreiten. Die Prozessoren der 80x86-Familie verwenden intern dynamische Speicher, so daß der Takt eine Mindestfrequenz auch hier nicht unterschreiten darf (bei 8 MHz CPU ca. 4 MHz).

Daraus ergibt sich, daß der Prozessor z.B. nicht zu Testzwecken im Single-Step-Betrieb quasi "von Hand" (d.h. mit einem Taster) getaktet werden kann, um dabei die Gleichspannungspegel messen zu können. Außerdem muß die Form des Taktsignals bestimmten Anforderungen bezüglich der Anstiegs- und Abfallzeiten genügen. Die am Anschluß **CLK** angelegte Frequenz von 16 MHz wird intern zur Gewinnung des Prozessor- bzw. Systemtaktes halbiert.

Eine weitere Voraussetzung für das fehlerfreie Arbeiten der CPU ist ein fest definierter Anfangszustand, welcher i.a. mindestens den initialen Inhalt des Befehlszählers sowie des Codesegmentzeigers festlegen muß.

Mit Hilfe des Rücksetzeingangs (**RESET**) kann der Prozessor jederzeit in einen definierten Anfangszustand gebracht werden. Da dies in der Regel nur beim Einschalten des Rechners notwendig ist, spricht man hier auch vom "Kaltstart".
Taktsignal und RESET-Signal sind in der Weise miteinander verknüpft, daß das RESET-Signal eine bestimmte Anzahl von Takten lang anliegen muß, um den gesamten Rücksetzvorgang vollständig auszuführen.

Nach erfolgtem RESET befinden sich die 80x86-Prozessoren grundsätzlich in der Betriebsart Real Mode. Die internen Register werden dabei wie folgt initialisiert:

- CS=F000,
- IP=FFF0 (d.h. die Startadresse innerhalb des 1 MB großen physikalischen Adreßraums ist FFFF0),
- Flags= 0002 (d.h. Interrupts werden zu Beginn gesperrt),
- DS, ES und SS sind alle 0000.

Die anderen Register sind alle undefiniert, insbesondere auch der Stackpointer SP. Weitere Initialisierungen, wie z.B. den Stackpointer auf einen geeigneten Anfangswert setzen, Interrupts zulassen, Ein-/Ausgabebausteine initialisieren usw., müssen bei einer neuen Applikation selbst programmiert werden. Bei

---

5   Gatterschaltzeiten, gegeben durch die Grenzfrequenz der Transistoren, der internen Leitungsführung und parasitären Kapazitäten

Systemen, welche bereits über eigene Firmware[6] verfügen, übernimmt diese
Aufgabe eine Initialisierungsroutine.

Das RESET-Signal kann ebenfalls mit Hilfe des 82284 Taktgenerator-
Bausteines erzeugt werden. Dazu hat der 82284 einen RESET-Eingang mit
einem Schmitt-Trigger als Eingangsbeschaltung. Vor diesen Eingang kann
man ein RC-Glied schalten, um beim Einschalten der Versorgungsspannung
auf jeden Fall ein RESET-Signal zu erzeugen. Der Schmitt-Trigger im 82284
erzeugt aus dem für digitale Schaltungen ungeeigneten Eingangs-RESET-
Signal ein Ausgangs-RESET-Signal mit den für den 80286 geforderten
Signalformen (und Zeiten).
Der Baustein kann weiterhin für die Synchronisierung eines READY-Signals
(für langsame Speicher) mit dem Taktsignal benutzt werden.

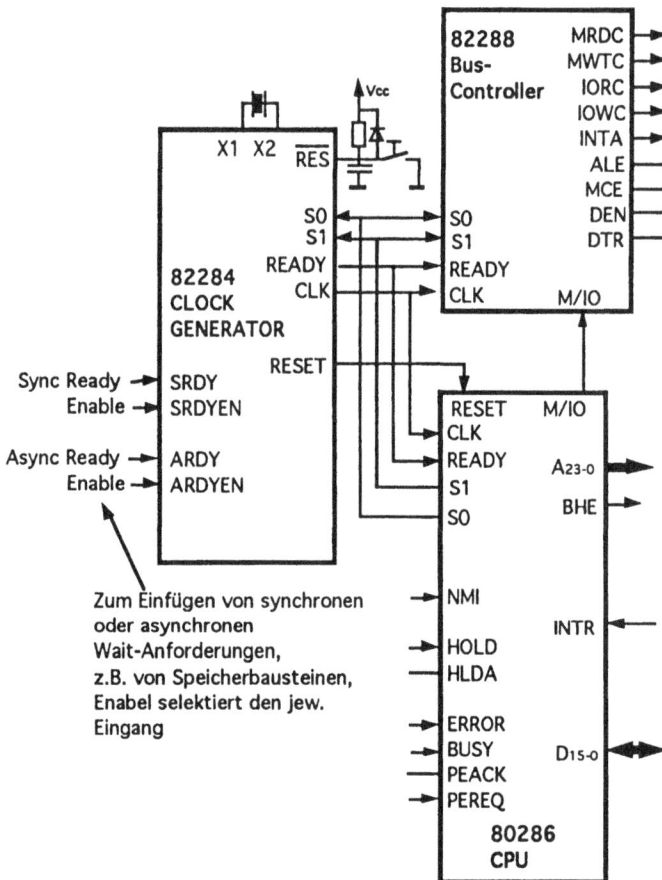

Abb. 2.7-1: Baustein zur Takterzeugung für 80286

---

6   Die vom Hersteller eines Moduls in Form von ROM- oder EPROM-Bausteinen mitgelieferte Software.

Zur Erzeugung des Taktsignals sowie zur Generierung und Synchronisierung des RESET-Signals mit dem Takt gibt es in der 80x86-Familie den Taktgenerator-Baustein 82284. Weiterhin synchronisiert dieser Baustein auch asynchron eintreffende Anforderungen zum Einschieben von Wartezuständen innerhalb des Busprotokolls. Der Baustein muß mit einem externen Quarz mit der Grundfrequenz von 16 MHz (im Falle einer 8 MHz CPU) und einer Schaltung zur Erzeugung eines (asynchronen) RESET-Signals versorgt werden. Letzteres kann im einfachsten Fall durch einen Taster und RC-Glied erfolgen (vgl. RESET-Taste am PC).

Zur RESET Funktion:
Mit dem Einschalten der Versorgungsspannung steigt die Spannung am Anschluß RES des 82284 mit der Zeitkonstanten $\tau = R*C$ an. Wird die Schwellspannung des internen Schmitt-Triggers von 1.05 V überschritten, so geht der RESET-Ausgang des Bausteins von log. 1 auf 0. Die Spannung an RES muß mindestens noch 5 ms nach Erreichen der Versorgungsspannung von 4.5V unter der Triggerschwelle liegen, um ein ausreichend langes RESET-Signal generieren zu können. Dies ist z.B. bei R=10KΩ und C= 10 µF der Fall. Mit dem Schalter am Eingang kann ebenfalls ein RESET-Signal erzeugt werden. Sofortiges Entladen des Kondensators und erneutes Aufladen mit der Zeitkonstanten R*C. Die Diode schützt den RESET-Eingang des 82284.

2.8. Interrupts

Damit Mikrocomputersysteme schnell auf asynchron, d.h. zu einem beliebigen, nicht exakt vorhersagbaren Zeitpunkt eintretende Ereignisse reagieren können, verfügen Prozessoren in der Regel über die Möglichkeit, hardware-gesteuert einen sofortigen Sprung in ein bestimmtes Unterprogramm auslösen zu können. Diese Anforderung ergibt sich nicht nur aus der Prozeßdaten-verarbeitung, sondern bereits bei der Ansteuerung von z.B. Steuereinheiten zur Bedienung von Festplatten oder zur Erfüllung von Kommunikations-aufgaben (im einfachsten Fall bei der Eingabe von Zeichen über eine Tastatur). Das Auslösen einer Programmverzweigung wird durch einen entsprechenden Signalpegel an einem sog. Interrupt-Eingang der CPU ausgelöst.
Um die Möglichkeit der Unterbrechung des laufenden Programms flexibel zu gestalten, existieren häufig sogar zwei Interrupt-Eingänge, nämlich ein Eingang, bei dessen Anforderung stets an ein bestimmtes Unterprogramm (d.h. eine per Software einstellbare oder feste Adresse) verzweigt wird, und ein Eingang, dessen Anforderungen vom Prozessor programmgesteuert auch ignoriert (bzw. maskiert, d.h. ausgeblendet) werden können. Letzteres ist oftmals notwendig, um das gerade aktuelle Programm oder auch nur ein Programmstück für eine gewisse Zeitdauer vor Unterbrechungen schützen zu können. Nach Beendigung des eingeschobenen Programms wird das unterbrochene Programm in der Regel fortgesetzt. Dies ist nicht der Fall, wenn das laufende Programm aufgrund eines nicht behebbaren Fehlers unterbrochen wurde und die Fortsetzung des Programms z.B. sinnlos wäre.

Ein typisches Beispiel für den Einsatz unterbrechungsgesteuerter Programme ist die Ein- und Ausgabe von Daten an einen relativ langsam arbeitenden Drucker, welcher nur ca. 200-300 Zeichen pro Sekunde drucken kann. Die bestehende Anforderung ist, ein beliebiges Programm auf dem Rechner ablaufen zu lassen und gleichzeitig zu drucken. Dazu muß der Drucker die Möglichkeit haben, jedesmal, wenn er ein Zeichen fertig gedruckt hat, den Rechner kurz unterbrechen zu können, damit dieser ihm ein neues Zeichen überträgt. Das bekannte "Drucken im Hintergrund" belastet den Rechner dabei nur wenig und stört somit einen Benutzer, welcher z.B. gerade Textverarbeitung durchführt, kaum.

Der Prozessor 80286 verfügt über zwei Interrupt-Eingänge mit dem Namen:

• **INTR**   maskierbarer und

• **NMI**   *nicht* maskierbarer Interrupt-Eingang

Zur Bearbeitung eines Interrupts prüft der Mikroprozessor jeweils am Ende der Ausführung eines Befehles (mit Ausnahme des Befehls : MOV SS, xx) diese beiden Eingänge, ob eine Unterbrechungsanforderung vorliegt, d.h. einer der Anschlüsse INTR oder NMI gleich 1 ist.
Liegt eine Unterbrechungsanforderung vor, werden der Zustand des Flagregisters sowie die Unterbrechungsstelle (CS:IP) auf dem Stack abgelegt. Anschließend erfolgt je nach Unterbrechungssignal, INTR oder NMI, eine Verzweigung in ein spezielles Programm (Interruptprogramm oder Interrupt-Service-Routine).

Das Sprungziel, d.h. die Anfangsadresse des Interrupt-Programms wird über eine Tabelle (Interrupt-Vektor-Tabelle) ermittelt. Jeder Interrupt hat eine Vektornummer (0-255), die der CPU bei der Auslösung eines **INTR** übergeben werden muß. Wird NMI ausgelöst, so muß keine Nummer übergeben werden, da diese implizit vorgegeben ist (Nr.2). Die Vektornummern zeigen, multipliziert mit 4, auf bestimmte Stellen im Arbeitsspeicher (Adressen: 00000, 00004, 00008, ... 003FC = 1 KB). In diesen Speicherstellen steht jeweils die Anfangsadresse des Interruptprogramms (der sog. Vektor), welches der entsprechenden Vektornummer zugeordnet ist.

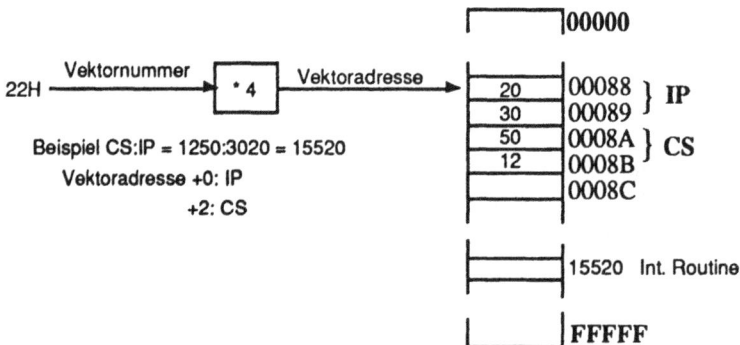

Abb. 2.8-1: Vektornummer und Interrupt-Service-Routine

Der Vektor hat eine Länge von 4 Byte und liegt in der Form CS:IP vor, so daß neben der Sicherung des aktuellen Zustands und der Adresse, an der das Programm später fortgesetzt werden soll, lediglich das Laden der Register CS und IP zur Durchführung des Unterprogrammsprungs notwendig wird.

2.8.1. Interrupts an INTR

Über den Eingang INTR der CPU, welcher über das Interrupt-Enable Flag (IF) im Flagregister maskierbar ist, können von Peripheriebausteinen oder sonstiger externer Hardware Unterbrechungen angefordert werden. Dies ist jedoch nur möglich, wenn IF gleich 1 ist.

Wird ein Interrupt angenommen, so wird zuerst das aktuelle Statusregister auf dem Stack abgelegt und anschließend sofort das IF-Flip-Flop im Flagregister gelöscht, um zu vermeiden, daß direkt neue Unterbrechungen angenommen werden können. Anschließend werden die Register CS und IP, welche bereits auf den nächsten auszuführenden Befehl zeigen, als Return-Adresse auf dem Stapel abgelegt. Zu dieser Adresse muß in der Regel nach der Interrupt-verarbeitung zurückgekehrt werden.

Danach gibt der Prozessor über die Statusleitungen $\overline{S_0}$, $\overline{S_1}$, $\overline{M/IO}$ und $COD/\overline{INTA}$ zwei Interrupt-Acknowledge-Zyklen aus, um der externen Logik die Möglichkeit zu geben, ihre Vektornummer auf die Datenbusleitungen $D_{0\text{-}7}$ zu legen. Im zweiten INTA-Zyklus liest die CPU diese Nummer und erhält somit Kenntnis über die Quelle des Interrupts und über den Eintrag in der Vektortabelle (an der Position: Vektornummer * 4), das von ihr aufzurufende Serviceprogramm.

Als Vektornummern stehen dem Anwender nur Werte zwischen 32 und 255 zur Verfügung, da die Nummern 0 bis 31 bereits vom Hersteller für eigene Zwecke vergeben wurden. Diese Unterbrechungen werden teilweise durch besondere Ausnahmesituationen, wie z.B.:

• Division durch Null,

• Einzelschrittbetrieb,

• Reaktion auf Break-Points im Rahmen von Debug-Maßnahmen,

   •••

• ungültige Maschinenbefehle, ...

in denen sich die CPU befinden kann, ausgelöst. Als letzte Aktion wird der Inhalt der Interrupt-Tabelle, d.h. die Anfangsadresse des Interrupt-Programms nach CS:IP übernommen und damit das Interrupt-Programm gestartet.

Da innerhalb der Serviceroutine das IF gleich 0 ist, können keine weiteren Interrupts am Eingang INTR ausgelöst werden. Will man weitere Unterbrechungen annehmen (kaskadierte Interrupts), so muß dies durch Setzen des IF-Flip-Flops im Flagregister (Befehl: STI, für Set Interrupt Flag) explizit programmiert werden.

Nach Beendigung der Service-Routine wird das ursprüngliche Programm mit einem speziellen Befehl (IRET, Return from Interrupt) fortgesetzt. Dazu wird die Unterbrechungsadresse, die ja im Stack gespeichert wurde, in die Register CS und IP zurückgelesen und ebenso der alte Zustand des Prozessors durch das Zurücklesen des Flagregisters vom Stapel wiederhergestellt. Dadurch werden insbesondere wieder Interrupts am Eingang INTR zugelassen, da ja das IF- Bit zuvor auf 1 gestanden haben muß.

Behandlung eines Interrupts am INTR-Eingang der CPU :

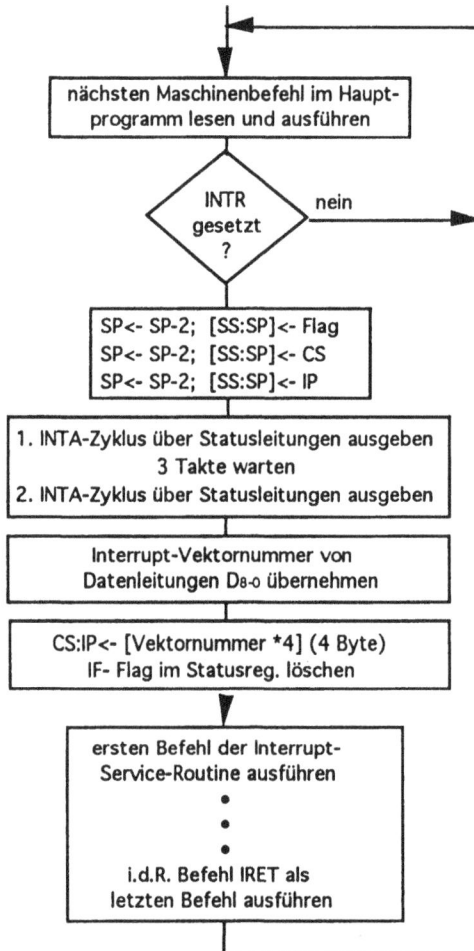

Abb. 2.8-2: CPU-interne Abläufe bei INTR-Interrupt[7]

---

[7]   Die in der prefetch-queue befindlichen Befehle werden beim Sprung in das Int. Progr. entfernt, die queue
      wird nach dem Sprung neu aufgebaut.

Beispiel für Interrupt-Behandlung (alle Zahlen sind im Hexadezimalformat):

Belegung der Register und bearbeiteter Programmausschnitt :

CS = 13A0 , IP = 0136 , BX = 00FF , AX = 4711
SS = 13A0 , SP = 7026 , Vektornummer = 22 , Statusregister = 0241
Anfangsadresse des Interrupt-Programms: CS = 1250, IP = 3020

Adresse	Code	Befehl	Kommentar
•••			
13A0:0136	87D9	MOV BX,CX	; BX <- CX
13A0:0138	B8 0014	MOV AX,14H	; AX <- 14 H
13A0:013B			
•••			

Speicherbelegung während der Interruptverarbeitung:

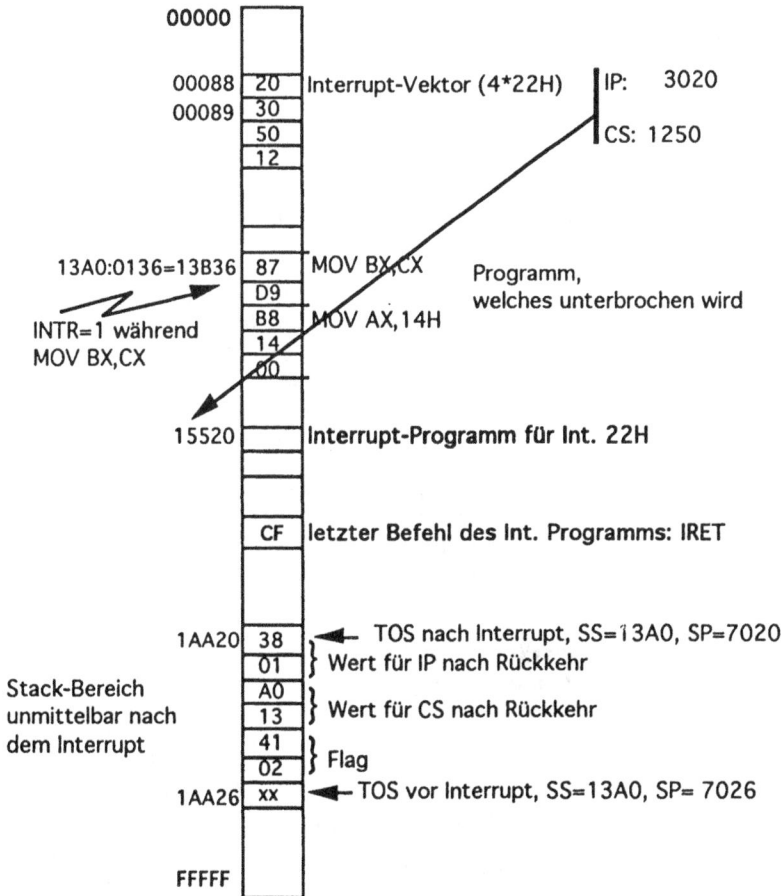

Abb. 2.8-3: Bearbeitung eines Hardware-Interrupts am Eingang INTR

In der Regel verfügen Prozessoren, wie auch der 80286, nur über einen maskierbaren INTR-Eingang. Um dennoch mehreren Geräten die Möglichkeit einer Unterbrechung des laufenden Programms geben zu können, bedient man sich in der 80x86-Familie eines programmierbaren Interrupt-Controllers. An ihn können im einfachsten Fall bis zu 8 Interrupt-Quellen angeschlossen werden. Diese können beliebig maskiert und unterschiedlichen Prioritäten zugeordnet werden. Weiterhin übernimmt dieser Baustein für die angeschlossene Hardware die Aufgabe, auf Verlangen der CPU eine Vektoradresse bereit zu stellen.
Der programmierbare Interrupt-Steuerbaustein **8259A** wird in einem späteren Kapitel eingehend behandelt.

2.8.2. Interrupts an NMI

Der NMI-Eingang (NMI für Non Maskable Interrupt) der CPU kann nicht durch das IF-Bit im Statusregister des Prozessors gesperrt werden, d.h. eine 1 an diesem Eingang führt stets zu einer Unterbrechung des laufenden Programms. Er wird in der Regel zum Signalisieren von besonders kritischen Zuständen, auf welche stets und sofort reagiert werden muß, verwendet.
Da der Eingang nicht maskiert werden kann, werden auch Interrupt-Service-Routinen von laufenden Interrupts, welche am Eingang INTR ausgelöst wurden, stets unterbrochen. Umgekehrt bewirkt das Auslösen eines NMI (wie auch eines INTR) das Rücksetzen des IF-Flags im Statusregister des Prozessors.

Während der Abarbeitung eines NMI können weder an diesem Anschluß noch an INTR (oder prozessorintern) weitere Unterbrechungen ausgelöst werden, bis innerhalb der Serviceroutine der "Return from Interrupt" Befehl (IRET) ausgeführt wird. Ein zwischenzeitlich eintreffender weiterer Unterbrechungs-wunsch am Anschluß NMI wird jedoch einfach in einem Flip-Flop zwischen-gespeichert und führt sobald als möglich zur erneuten Unterbrechung.

In der Prozeßdatenverarbeitung wird an NMI häufig eine Schaltung zur frühzeitigen Erkennung eines bevorstehenden Stromausfalls angeschlossen. Die Zeit zwischen der Meldung und dem tatsächlichen Ausfall (Bereich von wenigen ms) kann vom Prozessor noch genutzt werden, um wichtige Daten auf einen nicht flüchtigen Speicher zu schreiben oder eine Maschine in einen sicheren Zustand zu steuern.
Bei Anwendungen außerhalb der Prozeßdatenverarbeitung werden über diesen Anschluß oftmals schwerwiegende Systemfehler wie z.B. Speicherschreib- oder -lesefehler gemeldet. Am PC kann dieser Interrupt über die Tastatur (Tasten Ctrl.-Alt-Del) ausgelöst werden und führt zu einem "Warmstart" des Rechners. Dies ist nicht zu verwechseln mit der RESET-Taste, welche einen "Kaltstart" des Rechners zur Folge hat. Reagiert bei einem Programmfehler am PC selbst die o.a. Tastenkombination nicht mehr, so ist dies ein Zeichen dafür, daß durch den aufgetretenen Fehler auch die Interrupt-Vektortabelle (wenigstens für die Vektornummer 2, den NMI) verändert wurde. In diesem Fall hilft nur noch die RESET-Taste.

Die Behandlung von Interrupts, welche am Anschluß NMI ausgelöst werden, ist identisch mit denen am Eingang INTR. In diesem Fall entfällt jedoch die Übertragung einer Vektoradresse (sie ist stets 2) und die Ausgabe von Interrupt-Acknowledge-Zyklen zur Steuerung der Übernahme dieses Datums. Die Vektornummer für diese Unterbrechungsanforderung ist fest vorgegeben und kann nicht verändert werden, das Vorschalten eines Interrupt-Controllers an den Anschluß NMI macht offensichtlich keinen Sinn.

2.8.3.   Software-Interrupts und Exceptions

Ebenso wie durch logische Pegel an den Prozessoreingängen INTA und NMI kann der Mechanismus der Programmverzweigung zu einer Routine, deren Adresse in der Vektortabelle hinterlegt ist, auch per Prozessorbefehl genutzt werden. Obgleich diese Art der Programmverzweigung nicht asynchron, zu einem beliebigen Zeitpunkt von der Hardware ausgelöst wird, sondern vom Programmentwickler gezielt aufgerufen wird, spricht man doch von einem Software-Interrupt bzw. von einer Unterbrechung.

Zu diesem Zweck verfügt der Prozessor über den Befehl

> **INT** *Nummer*,

welcher gerade einen Interrupt mit der Vektornummer *Nummer* ausführt. Wie beim NMI entfällt auch hier die Übertragung der Vektoradresse durch die auslösende Hardware und der Einbau spezieller Interrupt-Acknowledge-Zyklen in das Busprotokoll. Die Nummer wird einfach als Konstante bei der Ausführung des Befehls INT aus dem Speicher gelesen. Eine Besonderheit bildet der Befehl

> **INTO**   (Interrupt on overflow entspricht INT 4 , wenn OF=1)

Speziell bei arithmetischen Operationen kann damit in Abhängigkeit vom Overflow-Flag ein Software-Interrupt ausgelöst werden. Weiterhin ist zu berücksichtigen, daß die Interrupts 0 bis 31 im Real Mode bereits festgelegt bzw. reserviert sind. Für Anwendungen bleiben also nur Vektornummern zwischen 32 und 255, wobei auf eventuelle Überschneidungen mit tatsächlich auftretenden Hardware-Interrupts gleicher Nummer geachtet werden muß.

Eine bevorzugte Anwendung der Befehle INT n besteht darin, Programmen, welche unter einem bestimmten Betriebssystem ablaufen sollen, über eine allgemein definierte Schnittstelle den Zugriff auf Betriebssystemfunktionen, wie z.B. die Ein-/Ausgabe von Zeichen auf Bildschirm oder Tastatur, zu ermöglichen. Vereinbart man beispielsweise, daß zur Ausgabe eines Zeichens auf dem Bildschirm stets das auszugebende Zeichen im Register DL steht und ein Aufruf des Interrupts mit der Nr. 33 stets zur Ausgabe dieses Zeichens führt, so spielt es für den Programmentwickler keine Rolle, an welcher Adresse die Routine zur Ausgabe des Zeichens tatsächlich beginnt. Unterschiedliche Versionen eines Betriebssystems können in der Vektortabelle jeweils die richtige Adresse ablegen, ohne daß das Anwenderprogramm ebenfalls geändert werden müßte.

Möchte man unter dem Betriebssystem DOS ein Zeichen ausgeben, so muß dazu der ASCII-Code des auszugebenden Zeichens im Register DL und die Konstante 2 als Kennung dafür, daß das Zeichen auf dem Bildschirm (und nicht über die z.B. Druckerschnittstelle) ausgegeben werden soll, im Register AH stehen. Ein Aufruf des Interrupts 21H erledigt den Rest.

Schließlich verfügt der Prozessor quasi "noch in eigener Sache" über Möglichkeiten in besonderen Fällen (sog. Ausnahmesituationen oder **Exceptions**), Unterbrechungen mit einer ganz bestimmten Vektornummer auszulösen. Die Vektornummer ist hierbei abhängig von der Fehlersituation, in die der Prozessor geraten ist.

Beispiele für solche Ausnahmesituationen sind:

• Division durch Null,
• Registerüberlauf bei arithmetischen Operationen,
• ungültiger Operationscode und
• Aufruf eines Koprozessor-Befehls ohne vorhandenen Koprozessor.

Die überwiegende Zahl von Exception betrifft jedoch Speicherschutz- und Privilegverletzungen sowie die virtuelle Speicherverwaltung mit Segmenten und Speicherseiten innerhalb des Virtual Protected Mode. Hierbei ist es oftmals wichtig, daß die Befehle, bei deren Abarbeitung ein Ausnahmezustand (oder Fehler) aufgetreten ist, nach der Bereinigung des Fehlers erneut ausgeführt werden. Die Befehle sind somit unterbrechbar und fortsetzbar (restartable). Unterbrechbar heißt hier, daß der Interrupt nicht erst am Ende der Befehlsausführung behandelt wird, sondern die Unterbrechungsbehandlung in die Ausführung des Befehls "eingeschoben" werden kann. Eine genauere Betrachtung erfolgt innerhalb der Kapitel über den Protected Mode.

Function	Interrupt Nr.	Related Instructions
Division durch 0	0	DIV, IDIV
Single step interrupt	1	alle
NMI interrupt	2	INT 2 oder NMI pin
Breakpoint interrupt	3	INT 3
INTO detected overflow exception	4	Int. bei Overflow
Bound range exceeded exception	5	BOUND
Invalid Op-Code exception	6	undefinierter opcode
Processor extension not available exception	7	ESC or WAIT
Int. Tabel limit too small exception	8	INT-Vek. außerhalb der Tab.
Proz. Extension segm. overrun	9	Mem. Operand ext. FFFFH
Intel reserved- do not use	10-12	-

Segment overrun exception	13	Wortzugriff mit Offset FFFFH bzw. Ref. außerhalb des Segm.
Intel reserved- do not use	14-15	-
Processor extension error interrupt	16	ESC or WAIT
Intel reserved- do not use	17-31	-
User defined	32-255	ab 20H für Benutzer

Tab. 2.8-1: Vordefinierte Interrupt-Vektornummern und ihre Bedeutung

Treten mehrere Interrupts gleichzeitig auf, so gelten die folgenden Vorrangregeln :

Priorität[8]	Interrupt
1	Instruction Exception (Exception gemäß Tab. 2.8-1)
2	Single Step (INT 1)
3	NMI - Eingang (Non Maskable Interrupt)
4	Processor Extension Error (Koprozessor Fehler)
5	INTR-Eingang
6	"INT n" Befehl

Tab. 2.8-2: Vorrangregeln bei der Interrupt-Bearbeitung

Die Interrupt-Bearbeitung beinhaltet jeweils das "Retten" der Flags, der Return-Adresse (CS:IP) und das Laden der Adresse der Interrupt-Service-Routine in CS:IP. Sind nun weitere Interrupts zugelassen, so werden diese (falls sie ausgelöst werden) stets zuerst behandelt. Der zuletzt aufgetretene Interrupt wird stets zuerst bearbeitet!

---

[8]   1=höchste, 6=niedrigste Priorität

2.9. Direct Memory Access

Unter DMA (Direct Memory Access = Direkter Speicherzugriff) versteht man
den direkten Datenverkehr zwischen Ein-/Ausgabe-Einheiten und dem
Arbeitsspeicher ohne direkte Beteiligung des Prozessors. Gewöhnlich steuert
der Prozessor alle I/O-Operationen sowie Speicherzugriffe zum Lesen von
Befehlen bzw. Schreiben und Lesen von Daten in einem
Mikroprozessorsystem.

Dies kann aus zwei Gründen unökonomisch sein:

* Wird in zufälligen, sehr kurzen Zeitfolgen jeweils ein einziges Byte oder
  Wort eingelesen und im Speicher abgelegt (z.B. Meßwertaktualisierung
  oder Sampling), so ist der häufige Ablauf einer komplexen
  Unterbrechungsbearbeitung (mit Int.-Vektor einlesen, Vektoradresse
  ermittelt, CS:IP und Flag auf dem Stapel sichern,...) zu zeitaufwendig und
  ineffizient.

* Sollen lediglich große Datenblöcke zwischen Speicher und I/O-Geräten
  transferiert werden (z.B. Ein- u. Auslagern von Blöcken auf
  Hintergrundspeicher), so sollte der Prozessor (insbesondere in zeitkritischen
  Anwendungen) mit solch einfachen und zeitaufwendigen Dingen nicht
  belastet werden.

Ablauf eines klassischen DMA-Auftrags:

Fall 1: Der Prozessor initiiert den Datentransfer:
Dazu schreibt er lediglich die Adresse eines im Speicher stehenden
Kanalprogramms in ein spezielles Register (CPR, channel program register). Ab
dieser Adresse ist im Rahmen einer Initialisierungsphase von der CPU ein
Kanalprogramm, welches im einfachsten Fall aus einem Kommando, Quell-
und Zieladresse, der Anzahl zu übertragender Byte und einem Statuswort
besteht, abgelegt worden.

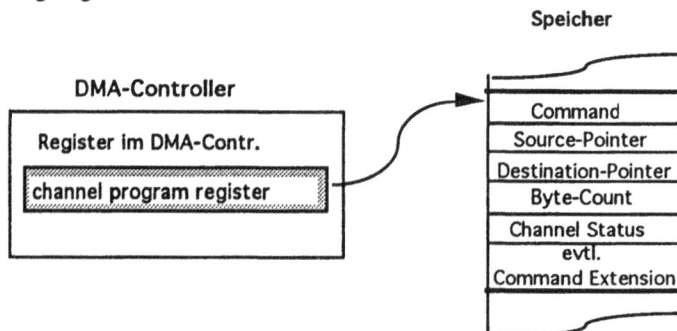

Abb. 2.9-1: Register eines DMA-Bausteins

Nach dem Einschreiben der Adresse beginnt der DMA-Controller mit der Bearbeitung des Auftrags.

Fall 2: Ein E/A-Gerät initiiert den Datentransfer:
Dazu ist der DMA-Baustein z.B. an einen Interrupt-Controller 8259A angeschlossen. Wird ein Interrupt an einem der IR-Eingänge ausgelöst und per INT-Leitung an den DMA-Controller weitergeleitet, so kann er den PIC (programmable Int. Contr.) dazu veranlassen, die zugehörige Vektornummer auf den Datenbus zu legen. Dieser dient, mit einem gewissen Offset versehen, zur Ermittlung der Adresse des zugehörigen Kanalprogramms.

Zur Bearbeitung eines Auftrags stimmt sich der DMA-Controller per HOLD- und HOLDA-Leitung mit der CPU ab, um den Adreß- und Datenbus nicht zeitgleich zu benutzen. Der DMA-Controller fordert dazu per HOLD=1 den Bus an und die CPU gestattet ihm, sofern sie gerade einen Buszyklus abgeschlossen hat und diesen aktuell nicht benötigt (Prefetch-Queue bereits gefüllt) den Zugriff per HOLDA=1 und geht bezüglich der Busaktivitäten in einen Wartezustand (HOLD-Zustand) über. Während dieses Zustands bringt die CPU ihre entsprechenden Bus- und Steuerleitungen in den hochohmigen Zustand. Eine DMA-Aktivität darf nicht zu lange andauern, um die CPU nicht zu stark zu "bremsen". Der Controller signalisiert der CPU per HOLD=0, daß sie wieder die Kontrolle über den Bus erhält.

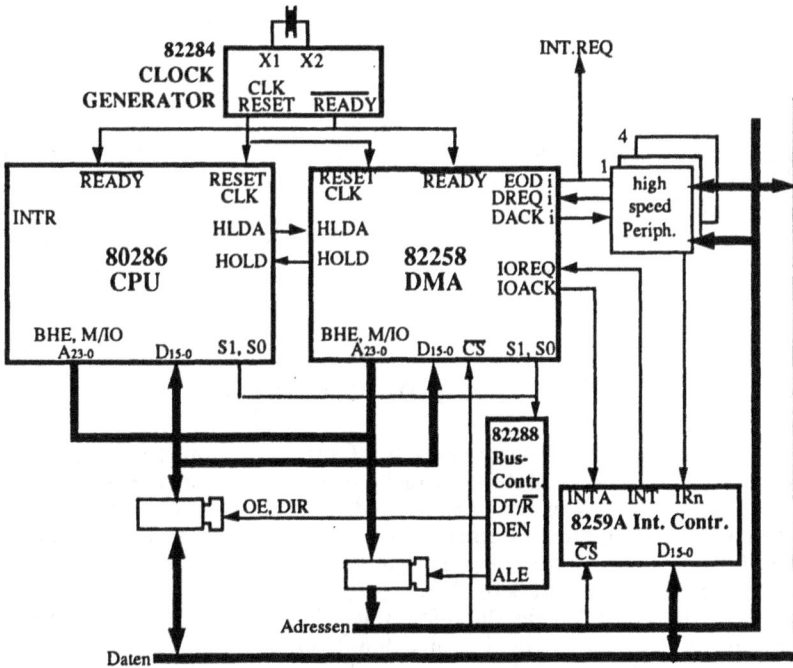

Abb. 2.9-2: Direct Memory Access mit dem 82258 DMA-Controller

Ein DMA-Controller verfügt gewöhnlich über mehrere DMA-Kanäle (z.B. 4), mit denen er mit schnellen Peripheriegeräten Daten austauschen kann. Für die Übertragung von Daten über einen solchen Kanal gibt es verschiedene Möglichkeiten:

"freilaufend":
Hierbei steuert der DMA-Controller selbständig die gesamte Datenübertragung (Aussenden von Adressen, Inkrementieren der Zähler, ...). Ist der zu übertragende Block zu groß, so wird er in kleinere Bündel (Bursts) zerlegt, damit die CPU zwischenzeitlich noch Gelegenheit hat, selbst auf den Bus zuzugreifen, um neue Befehle einzulesen. Da die CPU über eine Befehlswarteschlange verfügt, können tatsächlich beide Geräte stückweise parallel arbeiten, sofern sie nicht beide aktuell den Bus benötigen.

extern gesteuert:
Dabei entfällt die Quell- oder Zieladresse, da das externe Gerät die Übergabe des nächsten Datums per DREQi und DACKi (für den Kanal i) steuert. In diesem Fall kann die Zwischenspeicherung des Datums im DMA-Controller entfallen. Das E/A-Gerät legt z.B. seine Daten auf den Datenbus, der DMA-Controller. stellt die gewünschte Zieladresse ein und gibt das Steuersignal zum Schreiben in den Speicher aus. Hierbei wird lediglich ein Zyklus zur Übertragung eines Datums benötigt.

Neben einem einfachen Kanalprogramm zur Übertragung eines Datenblockes gibt es auch komplexe, verkettete Programme, mit denen die Daten bei der Übertragung zus. gefiltert oder modifiziert werden können. Kanalprogramme können auch automatisch zyklisch wiederholt werden oder z.B. beim Erkennen eines frei definierten Bitmusters, welches übertragen werden soll, die Übertragung abbrechen. Der Baustein wird aufgrund seiner Flexibilität auch als DMA-Koprozessor bezeichnet.
Nachdem ein DMA-Programm abgearbeitet wurde, meldet dies der DMA-Controller auf Wunsch der CPU (Anschluß EODi, für end of DMA von Kanal i, löst z.B. Interrupt aus).

2.10. Anschluß des Koprozessors

Zur Durchführung der vier arithmetischen Grundoperationen (+,-,*,/) verfügt der Prozessor 80286 über Befehle, welche es erlauben, ganze Zahlen, welche sich durch ein Prozessorwort (16 Bit) darstellen lassen, innerhalb einer Anweisung zu verknüpfen. Hierbei halbiert sich die Anzahl der darstellbaren Zahlen, falls diese als vorzeichenbehaftete interpretiert werden.
Sollen Zahlen mit einem größeren Wertebereich verarbeitet werden, so müssen diese durch mehrere Worte dargestellt werden und erfordern jeweils ein Programm, welches schrittweise aus den Komponenten das Ergebnis der gewünschten Verknüpfung berechnen. Arbeitet man weiterhin im Bereich ganzer Zahlen, so ist dies noch mit vertretbarem Rechenaufwand von der 80286 CPU zu leisten, sollen die Operationen jedoch für reelle Zahlen (Floating-Point Numbers) ausgeführt werden, so benötigen die

Unterprogramme zur Berechnung dieser Verknüpfungen sehr viel Rechenzeit, welche erst durch zusätzliche Hardware reduziert werden kann.

Zu diesem Zweck kann an den 80286 und den 80386 ein mathematischer Koprozessor (NPX=Numeric Processor Extension) mit der Bezeichnung 80287 bzw. 80387 angeschlossen werden. Dieser führt mathematische Operationen mit Floating-Point-Zahlen und 32-Bit Integer-Zahlen in einem Bruchteil der Zeit durch, die ein Unterprogramm für den 80286 benötigen würde. Speziell in rechenintensiven Anwendungen (z.B. Grafikanwendungen, in welchen häufig mit Matrizen und Vektoren aus Real-Zahlen gerechnet werden muß) empfiehlt sich der Einsatz eines Koprozessors.

Die Befehle für den Koprozessor stehen innerhalb der Befehlssequenz für den 80286-486 so, als ob die CPU diese Befehle ausführen könnte. Trifft der Prozessor auf einen solchen Befehl (er erkennt ihn am ersten Befehlsbyte), so übergibt er ihn zur Ausführung dem Koprozessor, welcher dann parallel zur weiteren Programmbearbeitung durch die CPU die Berechnung durchführt. Liegt das Ergebnis vor, so meldet der Koprozessor dies der CPU, welche das Ergebnis anschließend übernehmen kann. NPX und CPU arbeiten, soweit dies möglich ist, d.h. die Ergebnisse einer Operation nicht bereits im folgenden Schritt benötigt werden, parallel und voneinander unabhängig.

Die Synchronisation zwischen beiden erfolgt per WAIT-Befehl (von Seiten der CPU) und per BUSY- Leitung (von Seiten des Koprozessors). Dabei wird der $\overline{BUSY}$ -Ausgang vom 80287/80387 auf "0" gelegt, sobald er einen Floating-Point- Befehl ausführt. Die CPU wird zwischenzeitlich durch den WAIT-Befehl solange angehalten, bis dieser Ausgang wieder 1 ist.
Während sich der Prozessor im WAIT-Zustand befindet ist selbstverständlich auch DMA-Betrieb möglich.

Die Steuerung des Datenverkehrs zwischen Koprozessor und CPU wird mit den Signalen PEREQ und $\overline{PEACK}$ (Proz.-Ext. Request und Acknowledge) durchgeführt. Dabei wird der NPX über $\overline{NPS1}$ und NPS2 als I/O-Device selektiert und mit den Lese- und Schreibsignalen $\overline{NPRD}$ und $\overline{NPWR}$ zum Transfer von Kommandos, Daten und Statusmeldungen veranlaßt.

PEREQ: Processor Extension REQuest data transfer
Durch eine 1 an diesem Ausgang zeigt der Koprozessor der 80286 CPU an, daß er bereit ist zu einer Datenübertragung. Die 80286 CPU quittiert diese Anforderung, wenn sie den angeforderten Datentransfer durchführen kann, indem sie das Quittungssignal $\overline{PACK}$ auf 0 legt. Der Koprozessor setzt diesen Ausgang nach Empfang des Quittungssignals PEACK wieder auf 0, wenn keine weiteren Datentransfers mehr notwendig sind.

$\overline{PEACK}$:   Processor Extension Acknowledge
Quittungssignal der 80286-CPU nach Anforderung eines Datentransfers (PEREQ) durch den Koprozessor.

CMD0,
CMD1:   Zusatzeingänge zur Selektion von Daten- und Kommando-
            registern auf dem Koprozessor:
            Adr.:   F8 : CMD0=0, CMD1=0
                     FA : CMD0=1, CMD1=0
                     FC : CMD0=0, CMD1=1

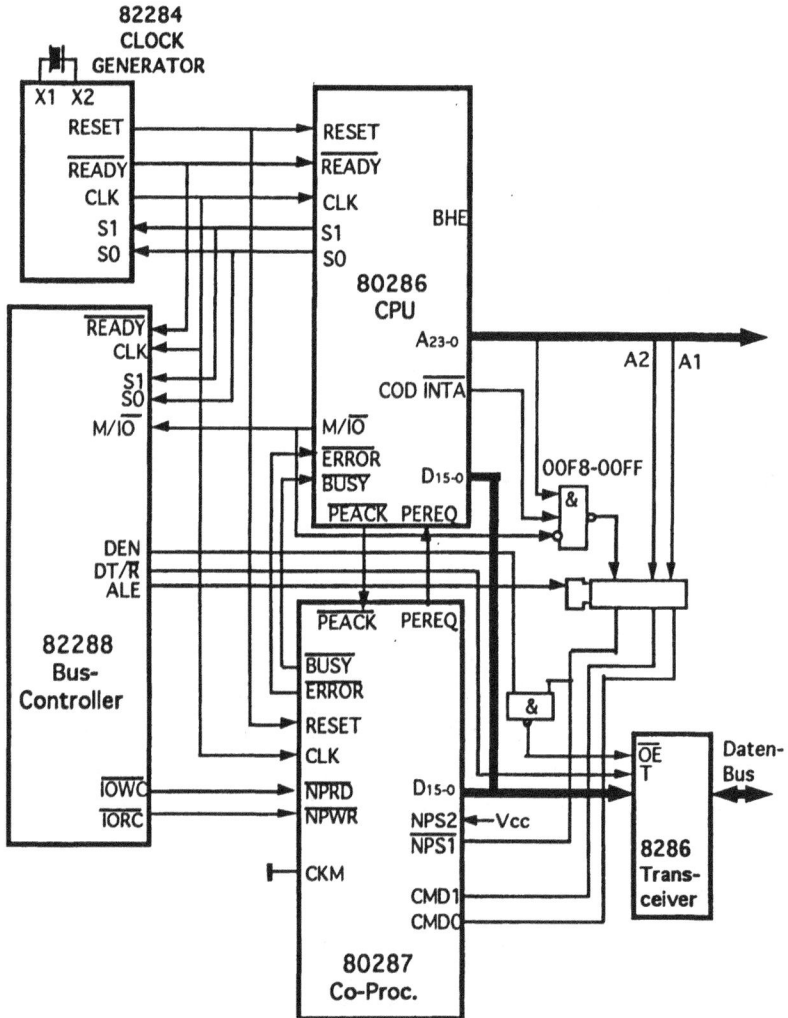

Abb. 2.10-1: Koprozessor-Anschluß

Die Adressierung des Arbeitsspeichers (zur Beschaffung von Operanden)
erfolgt mit Hilfe der 80286 CPU. Der Koprozessor kann den Speicher selbst
nicht adressieren.

Der 80287 kann direkt mit dem CPU-Clock Signal oder extern getaktet werden:

• CKM   Clock-Mode = 0: Division des Taktes CLK durch 3
 (z.B. 16 MHz Takt → 8 MHz 80286 CPU und 5.33 MHz 80287 NPX)

• CKM   Clock-Mode = 1: Taktung des 80287 direkt mit CLK
 (eigener Takt an CLK z.B. direkt 8 MHz)

• CLK   Takteingang: wird mit Taktgeberausgang (82284) verbunden

Der Koprozessor hat intern 8 Rechenregister, welche in Form eines Stapels organisiert sind. Sie besitzen eine Wortbreite von 80 Bit zur Bearbeitung von 7 möglichen Datenformaten. Die Formate zur Darstellung von langen Integer- und Real-Zahlen sind in der Norm IEEE 754 festgehalten. Für die höchst mögliche Genauigkeit werden zur Repräsentation von Floating-Point Zahlen innerhalb des NPX 80 Bit verwendet.

Die im Koprozessor realisierten Befehle sind z.B. FLD (load), FST (store), FADD, FSUB, FDIV, FMUL, FSQRT, FABS (Betrag), FPTAN (Tangens), FPATAN (arc Tangens), FYL2X (log2).

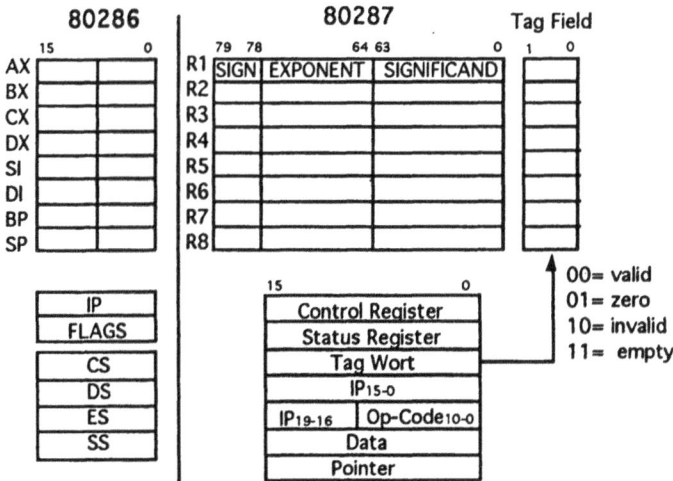

Abb. 2.10-2: Register des Koprozessor

Ferner sind im Koprozessor 80287 weitere Steuer- und Statusregister realisiert, die von der 80286-CPU angesprochen werden können.
So kann z.B. die 80286 CPU innerhalb einer Initialisierungsphase das Statuswort im 80287 abfragen. Sind nicht alle Bits des Statusregisters gleich 0, so ist kein 80287 Koprozessor im System verfügbar. Im machine-status-word des 80286 ist ein Flag vorgesehen, in welchem diese Information für spätere Abfragen schnell verfügbar gemacht werden kann.

Weitere Anschlüsse des Bausteins sind:

$D_{15} .. D_0$:   16 Bit Datenbus

RESET: 80287 Koprozessor initialisieren (in Grundzustand versetzen)

$\overline{\text{READY}}$:   Zur Synchronisierung mit langsamen Speichern
Muß direkt mit dem READY-Eingang der 80286-CPU verbunden werden

$\overline{\text{ERROR}}$:   Dieser Ausgang wird vom Koprozessor auf 0 gesetzt, wenn bei der Ausführung eines Koprozessor-Befehls ein Fehler auftrat . Er löst dann bei der CPU einen speziellen Interrupt aus (INT 16).

3. Befehlssatz und Programmierung im Real Mode

Bei der Bearbeitung von DV-Aufgaben mit einem Rechner der von Neumann-Architektur werden in der Regel Anforderungen an die CPU herangetragen, welche sich grob in die nachfolgenden Gruppen von Befehlen einordnen lassen:

- Datentransport zwischen CPU und Speicher
- Datentransport zwischen CPU und Ein-/Ausgabeeinheiten
- Arithmetische Operationen
- Logische Operationen
- Shift- und Rotate-Operationen
- Operationen zur Manipulation des Flagregisters
- Bedingte und unbedingte Sprungbefehle
- Befehle zur Bearbeitung von Schleifen mit fester Anzahl von Durchläufen
- Befehle zum Aufruf und zur Rückkehr von bzw. aus Unterprogrammen
- Befehle um die spezielle HW des Prozessors anzusprechen

Die in den Befehlen angesprochenen **Operanden** können hierbei Registerinhalte, Speicherinhalte oder Konstanten sein. Sie beinhalten oder referenzieren folgende Objekte:

- ein Bit,
- ein Byte,
- ein Wort (bei 80286 je 16 Bit),
- ein Doppelwort (bei 80286 je 32 Bit),
- String (Folge von Byte, Wort, usw. mit fester Länge).

Mit Hilfe dieser physikalischen Einheiten werden prozessorspezifische Daten definiert, mit denen Verknüpfungen ausgeführt werden:

- Ordinalzahlen (vorzeichenlose Zahlen)
- Integer-Zahlen (vorzeichenbehaftete Zahlen)
- Pointer
- ASCII Zeichen
- Strings
- BCD-Zahlen
- gepackte BCD-Zahlen
- Floating-Point Zahlen

Die Menge der für einen Prozessor verfügbaren Befehle (Maschinenbefehle) wird als dessen **Befehlssatz** bezeichnet. Hat ein Prozessor einen großen Befehlssatz, so gehört er in die Klasse der **CISC**-Rechner (complex instruction set computer). Hat er nur wenige Befehle, welche dann in der Regel sehr schnell von der CPU ausgeführt werden können (einen bzw. nur wenige Prozessorzyklen pro Befehl), so gehört er in die Klasse der **RISC**-Prozessoren (reduced instruction set computer).

Ein Beispiel für eine RISC-Architektur ist der an der Universität Standford entwickelte Mips-Prozessor mit nur 39 Befehlen, welche jeweils nur einen einzigen Zyklus benötigen. Die Prozessoren R 2000, R 3000 (74 Befehle) sind die kommerziellen Produkte der Fa. MIPS (z.B. in DEC Workstations) und SPARC-Prozessoren die entsprechenden Produkte der Fa. SUN-Microsystems. Der IBM RS/6000 RISC-Prozessor verfügt bereits über 138 Befehle.

Da moderne CISC-Prozessoren (z.B. 80486 mit int. 8 KB Cache-Speicher) zunehmend die Vorteile von RISC-Prozessoren für sich nutzen und andererseits die RISC-Prozessoren stetig mehr Prozessorbefehle ausführen können, spricht man auch von CRISP-Technologie (Complex Reduced Instruction Set Processoren, z.B. der pentium (auch P5 oder 80586) von Intel mit 3.1 Mill. Transistoren).

Der 80286 verfügt über einen sehr großen Befehlssatz und gehört somit zu den klassischen CISC-Prozessoren.

Zur Wiederholung der Abläufe bei der Befehlsausführung und zur vorläufigen Betrachtung des strukturellen Aufbaus des 80x86 Befehlscodes wird nachfolgend anhand von zwei Beispielen die schrittweise Interpretation und Abarbeitung eines Assemblerbefehls im Detail erläutert.
Um die Vorgänge möglichst transparent darstellen zu können, wird auf die Pipelinearchitektur und die damit verbundene versetzt parallele Ausführung von Befehlen sowie das Prefetching nicht eingegangen. Bekanntlich werden dabei ja mehrere Befehle gleichzeitig in unterschiedlichen Einheiten des Prozessors bearbeitet und anschließend an die folgende Bearbeitungseinheit weitergereicht.
Die Speicherzugriffe werden damit nicht in der exakt auftretenden Reihenfolge angegeben, sondern entsprechend der logischen Abfolge, welche der Beschreibung der Bearbeitung eines Assemblerbefehls durch die CPU zugrunde liegt.
Ebenso wird hier stets von einem byteweisen Zugriff auf den Speicher ausgegangen, während tatsächlich, wann immer möglich, Wortzugriffe durchgeführt werden.

Beispiel 1:

Assemblerbefehl :	**AND BH, AL**
Wirkung :	BH ← BH & AL
Flags :	teilweise abhängig vom Ergebnis der Und-Verknüpfung
Befehlscode :	22 F8

1: Operationscode holen (Instruction-Fetch)
      Offset ← IP, IP ← IP+2, Segment ← CS
      Adresse ← (Segment *16 + Offset)
      Befehlsdekodierer ← Befehlswarteschlange ← Datenbus ← [Adresse]
      (=22)

2: Erstes Befehlsbyte (22) dekodieren
      Decoder erkennt "AND Register, ... " , 8-Bit Operation
      Befehlsregister ← Befehlscode
      Dieser Befehl benötigt ein weiteres Befehlsbyte

Diese Phasen sind im Rahmen des Instruction Prefetching in der Regel bereits bis zu 3 Befehlen vorher erfolgt!

3: "mod reg r/m" - Byte holen[9]
      2. Befehlsbyte (F8) mit Adreß-Modus und Register/Speicherbyte aus Befehlswarteschlange zum Befehlsdekodierer transportieren (mod r/m-Byte)

4: "mod reg r/m" - Byte dekodieren (F8 = 11 111 000$_2$)
      mod= 11$_2$: r/m-Feld enthält Adresse des zweiten Registers des Befehls
      reg = 111$_2$: BH ist das Zielregister und Quellregister des 1. Operanden
      r/m = 000$_2$: AL ist das 2. Quellregister

5: Befehl ausführen :
      BH← BH & AL, (OF=0,SF,ZF,PF,CF=0) entspr. Bits im Status-Register abhängig vom Ergebnis "0" oder "1" setzen

6: RESET-Eingang prüfen: Falls 1, Reset des Prozessors einleiten

7: Interrupteingänge prüfen: (NMI; INTR, falls IF=1; Trace, falls TF=1)

---

9   Auf die Bedeutung des "mod reg r/m"-Byte wird später genauer eingegangen.

Beispiel 2:

Assemblerbefehl: **MOV [DI], AL**
         Wirkung :   [DS : DI] ← AL
            Flags :   keine Änderung
   Befehlscode :   88 05

1: Operationscode holen (Instuction-Fetch)
        offset ← IP, IP← IP+2, segment ← CS
        adresse ← (segment *16 + offset)
        Befehlsdekodierer ← Befehlswarteschlange ← Datenbus ← [Adresse]
        (=88)

2: Erstes Befehlsbyte (88) dekodieren
        Decoder erkennt "MOV ?, ?", 8-Bit Operation
        Befehlsregister ← Befehlscode
        Dieser Befehl benötigt ein weiteres Befehlsbyte

3: "mod reg r/m" - Byte holen
        2. Befehlsbyte (05) mit Adreßmodus und Register/Speicherbyte aus
        Befehlswarteschlange zum Befehlsdekodierer transportieren (mod r/m-
        Byte)

4: "mod reg r/m" - Byte dekodieren ($05 = 00\,000\,101_2$)
        mod= 00_2: kein Displacement im Befehl vorhanden (bzw. Displace-
        ment =0)
        reg = 000_2: AH ist das Quellregister
        r/m = 101_2: DI + Displacement ist Zieladresse im Speicher

5: Befehl ausführen :
        [DS : DI] ← AL, (Statusregister bleibt unverändert bei MOV !)

6: RESET-Eingang prüfen: Falls 1, RESET des Prozessors einleiten

7: Interrupt-Eingänge prüfen: (NMI; INTR, falls IF=1; Trace, falls TF=1)

Die verschiedenen Befehle (Exakter: Maschinenbefehle) haben also jeweils
eindeutig unterscheidbare Bitmuster in ihren Befehlscodes und bei allen
Befehlen gleichermaßen zu interpretierende Spezifikationen für die
verwendeten Operanden bzw. Adressierungsarten.

3.1. Assembler-Notation

Wie in den vergangenen beiden Beispielen bereits ersichtlich war, sind
Binärprogramme, d.h. lange Folgen von Befehlscodes, zur Programmierung für
den Menschen ungeeignet (obgleich sich bei fleißigen Assemblerprogram-

mierern mit der Zeit einige Zuordnungen zwischen Assembleranweisungen und zugehörigem Binärcode im Gedächtnis festgesetzt haben).

Aus diesem Grund verwendet man auf dieser Ebene der Programmierung für die Bezeichnung von einzelnen Prozessorbefehlen einprägsamere, gedächtnisstützende (sog. mnemotechnische) Abkürzungen, welche zwei bis fünf Buchstaben umfassen und die Funktion des Befehls zum Ausdruck bringen. Die Operanden folgen dem Befehlscode, wobei stets zuerst das Ziel und durch Komma abgetrennt die Datenquelle aufgeführt werden. In vielen Fällen bildet das Ziel (auch Datensenke) gleichzeitig die, bei zwei Quellen eine der Datenquellen, z.B.:

ADD [DI], AL   (Datenrichtung: Ziel ← Quelle !)

Hierbei steht ADD für die Addition beider Operanden. Da auf die durch versetzte Addition von Datensegment (DS) und Register (Destination-Index-Register DI) gebildete Adresse der Inhalt des Registers AL addiert werden soll, ist der erste Operand Quelle und Senke zugleich.

Für die Umsetzung bzw. **Übersetzung** einer Folge von mnemotechnischen Befehlen (sog. **Assemblerbefehle**) benötigt man ein Programm, welches die Assemblerbefehle in die entsprechenden Binärcodes umwandelt. Hierbei sind die verschiedenen Möglichkeiten der Benennung von Quell- und Zieloperanden (d.h. die Adressierungsarten) zu unterscheiden, da sie zu unterschiedlichen Befehlscodes führen.

Ein Programm, welches aus einer Folge von Assembleranweisungen besteht, heißt Assemblerprogramm und die Sprache, welche jeweils auf einen Prozessor zugeschnitten ist, heißt Assemblersprache (für den Prozessor 80286 z.B. 80286-Assembler).

Das Programm zur Übersetzung von Assemblerprogrammen in Binärprogramme wird abkürzend leider auch **Assembler** genannt, obgleich es korrekterweise Assemblierer heißen müßte. Dies ist nicht zu verwechseln mit einem Compiler, welcher stets Hochsprachen (wie z.B. PASCAL oder C) in eine Assemblersprache übersetzt.

Ein *Assembler* ist also ein Programm, welches ein in *Assemblersprache* geschriebenes Programm in ein *Maschinenprogramm* (Maschinencode) übersetzt.

Während ein Assemblerprogramm z.B. per Editor erstellt wird und ein einfaches Textfile darstellt, welches auch gelesen oder ausgedruckt werden kann, stellt ein übersetztes Assembler-File ein Binärfile (oder Object-File) dar, welches nicht mehr am Bildschirm dargestellt oder ausgedruckt werden kann. Um dennoch eine Kontrolle über die Arbeit des Assemblers zu erhalten, erstellt er auf Verlangen gleichzeitig ein für Menschen lesbares Textfile, in welchem sowohl die Assemblerbefehle, als auch der übersetzte Binärcode (jedoch als ASCII-Zeichen dargestellt) enthalten sind. Dieses File wird oftmals als List-File bezeichnet.

Das Programm, welches ein 80x86-Assemblerprogramm in ein 80x86 Object-File übersetzt, muß selbstverständlich nicht notwendigerweise auf einem

80x86 Prozessor (z.B. einem PC) ablaufen. Ist dies der Fall, so bezeichnet man dies als Software-Entwicklung "Im System - für das System", ist dies nicht der Fall, so handelt es sich um "Cross-Software-Entwicklung".

Für die Darstellung der Übersetzung von Programmen hat sich das T-Diagramm als zweckmäßig erwiesen. Durch das Komponieren von Übersetzungsprogrammen und Maschinen, welche den Übersetzungsvorgang ausführen, lassen sich beliebige Sprachübersetzungen und -anpassungen darstellen.

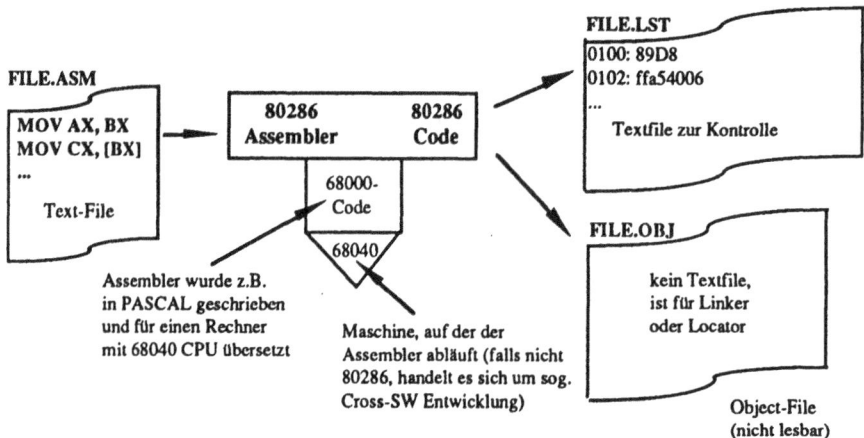

Abb. 3.1-1: T-Diagramm zur Übersetzung von Programmen

Die Assemblersprachen für verschiedene CPUs unterscheiden sich, weil jeder Prozessor über besondere Eigenheiten, gegeben durch verschiedene Wortbreiten, Anzahl und Verwendungsmöglichkeiten der Register, Adressierungsarten, Umfang an logischen oder arithmetischen Befehlen, usw. verfügt. Dennoch sind die verschiedenen Assembler einander sehr ähnlich, so daß die Einarbeitung in eine weitere Assemblersprache relativ einfach ist, wenn man erst in einer Programme erstellen kann.

Neben der einfachen Folge von Prozessorbefehlen enthält ein Assemblerprogramm zusätzliche Informationen für den Assembler, um die Übersetzung in geeigneter Weise steuern zu können. Dazu bedient man sich weiterer mnemotechnischer Abkürzungen, welchen dann nicht unmittelbar Prozessorbefehlen entsprechen.

Beispielsweise wird dem Assembler mit Hilfe dieser **Pseudobefehle** mitgeteilt,

* an welcher Stelle im Speicher Daten oder ein Programm später einmal stehen soll, relativ bezogen auf einen Segmentanfang, oder innerhalb welchen Segments (falls mehrere vorhanden sind),
* ob ein Programm (oder eine Menge von Daten) an einer geraden Adresse (Wortgrenze) beginnen soll (evtl. schnellere Zugriffszeiten, weil Worttransfer möglich ist),
* die Inhalte der Segmentregister, usw.

3.1.1. Allgemeine Assembler-Notation

Es ist zu beachten, daß der Assembler die Eingabedaten in einem bestimmten Format und mit einer gewissen Konsistenz erwartet (z.B. kein MOVE CX, DX oder MOV BX, AL). Eine fehlerhafte Syntax oder Semantik führt ebenso wie bei einem Übersetzer für Hochsprachen zu entsprechenden Fehlermeldungen.

Die Syntax für den Aufbau einer Assembleranweisung ist verglichen mit der einer Hochspache sehr einfach:

[Marke-Name][10] [:] Operator [Operand]* [; Kommentar]

jeweils durch Leerzeichen oder Tab getrennt, wobei:

Marke-Name	Frei wählbarer, max. 255 Zeichen umfassender Name, beginnend mit einem Buchstaben (zwischen Klein- und Großbuchstabe wird in der Regel nicht unterschieden), oftmals sind nur die ersten 4-12 Zeichen (max. 30) eines Bezeichners signifikant. Weiterhin darf **Marke-Name** kein mnemotechnischer Befehl sein. **Marke-Name** [:] dient der Bezeichnung einer Adresse als Sprungziel, Unterprogrammname (dann ":" möglich) oder Variable sowie der Bezeichnung von Konstanten. Marken dürfen nur im Codesegment stehen.
Operator	Maschinenbefehle oder Pseudoanweisung (z.B. ADD, AND, MOV,...)
Operand	Anzahl ist Abhängig vom Operator. Bei Befehlen werden zwei Operanden durch Komma voneinander getrennt. Operanden können sein: • Register z.B. AX, SI, SP,... • Marke-Name (hier ohne ":") • Konstante Zahlen: z.B. $32=32_{10}$, $1101B=1101_2$, $0FFH=FF_{16}$ Beginnt eine Hexadezimalzahl mit einem Buchstaben, so muß ihr eine 0 vorangestellt werden, um sie von einem Namen zu unterscheiden • String-Konstanten, z.B.: 'Alarm !!! ' (ASCII-Code) • logische und arithmetische Ausdrücke, welche zur Übersetzungszeit auswertbar sind, z.B. label+5, 100*ALPA+10*BETA
Kommentar	alle Zeichen nach einem ";" werden als Kommentar betrachtet

---

[10] [x] steht für ein optional einzufügendes x , und [x]* für kein oder beliebig viele x (vergl. EBNF).

Beispiele:

Marke	Operator	Operanden	Kommentar
			; Dies ist eine reine Kommentarzeile .
label:	AND	BH, AL	; BH <-- BH & AL
	MOV	[DI], AL	; [DS:DI] <-- AL

3.1.2.   Einfache Assemblerprogramme unter MS-DOS

Zum raschen Einstieg in die Assembleprogrammierung wird nachfolgen ein Programmierrahmen vorgestellt, in welchen lediglich noch Anweisungszeilen in Form von Prozessorbefehlen einzusetzen sind. Wie bereits angekündigt ist es erforderlich, neben den eigentlichen Prozessorbefehlen Steuerdirektiven für den Assembler anzugeben.

Um möglichst schnell eigene Assemblerprogramme schreiben und diese z.B. unter DOS austesten zu können, wird hier ohne ausführliche Erläuterung zunächst ein minimal notwendiger Rahmen für ein Assemblerprogramm (für 80x86) vorgestellt. Dabei werden zur besseren Unterscheidung alle Elemente der Assemblersprache (Befehle und Pseudobefehle) in Großbuchstaben geschrieben, während frei gewählte Namen in Kleinbuchstaben geschrieben sind .

Marke	Operator	Operanden	Kommentar
	NAME	beispiel1	; beispiel1 ist ein beliebig gewählter Name (Zeile ist optional)
	.286		; veranlasst den Ass., 80286-Code zu erzeugen
	ASSUME	CS:mein_1, DS:mein_1, SS:mein_1	
			; mein_1 ist ein beliebig gewählter Name für ein Segment
			; das Segment "mein_1" soll alle Befehle, die Daten und
			; den notwendigen Speicherplatz für den Stack enthalten
			; der Ass. soll davon ausgehen, daß CS, DS und SS je auf
			; den Anfang dieses Segments zeigen.
mein_1	SEGMENT	´mein´	; ab dieser Stelle beginnt das Segment mit dem Namen mein_1
			; mein ist frei gewählter Name für eine Segment-Klasse, in
			; welcher sich mehrere Segmente befinden können
	ORG	100H	; frei gewählte Anfangsadresse, ab der der Maschinencode
			; innerhalb des Segmentes mein_1 abgelegt werden soll
			; der Inhalt des Segments ist erst ab der Adresse 100H definiert !
start:	MOV	AL, 17	; erste Assembleranweisung,
			; das erste Byte steht an der Adresse SS:100H
	ADD	AL, 26	; weitere Assembleranweisungen
	MOV	[DI], AL	;
			;
mein_1	ENDS		; an dieser Stelle endet das Segment mit dem Namen mein_1
	END		; dies ist stets die letzte Assembleranweisung
			; das Programm startet ab der ersten ausführbaren Anweisung,
			; d.h. ab der Marke "start"

Erstellt man mit einem Texteditor ein Textfile mit dem obigen Inhalt und mit dem Namen "test", so kann das Programm beispielsweise mit dem TURBO- (oder dem Microsoft- bzw. IBM-) Assembler auf einem PC unter dem Betriebssystem DOS wie folgt übersetzt, gebunden und ausgeführt werden:

tasm test,,test	Assembler[11] zum Erzeugen der Files **test.obj** und **test.lst**
tlink test	Binden der Oject-Datei, erzeugt Datei mit dem Namen test.exe
test	Aufruf des Programms test.exe

Wurde das Textfile fehlerfrei abgetippt, so erzeugen die Aufrufe des Assemblers (tasm) und des Linkers (tlink) eine Exe-Datei, welche unter DOS ausgeführt werden kann. In der Datei test.lst kann man sich den erzeugten Programmcode in textueller Form ansehen (absolute Adressen wurden dabei noch nicht zugewiesen).

Leider zeigt das obige Programm bei seinem Aufruf keinerlei Wirkung (auf dem Bildschirm). Wie sollte dies auch möglich sein, die drei Assemblerbefehle werden vom Prozessor zwar ausgeführt, jedoch erfolgt werder eine Eingabe noch eine Ausgabe, an welcher die Ausführung des Programms aktuell erkannt werden könnte.

Werden Programme entwickelt, welche unter der Regie eines Betriebssystems ablaufen sollen, so gibt es in der Regel bereits eine Fülle von Unterprogrammen, welche insbesondere die Funktionen der Ein-/Ausgabe von Zeichen bereits realisieren.

Bei dem nachfolgend abgebildeten Beispiel handelt es sich um ein realistischeres Assemblerprogramm, welches zunächst das Zeichen "?" auf dem Bildschirm ausgibt, anschließend eine Eingabe von einem Zeichen erwartet, welches gleichzeitig dargestellt (d.h. Eingabe mit Echo) und anschließend noch einmal explizit ausgegeben wird.

Das Beispielprogramm verwendet die folgenden DOS-Funktionen:

• Eingabe von Tastatur
• Ausgabe am Bildschirm
• Rückkehr zum DOS-Betriebssystem

---

[11] Die möglichen Parameter von tasm und tlink erhält man durch den Aufruf der Programme ohne jegliche Parameter.

Marke	Operator, Operanden	Kommentar
	NAME dos_i_o	; beliebiger name
	ASSUME CS:code_seg , DS:data_seg , SS:stack_seg	
		; Hinweis für den Ass., daß sich Datenzugriffe künftig ; auf das Segment data_seg beziehen (stack_seg analog)
	.286	; Uebersetzung für 80286-Prozessor
st_size	EQU 256	; Anzahl der reservierten Byte fuer den Stack (Konst. Def.) ; evtl. Include- oder Macro-Anweisungen einfügen
stack_seg stack_seg	SEGMENT ´seg_1´ DB st_size DUP(?) ENDS	; Reservierung von st_size beliebigen Bytes
data_seg HPS prompt string data_seg	SEGMENT ´seg_2´ DB ?´ DB ´Hallo Welt !´ DB ´$´ ENDS	; Initialisierung des Datensegments entspr. Var-Dek. in ; mit der Konstanten ASCII-Code von "?" ; $ terminiert einen String
code_seg	SEGMENT 'seg_3' ORG 100H	

dos_i_o:	MOV AX, stack_seg
	MOV SS, AX
	MOV SP, st_size
		; Initialisierung des Stack-Segment-Ptr.
		
		; Initialisierung des Stack-Ptr.

	MOV AX, data_seg MOV DS, AX	; Initialisierung des Daten-Segment-Ptr.

	MOV DL, prompt
	MOV AH, 02H
	INT 21H
		; Ein Zeichen ueber DOS-Funktion ausgeben
		; Zeichen muss vor dem "INT 21H" - Befehl in DL stehen
		; oder per

; ; ;	MOV DX, OFFSET string MOV AH, 09H INT 21H	; Anfangsadresse des Strings in DX laden ; Kennung für Stringausgabe-Funktion in AH ; Betriebssystemfunktion zur Ausgabe aufrufen
	 MOV AH , 01H INT 21H	; Jetzt 1 Zeichen von Tastatur lesen (mit Echo am ; Bildschirm) Das Lesen wird durch die 2 Befehle ; veranlasst, Zeichen steht nach Eingabe in AL
	MOV DL,AL MOV AH , 02H INT 21H	; Kontrollausgabe
 code_seg	MOV AH, 4CH INT 21H ENDS	; Rückkehr zum DOS
	END dos_i_o	

Mit Hilfe dieser zunächst nicht eingehend erläuterten Beispielprogramme soll
ein Rahmen geschaffen werden, um die nachfolgend einzeln aufgeführten

Assemblerbefehle der 80x86 Prozessoren sowie die unterschiedlichen Adressierungsarten gegebenenfalls an kleinen Beispielen ausprobieren und ihre Wirkung studieren zu können.

3.2. Befehlsformate

3.2.1. Adressierungsarten

Anhand der Syntax eines Assemblerbefehls muß der Assembler erkennen, welcher Adressiermodus gewählt wurde. Anhand dieser Information kann er den zugehörigen Maschinencode für diesen Befehl auswählen. Die nachfolgenden Adressierungsarten können dabei unterschieden werden:

Umittelbare Adressierung (Immediate Adressing):

Bei der unmittelbaren Adressierung ist der Operand direkt im Befehl enthalten.

MOV AH, 00H
MOV AX, 0FFFFH   falls 1. Stelle einer Hex-Zahl Buchstabe, so muß führende 0 geschrieben werden
MOV AL, -40   Ass. wandelt -40 richtig in 8-Bit (bzw. bei AX 16-Bit) 2-Kompl. Darstellung um
AND BL, 11001110B

Registeradressierung:

Bei dieser Adressierung steht der Quelloperand bereits in einem der internen Register des Prozessors.

MOV DS,AX
MOV DL,AL

Die unmittelbare und die Registeradressierung benötigen die geringste Anzahl an Zyklen. Bei den anderen wird die Adresse eines Operanden auf Basis von Segmentadresse, Segmentoffset und möglicherweise noch Basis- oder Indexregister berechnet. Diese abgeleitete Adresse wird als effektive Adresse des Operanden bezeichnet.

Direkte Adressierung:

Bei dieser Adressierungsart ist der Offset des Operanden innerhalb des Segments als 16-Bit-Wert im Befehl enthalten. Der Offset wird zu dem um 4 Bit nach links verschobenen Inhalt des DS-Registers addiert und ergibt dann die 20-Bit-Adresse. Normalerweise ist der Operand bei der direkten Adressierung ein Label.

MOV AX, DATA

AX=$\boxed{1111111100000000}$

0004:
0003: FF
0002: 00 DATA
0001:

Indirekte Adressierung:

Bei der indirekten Adressierung steht der Offset des Operanden nicht im Befehl selbst, sondern in einem der Register:

• SI   (Source Index=Quellindex)
• DI   (Destination Index=Zielindex)
• BX   (Base-Register=Basisregister)
• BP   (Base-Pointer=Basiszeiger)

Der Assembler erkennt diese Art der Adressierung an dem in [ ] eingeschlossenen Operanden.

MOV AX,[BX]

Der Effekt des Befehls MOV AX,DATA läßt sich ebenso erzielen, wenn der Offset DATA zuvor ins BX-Register geladen wird.

MOV BX,OFFSET DATA bzw. per   LEA BX, DATA   lade effektive Adresse
MOV AX,[BX]   MOV AX,[BX]

Das Wort OFFSET muß angegeben werden, damit nicht der Inhalt der Speicherstelle DATA in BX übernommen wird. Die indirekte Adressierung ist sinnvoll bei der Bearbeitung eines zusammenhängenden Datenbereichs in Form einer Tabelle oder eines Arrays. Bei aufeinanderfolgenden Zugriffen muß nicht jeweils zuerst eine Adresse aus dem Speicher gelesen werden, sondern lediglich ein Registerinhalt verändert werden.

MOV AX, [BX]

BX$\boxed{0000000000000010}$

AX$\boxed{1111111100000000}$

0004:
0003: FF
0002: 00 DATA
0001:

Basisrelative Adressierung:

Bei der basisrelativen Adressierung berechnet sich die effektive Adresse eines Operanden aus der Summe eines Basisregisterinhalts (**BX** oder **BP**) und einem Displacement relativ zum ausgewählten Segment.
Diese Art der Adressierung ermöglicht es, innerhalb von gleichartigen Datenstrukturen (z.B. Records) per Basisregister auf den Anfang einer Struktur und mit dem Displacement auf eine darin befindliche Komponente zu zeigen. Soll die gleiche Komponente in einer anderen Struktur gleichen

Aufbaus gelesen werden, so ist nur BX auf den neuen Strukturanfang zu setzen.

```
struct1    DW    0FF13H
           DB    'Hallo User','$'
struct2    DW    013F2H
           DB    'Ausgabe','$'

           LEA   BX,struct1   ; BX enthält den Offset von struct1
           MOV   AL, [BX+2]   ; 1. Buchstabe der jew. Stringkomponente in
AL
```

An dieser Stelle sind die folgenden Schreibweisen erlaubt, wobei die o.a. die gebräuchlichste ist.

```
LEA  [BX+2]          LEA  [BX]+2          LEA  2 [BX]
```

Direkte indexierte Adressierung:

Ähnlich wie bei der basisrelativen Adressierung wird hier ebenfalls die effektive Adresse aus der Summe eines in diesem Fall Indexregisters (SI oder DI) und einem Displacement relativ zum Segment gebildet.
Hierbei liefert jedoch das Indexregister einen (Feld-) Index in ein homogenes Feld mit gleichgroßen Datenelementen. Das Displacement zeigt z.B. auf den Anfang eines Feldes und durch De- bzw. Inkrementieren der Indexregister können die Elemente fortlaufend angesprochen werden.

```
       MOV SI,4
       MOV AX, feld [SI]
```

Es muß jeweils darauf geachtet werden, daß das Indexregister um die Größe eines Feldelements erhöht oder vermindert werden muß, um auf das nächste bzw. zurückliegende Element zuzugreifen.

MOV AX, feld[SI]	0006: FF
	0005: 12
	0004:
SI `000000000000100`	0003:
	0002:
AX `1111111100010010`	0001: feld
	0000:

Basisindexierte Adressierung mit oder ohne Displacement:

Bei der basisindexierten Adressierung befindet sich der Operand eines Befehls bei einem Offset (innerhalb eines Segments), welcher sich durch die Addition eines Basisregisterinhalts und eines Indexregisterinhalts ergibt. Zudem kann ein Displacement angegeben werden, welches dann ebenfalls zum Offset addiert wird.

	101B:	
	101A: 7C	
MOV AX, 1[BX][DI]	1019: 42	2. Komponente (Wort) vom 2. Record
	1018: 01	1. Komponente (Byte) vom 2. Record
BX [1010] 1010H ist Anf.Adr. des Feldes	1017:	
	•••	
	1013: 7A	
DI [0008] Größe von i (hier i=1) Records	1011: 42	2. Komponente (Wort) vom 1. Record
	1010: 02	1. Komponente (Byte) vom 1. Record
AX [7C42]	100F:	

Im Beispiel handelt es sich um ein Feld mit Records der Länge 8 Byte. Jeder Record besitzt als erste Komponente ein Byte und als zweite Komponente ein Wort. BX zeigt als Basisregister auf den Anfang des Feldes. DI enthält jeweils die Distanz zum i-ten Record, also den Wert (i*8). Die Distanz gibt an, daß die relevante Komponente eines Records ab dem 2. Byte beginnt.

3.2.2. Aufbau von Maschineninstruktionen

Der Prozessor 80286 besitzt eine Anzahl von Befehlen, welche mit nur einem Befehlsbyte auskommen (Lade Akku mit Flag, Push Register auf Stack, ...). Die übrigen Befehle verwenden in der Regel ein zweites Befehlsbyte, welches die Art der Operanden und der Adressierung kennzeichnet (außer I/O-Befehlen). Dieses zweite Byte wird darum mit

$$\boxed{\text{mod}}\,\boxed{\text{reg}}\,\boxed{\text{r/m}} \text{ - Byte}$$

bezeichnet.

In einigen Befehlen werden Bits aus dem "reg" Anteil des "mod reg r/m"-Bytes auch zur weiteren Spezifikation des Befehlscodes, d.h. der Funktionalität des Befehls benutzt. Abhängig vom Inhalt des "mod reg r/m" -Bytes folgen gegebenenfalls unmittelbar hinter dem Befehlscode die Operanden des Befehles, welche z.B. Konstanten oder relative bzw. absolute Adressen sein können.

Wie bei der basisrelativen oder der indizierten Adressierung bereits gezeigt, werden Speicheradressen z.B. dadurch gebildet, daß zum Inhalt eines Registers ein konstanter Wert addiert wird. Dieser Wert, welcher ein oder zwei Byte umfassen kann, folgt unmittelbar dem Befehlscode oder, falls vorhanden, dem "mod reg r/m"-Byte. Er wird als relative Adresse, Adreß-Offset, Distanz oder als **Displacement** bezeichnet. Da im Real Mode Speicheradressen stets durch die um vier Bit verschobene Addition eines Segmentregisterinhalts und einer segmentrelativen Adresse gebildet werden, gibt es implizite Zuordnungen zwischen Basis- und Indexregistern zu bestimmten Segmentregistern. Diese Default-Zuordnung kann durch ein dem Befehlscode vorangestelltes Byte, den sog.

Segmentvorsatz (*Segment override-prefix*),

aufgehoben werden. In der Assembler-Notation wird der Befehlsvorsatz nicht vor den Befehl, sondern vor den Operanden geschrieben. Schreibweise des Segmentvorsatzes in Assembler-Notation :

segmentname:operand

Beispiele :

```
OR  AX, ES:[BX]              ; BX bezieht sich sonst auf DS
MOV BX,CS:OFFSET data1       ; data1 ist sonst eine Adr. im Datenseg.
ADD AL, ES:[BP]             ; die Adr. [BP] liegt sonst im Stackseg.
```

Folgende Segmentregister werden *implizit vom Assembler* angenommen, wenn kein Segmentregister explizit angegeben ist:

Adressierung mit	Segment-register	Adreßberechnung
[BX]	DS	DS*10H + BX
[BP]	SS[12]	SS*10H + BP
[SI] oder [DI] ohne [BP],[BX]	DS	DS*10H + SI
[DI] bei String	ES	ES*10H + DI
[SI] oder [DI] mit [BX]	DS	DS*10H + BX + SI
[SI] oder [DI] mit [BP]	SS	SS*10H + BP + DI

Tab. 3.2-1: Segmentregister-Zuordnungen

Befehlsvorsätze erlauben beim 80x86 allgemein eine Modifikation des nachfolgenden Maschinenbefehls. Ein weiterer Zusatz bildet der

---

12 BP dient oftmals als Basiszeiger auf die lokalen Variablen einer Prozedur, welche gewöhnlich auf dem Stack angelegt werden und so nur zur Laufzeit des Unterprogramms vorhanden sind.

Wiederholungsvorsatz (*repeat-prefix*).

Hierbei kann der nachfolgende String-Befehl wiederholt solange ausgeführt werden, bis eine Abbruchbedingung erfüllt ist. Der Assemblerbefehl wird dazu mit einem der Zusätze

     REP, REPZ, REPNZ

versehen.

Beispiel: MOV CX, laenge
            LEA DI, ziel_string
            LEA SI, quell_string
            REPNZ CMPSB

String-Befehle, wie z.B. der Befehl CMPSB, beziehen sich auf zwei Folgen (= Strings) von Bytes (CMPSB), auf deren Anfänge die Indexregister SI und DI zeigen. Speziell beim Compare-Befehl werden je zwei Bytes solange verglichen und die Register SI, DI inkrementiert (bzw. dekrementiert) und CX dekrementiert, bis entweder der Byte-String zu Ende ist, d.h. das Register CX, in welchem zuvor die Länge der Strings gespeichert wurde, 0 geworden ist oder die aktuell zu vergleichenden Bytes gleich sind (vgl. REPNZ, d.h. Befehl solange wiederholen, wie das ZF-Flag beim CMP-Befehl bzw. SUB-Befehl 0 liefert).

Das allgemeine Befehlsformat für einen 80x86 Maschinenbefehl hat unter Einbezug von Befehlsvorsätzen und einem möglichen Displacement folgenden Aufbau:

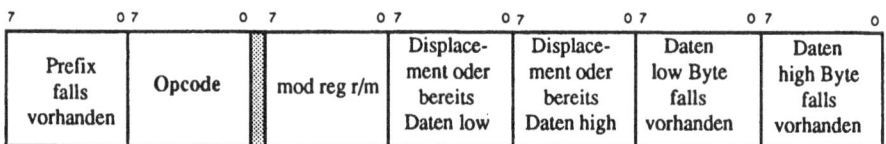

Prefix falls vorhanden	Opcode	mod reg r/m	Displace- ment oder bereits Daten low	Displace- ment oder bereits Daten high	Daten low Byte falls vorhanden	Daten high Byte falls vorhanden

Abb. 3.2-1: Allgemeines Format eines Maschinenbefehls

Bei jedem Maschinenbefehl muß also mindestens der Opcode vorhanden sein, bei einigen Befehlen kann dieser auch zwei Byte umfassen.

Während im Opcode eines Befehls vorwiegend Informationen über die Funktionalität der Anweisung wie z.B. AND, ADD, MOV,... und ein evtl. folgendes mod-reg-r/m-Byte eingearbeitet sind, enthält das mod-reg-r/m-Byte selbst die genaue Spezifikation von Quell- und Zieloperanden mit einem gegebenenfalls vorhandenen Displacement und möglichen Datenbytes.

mod	Displacement
00	kein Displacement im Befehl vorhanden (d.h. wird als 0 betrachtet)
01	8 Bit Displacement folgt dem Befehlscode; wird als vorzeichen-behaftete Zahl interpretiert
10	16 Bit Displacement folgt dem Befehlscode; wird als vorzeichen-behaftete Zahl interpretiert
11	kein Displacement im Befehl , r/m wird als Registerfeld inter-pretiert

reg	Wortregister 16-Bit (W=1)	Byteregister 8-Bit (W=0)	Segmentregister (sreg)	
000	AX	AL	00	ES
001	CX	CL	01	CS
010	DX	DL	10	SS
011	BX	BL	11	DS
100	SP	AH		
101	BP	CH		
110	SI	DH		
111	DI	BH		

r/m	Berechnung des Adress-Offsets	mögliche Notationen		Adres-sierungsart	Default Segm.
000	BX+SI+displacement	[BX+SI+disp] oder [BX+SI] [BX][SI+disp] oder [BX][SI]		basisindexiert	DS:
001	BX+DI+displacement	[BX+DI+disp] oder [BX+DI] [BX][DI+disp] oder [BX][DI]		basisindexiert	DS:
010	BP+SI+displacement	[BP+SI+disp] oder [BP+SI] [BP][SI+disp] oder [BP][SI]		basisindexiert	SS:
011	BP+DI+displacement	[BP+DI+disp] oder [BP+DI] [BP][DI+disp] oder [BP][DI]		basisindexiert	SS:
100	SI+displacement	disp[SI]	oder [SI]	direkte indexierte	DS:
101	DI+displacement	disp[DI]	oder [DI]	direkte indexierte (bei String	DS: ES:)
110	BP+displacement[13]	[BP+disp] disp[BP]	oder [BP]	basisrelative	SS:
111	BX+displacement	[BX + disp]	oder [BX]	basisrelative	DS:

Tab. 3.2-2: Interpretation des **mod-reg-r/m** - Bytes

Um eine bestimmte Funktion in der CPU auszulösen, gibt es in der Regel nur eine Assembleranweisung, jedoch häufig verschiedene Maschinencodes, welche alle dieselbe Funktion auslösen. Die Codes besitzen jedoch eine unterschiedliche Länge (Anzahl an Bytes) und auch Ausführungszeit.

Beispielsweise existieren häufig für Operationen, an denen die Register AX oder AL beteiligt sind, besonders kurze Maschinenbefehle. Diese Register sollten zwar bevorzugt verwendet werden, jedoch macht es keinen Sinn, Operanden extra in diese Register zu laden, wenn die Daten darin noch gebraucht werden und sie zuvor in den Speicher ausgelagert werden müßten.

Der Assembler wählt stets den kürzesten und effizientesten Code für eine Assembleranweisung aus.

---

[13] Wenn mod = 00 und r/m = 110 , dann folgt die Operandenadresse unmittelbar dem "mod reg r/m"-Byte. Es wird keine Adresse aus BP + displacement berechnet!

3.2.3. Die Zustandsregister

Viele Befehle verändern abhängig vom Ergebnis ihrer Operation die Zustandsbits im Flag-Register des Prozessors. Die Beeinflussung der Zustandsbits wird für die einzelnen Befehle wie folgt dargestellt:

Flags : O D I T S Z A P C   (Flags: siehe Kap. 2.3.2)
z.B.:   x - - - x x u x 0

wobei
- x = Zustand 0 oder 1, ist abhängig vom gerade ausgeführten Befehl
- u = undefiniert, d.h. es ist keine Aussage über den Zustand möglich
- 0 = nach Ausführung des Befehls gleich 0
- 1 = nach Ausführung des Befehls gleich 1
- - = der Zustand ändert sich durch die Ausführung des Befehls nicht

3.2.4. Befehlsausführungszeiten

In der folgenden Zusammenfassung der Befehle ist neben dem Befehlscode für einen Befehl und dessen Adressierungsart die Anzahl der Taktzyklen für eine Bearbeitung im Real und Virtual Protected Mode angegeben. Die angegebene Zahl ist jeweils die geringst mögliche Zahl von Taktzyklen, die für die Ausführung eines Befehles bei optimalen Bedingungen möglich ist (siehe überlappte Befehlsausführung Kap. 2.2.1; pipelining). Z.B.:

Wirkung	Code		Syntax/Beispiel
		mod sreg r/m	
Seg.Reg ←Reg/Mem	10001110	mod 0 sreg r/m d	MOV DS,[BX+0CFF]
2,5* [17,19*]			MOV ES, DI

Der Befehl benötigt:

2 Zyklen	falls beide Operanden in Registern stehen
5 Zyklen	falls sich ein Operand im Speicher befindet
ein Zyklus mehr (5*)	falls zur Adreßberechnung drei Elemente zu addieren sind (z.B. plus Offset)

Die Zahlen in [...] beziehen sich auf eine Ausführung im Virtual Protected Mode und werden nur dann angegeben, wenn sie sich von denen im Real Mode unterscheiden.

Bei Schiebe- und String-Befehlen oder allgemein innerhalb von Schleifen bezeichnet n die Anzahl der Wiederholungen.

3.3. Assemblerbefehle für den Real Mode

3.3.1. Transportbefehle

Bei allen Transportbefehlen bleibt das Flagregister unverändert!

MOV Ziel, Quelle
Kopiert den Inhalt des Quelloperanden in den Zieloperanden, ohne die Quelle zu verändern.

Wirkung	Code					Syntax/Beispiel
	w:0 Byte/1 Wort	mod reg r/m				

Reg/Mem ←Reg
2,3*
	1000100w	mod reg r/m	d			MOV AH, BL
						MOV AX, BX
						MOV b_adr, CL
						MOV [BP+SI], AL
						MOV [DI+4], SI
						MOV [BX+SI+33H],AX

	w:0 Byte/1 Wort	mod reg r/m				

Reg ←Reg/Mem
2,5*
	1000101w	mod reg r/m	d			MOV AL,BL
						MOV CX, AX
						MOV DL, [BX+SI+33H]

	w:0 Byte/1 Wort	mod reg r/m				
Reg/Mem←Immediate 2,3*	1100011w	mod 000 r/m	d	data	data if w=1	MOV AL,27H MOV [BX+10FFH],3FFF
	w:0 Byte/1 Wort					
Reg←Immediate 2	1011w reg	data		data if w=1		MOV AL,27H MOV CX, 0AFFH
	w:0 Byte/1 Wort					
Akku ←Mem 5	1010000w	Adr-l		Adr-h		MOV AL, b_adr MOV AX, w_adr
	w:0 Byte/1 Wort					
Mem ←Akku 3	1010001w	Adr-l		Adr-h		MOV b_adr, AL MOV w_adr, AX
		mod sreg r/m				
Seg.Reg ←Reg/Mem 2,5* [17,19*]	10001110	mod 0 sreg r/m	d			MOV DS,[BX+0CFF] MOV ES, DI
		mod sreg r/m				
Reg/Mem ←Seg.Reg 2,3*	10001100	mod 0 sreg r/m	d			MOV AX,SS MOV [BX+SI+33H], ES

d: Hier wird bei mod= 01 (mod=10) ein Byte (zwei Byte) als Displ. eingesetzt!

Einschränkungen :

- **CS kann nie Zielregister sein**
  CS kann nur durch Sprungbefehl verändert werden! .

- **Wenn SS neu geladen wird, so werden alle Hardware-Interrupts (incl. NMI) gesperrt bis der nächst folgende Befehl ausgeführt wurde.**
  Damit kann man im nächsten Befehl SP neu laden ! (Stackpointer = SS:SP)

CS, ES und SS müssen immer initialisiert werden. Ggf. kann man die Initialisierungen des Betriebssystems oder des Monitorprogramms benutzen.

XCHG Ziel, Quelle

Tauscht Quell- und Zieloperand miteinander aus. Während der Befehlsausführung ist BUS LOCK-Signal aktiv.

Wirkung	Code	Syntax/Beispiel
	w:0 Byte/1 Wort mod reg r/m	
Reg/Mem ↔ Reg	`1000011w` `mod reg r/m`	XCHG AH, BL
3,5*		XCHG AX, BX
		XCHG b_adr, CL
		XCHG [BP+SI], AL
		XCHG [DI+4], SI
		XCHG DL, [BX+SI+33H]
AX ↔ Reg	`10010 reg`	XCHG AX, BL
3		

Für XCHG AX, reg gibt es 2 unterschiedliche Befehle.

90H=NOP; 91= ECHG CX,AX; 92H=ECHG DX,AX; ...

LEA Ziel, Quelle

Speichert den Offset des Quelloperanden im angegebenen Zielregister.

Wirkung	Code	Syntax/Beispiel
	mod reg r/m	string DB 'Hallo', '$'
Reg ←Offset	`10001101` `mod reg r/m` d	•••
3*		LEA BX, string
		LEA DI, [BX+SI-22]

d: Hier wird bei mod= 01 (mod=10) ein Byte (zwei Byte) als Displ. eingesetzt!

LDS Ziel, Quelle
LES Ziel, Quelle

Die Befehle LDS und LES laden einen Pointer mit vollständiger Adresse, d.h. Segmentvorsatz (2 Byte) und Distanz (2 Byte), welcher sich im Speicher befindet, in ein Segmentregister und ein angegebenes Wortregister. Das erste Wort der Adresse (Quelle) wird in das angegebene Register (Ziel) und das zweite Wort in DS bzw. ES gespeichert.

Wirkung	Code	Syntax/Beispiel
	mod reg r/m (mod ≠11)	
DS:Reg ←Mem	`11000101` `mod reg r/m` d	LDS BX, p_adr
7* [21*]		LDS DI, [BX+SI+0F8H]
	mod reg r/m (mod ≠11)	
ES:Reg ←Mem	`11000100` `mod reg r/m` d	LES CX, 28H[SI]
7* [21*]		

d: Hier wird bei mod= 01 (mod=10) ein Byte (zwei Byte) als Displ. eingesetzt, mod=11 ist nicht erlaubt!

LAHF
SAHF

Speichert bzw. läd vom Flagregister $flag_7, ... ,flag_0$ in das Register AH.

Wirkung	Code	Syntax/Beispiel
AH ←Flag	`10001111`	LAHF
Flag ←AH	`10001110`	SAHF
2		

Dient der gezielten schnellen Modifikation des Zustandregisters.

XLAT *Tabelle*

Führt eine tabellengesteuerte Umsetzung eines Bytes durch. Es wird das, durch die Register DS:[BX+AL] adrssierte Byte aus dem Speicher in das Register AL übernommen.

Wirkung	Code	Syntax/Beispiel
		LEA BX, tab
Reg ←Mem	`11010111`	MOV AL, index
5		XLAT *tab* ; für Assembl.

Wird ein Operand angegeben, so wird statt DS dessen Segment verwendet (per Segm. Overr.).

3.3.2.   Stack-Operationen

PUSH Quelle

Dekrementiert den Stackpointer (SP) um 2 und schreibt anschließend den Quelloperanden auf die Spitze des Stapels (TOS). Wird SP auf den Stack gesichert, so wird bei 80286 bis 80486 der alte Wert und bei 8086 der neue Wert abgespeichert. Es wird jeweils das Low-Byte auf die niedere Adresse geschrieben.

Wirkung	Code		Syntax/Beispiel
		mod reg r/m	
Mem	`11111111`	`mod 110 r/m` d	PUSH AX
5*			PUSH SI
			PUSH [BP+SI]
			PUSH [BX+4]
			PUSH [BP+SI+33H]
Reg	`01010 reg`		PUSH AX
3			PUSH BP
Seg.Reg	`000 sreg 110`		PUSH ES
3			PUSH DS

Immediate	011010s0	data	data if s=0	PUSH 0BF2H
3	(bei 8086 nicht vorh.)			

d: Hier wird bei mod= 01 (mod=10) ein Byte (zwei Byte) als Displ. eingesetzt!
Für PUSH AX gibt es 2 unterschiedliche Befehle.

PUSHA

Sichert den Inhalt der nachfolgenden Register (beginnend bei AX) in der
angegebenen Reihenfolge auf dem Stack: AX, CX, DX, BX, SP (alter Wert),
BP, SI, DI. TOS beinhaltet am Ende DI-Low.

Wirkung	Code	Syntax/Beispiel
Univ. Reg → Stack	01100000	PUSHA
17	(bei 8086 nicht vorh.)	

PUSHF

Sichert den Inhalt des Flagregisters auf dem Stapel.

Wirkung	Code	Syntax/Beispiel
Flag → Stack	10011100	PUSHF
3		

POP Ziel

Holt den Operanden vom TOS, schreibt ihn in das Zielregister (Memory) und
inkrementiert den SP um 2. Es wird jeweils das Low-Byte des Operanden von
der niederen Adresse zuerst gelesen.

Wirkung	Code		Syntax/Beispiel
		mod reg r/m	
Mem	10001111	mod 000 r/m d	POP AX
5*			POP SI
			POP [BP+SI]
			POP 4 [SI]
			POP [BX+DI+10H]
Reg	01011 reg		POP BX
5			POP SI
		sreg ≠ 01 (CS) Vorsicht funktioniert aber doch !	
Seg.Reg (nicht CS)	000 sreg 111		POP ES
5 [20]			POP DS

d: Hier wird bei mod= 01 (mod=10) ein Byte (zwei Byte) als Displ. eingesetzt!
Für POP AX gibt es 2 unterschiedliche Befehle.

POPA

Holt den Inhalt der nachfolgenden Register (beginnend bei DI) in der angegebenen Reihenfolge vom Stack: DI, SI, BP, SP, BX, DX, CX, AX.

Wirkung	Code	Syntax/Beispiel
Univ. Reg ←Stack 19	01100001 (bei 8086 nicht vorh.)	POPA

POPF

Holt den Inhalt des Flagregisters vom Stapel.

Wirkung	Code	Syntax/Beispiel
Flag ←Stack 5	10011101	POPF

3.3.3. Ein-/Ausgabeoperationen

IN Akku, port

Liest den Inhalt einer Ein-/Ausgabeadresse und speichert ihn in AL oder AX ab. Die Portadresse kann direkt (Immediate 00-F7H, F8-FF sind von Intel reserviert) oder indirekt über das Register DX (dann 2 Byte als Portadresse) angegeben werden.

Wirkung	Code	Syntax/Beispiel
Port-Adr. Immed. 5	w:0 Byte/1 Wort 1110010w port	IN AL, 23H IN AX, 128
Port-Adr in DX 5	w:0 Byte/1 Wort 1110110w	MOV DX, 08F0H IN AL, DX

OUT port, Akku

Schreibt den Inhalt von AL oder AX in eine Ein-/Ausgabeadresse. Die Portadresse kann direkt (Immediate 00-F7H, F8-FF sind von Intel reserviert) oder indirekt über das Register DX (dann 2 Byte als Portadresse) angegeben werden.

Wirkung	Code	Syntax/Beispiel
Port-Adr. Immed. 3	w:0 Byte/1 Wort 1110011w port	OUT 80H, AL OUT 128H, AX
Port-Adr in DX 3	w:0 Byte/1 Wort 1110111w	MOV DX, 1800H OUT DX, AL

3.3.4. Arithmetische Operationen

ADD Ziel, Quelle

Führt die Addition von Ziel- und Quelloperanden aus (Ziel = Ziel + Quelle)
und speichert das Ergebnis im Zieloperanden. Dabei wird das Zustandsregister
vom Ausgang der Operation beeinflußt.

```
O  D  I  T  S  Z  A  P  C
x  -  -  -  x  x  x  x  x
```

Wirkung	Code		Syntax/Beispiel

	d:0 in Mem/1 in Reg.		
	w:0 Byte/1 Wort mod reg r/m		ADD BX, [0FF80H]
Reg/Mem ←Reg/Mem	`000000dw` `mod reg r/m` d		ADD AH, AL
2,7*			ADD AH, [BX]23H
			ADD 18[DI], CX
	s:0 16-Bit Imm. Op. /1 ein Byte Imm. Op.(sign extended to 16 Bit		
	w:0 Byte/1 Wort mod reg r/m		
Reg/Mem ←Immediate	`100000sw` `mod 000 r/m` d `data` `data if sw=01`		ADD AX,0F20H
3,7*			ADD [BP+SI+820], -15
	w:0 Byte/1 Wort		
Akku ←Immediate	`0000010w` `data` `data if w=1`		ADD AL, 23H
3			

d: Hier wird bei mod= 01 (mod=10) ein Byte (zwei Byte) als Displ. eingesetzt!

Beispiel: MOV AX, 0FFFFH
                     ADD AX, 1

führt zu folgenden Status-Flags:
```
O  D  I  T  S  Z  A  P  C
0  -  -  -  0  1  1  1  1   C=1 weil ADD und Übertrag von A15
```

ADC Ziel, Quelle

Führt die Addition von Ziel-, Quelloperanden und CF aus (Ziel = Ziel + Quelle
+CF) und speichert das Ergebnis im Zieloperanden. Dabei wird das
Zustandsregister vom Ausgang der Operation beeinflußt.

```
O  D  I  T  S  Z  A  P  C
x  -  -  -  x  x  x  x  x
```

Wirkung	Code		Syntax/Beispiel

	d:0 in Mem/1 in Reg		val DB -23
	w:0 Byte/1 Wort mod reg r/m		•••
Reg/Mem ←Reg/Mem	`000100dw` `mod reg r/m` d		ADC CL, val
2,7*			ADC AH, [BX]23H
			ADC 18[DI], CX
	s:0 16-Bit Imm. Op. /1 ein Byte Imm. Op.(sign extended to 16 Bit)		
	w:0 Byte/1 Wort mod reg r/m		
Reg/Mem ←Immediate	`100000sw` `mod 010 r/m` d `data` `data if sw=01`		ADC AX,0F20H
3,7*			ADC [BP+SI+820], -15
	w:0 Byte/1 Wort		

w:0 Byte/1 Wort

Akku ←Immediate | 0001010w | | d a t a | | data if w=1 | ADC AL, 23H

3   ADC AX, 0FF10H

d: Hier wird bei mod= 01 (mod=10) ein Byte (zwei Byte) als Displ. eingesetzt!

SUB Ziel, Quelle

Führt die Subtraktion von Ziel-, Quelloperanden aus (Ziel = Ziel - Quelle) und
speichert das Ergebnis im Zieloperanden. Dabei wird das Zustandsregister
vom Ausgang der Operation beeinflußt.

```
O  D  I  T  S  Z  A  P  C
x  -  -  -  x  x  x  x  x
```

Wirkung	Code	Syntax/Beispiel

d:0 in Mem/1 in Reg
w:0 Byte/1 Wort mod reg r/m

Reg/Mem ←Reg/Mem | 001010dw | | mod reg r/m | d   SUB AH, AL

2,7*   SUB AH, [BX+DI]23H

                                                                SUB -240[SI], BL

                                                                SUB AH, 23H

s:0 16-Bit Imm. Op. /1 ein Byte Imm. Op.(sign extended to 16 Bit)
w:0 Byte/1 Wort mod reg r/m

Reg/Mem ←Immediate | 100000sw | | mod 101 r/m | d | data | | data if sw=01 | SUB AX,20H

3,7*   SUB [BX+DI+820], -28

w:0 Byte/1 Wort

Akku ←Immediate | 0010110w | | d a t a | | data if w=1 | SUB AL, -34

3

d: Hier wird bei mod= 01 (mod=10) ein Byte (zwei Byte) als Displ. eingesetzt!

Beispiel: MOV BL, 2
                   SUB BL, 3

führt zu folgenden Status-Flags:
```
O  D  I  T  S  Z  A  P  C
0  -  -  -  1  0  1  1  1    weil SUB und kein Übertrag von B7
```


SBB Ziel, Quelle

Führt die Subtraktion von Ziel-, Quelloperanden und CF aus (Ziel = Ziel -
Quelle - CF) und speichert das Ergebnis im Zieloperanden. Dabei wird das
Zustandsregister vom Ausgang der Operation beeinflußt.

```
O  D  I  T  S  Z  A  P  C
x  -  -  -  x  x  x  x  x
```

Wirkung	Code	Syntax/Beispiel

d:0 in Mem/1 in Reg
w:0 Byte/1 Wort mod reg r/m   SBB BX, w_adr

Reg/Mem ←Reg/Mem | 000110dw | | mod reg r/m | d   SBB AH, AL

2,7*   SBB AH, [BX]23H

s:0 16-Bit Imm. Op. /1 ein Byte Imm. Op.(sign extended to 16 Bit)
w:0 Byte/1 Wort mod reg r/m

Reg/Mem ←Immediate	`100000sw`		`mod 011 r/m` d	`data`	`data if sw=01`	SBB BX,0F20H
3,7*						SBB BYTE PTR [BP+12]
-11						

w:0 Byte/1 Wort

Akku ←Immediate	`0001110w`	`data`	`data if w=1`	SBB AL, 150
3				

d: Hier wird bei mod= 01 (mod=10) ein Byte (zwei Byte) als Displ. eingesetzt!

INC Quelle
Inkrementiert den Quelloperanden um 1.

```
O   D   I   T   S   Z   A   P   C
x   -   -   -   x   x   x   x   -
```

Wirkung	Code	Syntax/Beispiel
	w:0 Byte/1 Wort mod reg r/m	val DB -45
Reg/Mem	`1111111w` `mod 000 r/m` d	•••
2,7*		INC val
		INC WORD PTR [BP+DI-
315]		
Reg	`01000 reg`	INC BX
2		INC SI

d: Hier wird bei mod= 01 (mod=10) ein Byte (zwei Byte) als Displ. eingesetzt!

DEC Quelle
Dekrementiert den Quelloperanden um 1.

```
O   D   I   T   S   Z   A   P   C
x   -   -   -   x   x   x   x   -
```

Wirkung	Code	Syntax/Beispiel
	w:0 Byte/1 Wort mod reg r/m	val DB 35
Reg/Mem	`1111111w` `mod 001 r/m` d	•••
2,7*		DEC val
		DEC BYTE PTR [BP+DI-5]
Reg	`01001 reg`	DEC BP
2		DEC DI

d: Hier wird bei mod= 01 (mod=10) ein Byte (zwei Byte) als Displ. eingesetzt!

NEG Quelle

Bildet das Zweierkomplement des Quelloperanden (d.h. negiert den Wert und addiert 1 hinzu). Dabei wird CF auf 0 gesetzt falls der Operand 0 ist (sonst auf 1).

```
O  D  I  T  S  Z  A  P  C
x  -  -  -  x  x  x  x  x
```

Wirkung	Code			Syntax/Beispiel
	w:0 Byte/1 Wort	mod reg r/m		NEG AH
Reg/Mem ←Reg/Mem	1111011w	mod 011 r/m	d	NEG WORD PTR 17[SI]
2,7*				NEG BYTE PTR [BP+DI+12]

d: Hier wird bei mod= 01 (mod=10) ein Byte (zwei Byte) als Displ. eingesetzt!

CMP Ziel, Quelle

CMP subtrahiert den Quell- vom Zieloperanden und verändert das Zustandsregister abhängig vom Ergebnis der Operation. Beide Operanden bleiben unverändert.

```
O  D  I  T  S  Z  A  P  C
x  -  -  -  x  x  x  x  x
```

Wirkung	Code			Syntax/Beispiel
	w:0 Byte/1 Wort	mod reg r/m		w_adr DW -789
Reg - Reg/Mem	0011101w	mod reg r/m	d	CMP w_adr , DX
2,6*				CMP [BX]23H, AH
	w:0 Byte/1 Wort	mod reg r/m		CMP DX, SI
Reg/Mem - Reg	0011100w	mod reg r/m	d	CMP CL, [0FF20]
2,7*	s:0 16-Bit Imm. Op. /1 ein Byte Imm. Op.(sign extended to 16 Bit)			
	w:0 Byte/1 Wort	mod reg r/m		
Reg/Mem - Immediate	100000sw	mod 111 r/m d data data if sw=01		CMP AX,0F20H
2,6*				CMP WORDPTR[SI+82], -8
	w:0 Byte/1 Wort			
Akku - Immediate	0011110w	data	data if w=1	CMP AL, -82
3				

d: Hier wird bei mod= 01 (mod=10) ein Byte (zwei Byte) als Displ. eingesetzt!

Der Befehl TEST Ziel, Quelle führt im Gegensatz dazu eine log. UND-Operation aus!

MUL Quelle

Multipliziert Quelle mit AL und legt das Ergebnis in AX ab bzw. Multipliziert Quelle mit AX und legt das Ergebnis in DX (höherwertiger Anteil) und AX ab. Ist AH bzw. DX gleich 0, so werden CF und OF auf 1, sonst auf 0 gesetzt.

```
O  D  I  T  S  Z  A  P  C
x  -  -  -  u  u  u  u  x
```

Wirkung	Code		Syntax/Beispiel
	w:0 Byte/1 Wort mod reg r/m		w_adr DW 185
Akku * Reg/Mem	`1111011w` `mod 100 r/m` d		MUL w_adr
Byte: 13,16*			
Word: 21,24*			

d: Hier wird bei mod= 01 (mod=10) ein Byte (zwei Byte) als Displ. eingesetzt!

IMUL Quelle
IMUL Ziel, Quelle
IMUL Ziel, Quelle1, Quelle2

Multipliziert (vorzeichenbehaftet) Quelle mit AL/AX, Quelle mit Ziel oder Quelle1 mit Quelle2 (Immediate-Operand) und legt das Ergebnis in AX bzw. Ziel ab. CF und OF werden auf 0 gesetzt, wenn AH bzw. DX eine Vorzeichenerweiterung von AL bzw. AX ist oder das Ergebnis zwischen -32768 und +32767 liegt, sonst auf 1.

```
O D I T S Z A P C
x - - - u u u u x
```

Wirkung	Code	Syntax/Beispiel
	w:0 Byte/1 Wort mod reg r/m	IMUL CL
Akku * Reg/Mem	`1111011w` `mod 101 r/m` d	IMUL BYTE PTR [BX+SI+10H]
B: 13,16*		
W: 21,24*		
	s:0 16-Bit Imm. Op. /1 ein Byte Imm. Op.(sign extended to 16 Bit)	
	mod reg r/m	
Reg * Reg/Mem	`011010s1` `mod reg r/m` d `data` `data if s=0`	IMUL BX, [SI+20H], 3141
21,24*	(bei 8086 nicht vorh.)	

d: Hier wird bei mod= 01 (mod=10) ein Byte (zwei Byte) als Displ. eingesetzt!

DIV Quelle

Dividiert AX durch Quelle (Byteoperation) und legt den Quotient in AL und den Rest in AH ab oder dividiert DX:AX durch Quelle (Wortoperation) und legt den Quotienten in AX und den Rest in DX ab.

```
O D I T S Z A P C
u - - - u u u u u
```

Wirkung	Code		Syntax/Beispiel
	w:0 Byte/1 Wort mod reg r/m		DIV w_adr
Reg / Reg/Mem	`1111011w` `mod 110 r/m` d		DIV CX
Byte:14,17*			DIV BYTE PTR [SI]
Word: 22,25*			

d: Hier wird bei mod= 01 (mod=10) ein Byte (zwei Byte) als Displ. eingesetzt!

Wenn der Divisor=0 oder der Quotient zu groß (z.B. Devisor =1) ist, dann wird die INT 0 Exception ausgelöst !

IDIV Quelle

Dividiert AX durch Quelle (Byteoperation) oder DX:AX durch Quelle (Wortoperation) und legt das Ergebnis vorzeichenrichtig in AX (Quotient) und DX (Rest) ab. Divident und Rest haben dabei das gleiche Vorzeichen.

```
O  D  I  T  S  Z  A  P  C
u  -  -  -  u  u  u  u  u
```

Wirkung	Code	Syntax/Beispiel
Reg / Reg/Mem Byte:17,20* Word: 25,28*	w:0 Byte/1 Wort mod reg r/m $\boxed{1111011w}$ $\boxed{\text{mod 111 r/m}}$ d	IDIV CL IDIV WORD PTR [BX+SI+45]

d: Hier wird bei mod= 01 (mod=10) ein Byte (zwei Byte) als Displ. eingesetzt!

3.3.5. Logische Operationen

AND Ziel, Quelle

Führt eine logische Undverknüpfung von Ziel-, Quelloperand aus (Ziel = Ziel & Quelle) und speichert das Ergebnis im Zieloperanden. Dabei wird das Zustandsregister vom Ausgang der Operation beeinflußt.

```
O  D  I  T  S  Z  A  P  C
0  -  -  -  x  x  u  x  0
```

Wirkung	Code	Syntax/Beispiel
Reg/Mem ←Reg/Mem 2,7*	d:0 in Mem/1 in Reg w:0 Byte/1 Wort mod reg r/m $\boxed{001000dw}$ $\boxed{\text{mod reg r/m}}$ d	AND BH, [0FF0H] AND BH, AL AND AH, [BP+SI+10]
Reg/Mem ←Immediate 3,7* 0FH	w:0 Byte/1 Wort mod reg r/m $\boxed{1000000w}$ $\boxed{\text{mod 100 r/m}}$ d $\boxed{\text{data}}$ $\boxed{\text{data if w=1}}$	AND CX,0F00H AND BYTE PTR [SI],
Akku ←Immediate 3	w:0 Byte/1 Wort $\boxed{0010010w}$ $\boxed{\text{data}}$ $\boxed{\text{data if w=1}}$	AND AL, 011101111B

d: Hier wird bei mod= 01 (mod=10) ein Byte (zwei Byte) als Displ. eingesetzt!

Beispiel:
```
        MOV  BH,  11001010B
        AND  BH,  10101001B
```

führt zu folgenden Status-Flags:
```
O  D  I  T  S  Z  A  P  C
0  -  -  -  1  0  -  1  0
```

TEST Ziel, Quelle

Führt eine logische Undverknüpfung von Ziel-, Quelloperand aus (Ziel &
Quelle). Das Ergebnis wird jedoch nicht gespeichert, sondern lediglich das
Zustandsregister wird vom Ausgang der Operation beeinflußt.

```
O D I T S Z A P C
0 - - - x x u x 0
```

Wirkung	Code	Syntax/Beispiel
Reg/Mem - Reg/Mem 2,6*	w:0 Byte/1 Wort mod reg r/m `100010w` `mod reg r/m` d	TEST BX, w_adr TEST BX, AX TEST AL, [BX+DI]+4
Reg/Mem - Immediate 3,6* 0FH	w:0 Byte/1 Wort mod reg r/m `1111011w` `mod 000 r/m` d `data` `data if w=1`	TEST CX,0F00H TEST WORD PTR [DI],
Akku - Immediate 3	w:0 Byte/1 Wort `1010100w` `data` `data if w=1`	TEST AL, 03H

d: Hier wird bei mod= 01 (mod=10) ein Byte (zwei Byte) als Displ. eingesetzt!

OR Ziel, Quelle

Führt eine logische Oderknüpfung von Ziel-, Quelloperanden aus (Ziel = Ziel
∨ Quelle) und speichert das Ergebnis im Zieloperanden. Dabei wird das
Zustandsregister vom Ausgang der Operation beeinflußt.

```
O D I T S Z A P C
0 - - - x x u x 0
```

Wirkung	Code	Syntax/Beispiel
Reg/Mem ←Reg/Mem 2,7*	d:0 in Mem/1 in Reg w:0 Byte/1 Wort mod reg r/m `000010dw` `mod reg r/m` d	OR DH, b_adr OR BL, AL OR CX, [BX+SI+10]
Reg/Mem ←Immediate 3,7*	w:0 Byte/1 Wort mod reg r/m `1000000w` `mod 001 r/m` d `data` `data if w=1`	OR DL,0FH OR WORD PTR [BP],0FH
Akku ←Immediate 3	w:0 Byte/1 Wort `0000110w` `data` `data if w=1`	OR AX, 0FF00H

d: Hier wird bei mod= 01 (mod=10) ein Byte (zwei Byte) als Displ. eingesetzt!

XOR Ziel, Quelle

Führt eine logische Exorverknüpfung von Ziel-, Quelloperanden aus (Ziel = Ziel $\oplus$ Quelle) und speichert das Ergebnis im Zieloperanden. Dabei wird das Zustandsregister vom Ausgang der Operation beeinflußt.

```
O  D  I  T  S  Z  A  P  C
0  -  -  -  x  x  u  x  0
```

Wirkung	Code	Syntax/Beispiel
	d:0 in Mem/1 in Reg	
	w:0 Byte/1 Wort mod reg r/m	XOR AH, ES: [01F0H]
Reg/Mem ←Reg/Mem	`001100dw` `mod reg r/m` d	XOR AH, AL
2,7*		XOR AH, [BP+12]+14
	w:0 Byte/1 Wort mod reg r/m	
Reg/Mem ←Immediate	`1000000w` `mod 110 r/m` d `data` `data if w=1`	XOR AX,0F00H
3,7*		XOR BYTE PTR [SI], 0FH
	w:0 Byte/1 Wort	
Akku ←Immediate	`0011010w` `data` `data if w=1`	XOR BL, 011101111B
3		

d: Hier wird bei mod= 01 (mod=10) ein Byte (zwei Byte) als Displ. eingesetzt!

NOT Quelle

Invertiert den Quelloperanden (kippt jedes Bit in den jeweils anderen Zustand). Dabei wird das Zustandsregister vom Ausgang der Operation beeinflußt.

```
O  D  I  T  S  Z  A  P  C
x  -  -  -  x  x  u  x  0
```

Wirkung	Code	Syntax/Beispiel
	w:0 Byte/1 Wort mod reg r/m	NOT AH
Reg/Mem ←Reg/Mem	`1111011w` `mod 010 r/m` d	NOT WORD PTR 17[SI]
2,7*		NOT BYTE PTR [BP+DI+12]

d: Hier wird bei mod= 01 (mod=10) ein Byte (zwei Byte) als Displ. eingesetzt!

3.3.6. Shift- und Rotate-Befehle

Die Schiebe- und Rotationsbefehle (ROL, ROR, RCL, RCR und SHL, SAL, SHR, SAR) haben bezüglich der Operanden (Register / Memory und Anzahl der Schiebeschritte) die gleichen Variationsmöglichkeiten.

Nur CF- und OF-Bit im Flagregister werden verändert.

```
Flags:  O  D  I  T  S  Z  A  P  C
        x  -  -  -  -  -  -  -  x
```

ROL

Quelloperand zyklisch nach links schieben. MSB dabei in CF und LSB schieben. OF =1 falls Vorzeichenwechsel auftritt, 0 sonst. Bei Shift um mehrere Bits ist OF undefiniert.

```
 O C                           O C
[X][X]◄─┌01011001┐◄┐   ROL►   [1][0]   [10110010]
        └─────────┘ │
          └─────────┘
```

Wirkung	Code		Syntax/Beispiel
	w:0 Byte/1 Wort mod reg r/m		ROL AH
um 1 Bit 2,7*	1101000w mod 000 r/m d		ROL WORD PTR [BX+DI+42]
	w:0 Byte/1 Wort mod reg r/m		MOV CL, 5
um CL Bits 5+n,8+n*	1101001w mod 000 r/m d		ROL w_adr
	w:0 Byte/1 Wort mod reg r/m		ROL AH, 2
um count Bits 5+n,8+n*	1100000w mod 000 r/m d count		ROL BYTE PTR 17[SI], 4

d: Hier wird bei mod= 01 (mod=10) ein Byte (zwei Byte) als Displ. eingesetzt!

Warum wurde OF so definiert? Ein Vorzeichenwechsel kann bei Interpretation der Bits als vorzeichenbehaftete Zahl Bereichsüberschreitung bedeuten.

ROR Quelle

Quelloperand zyklisch nach rechts schieben. LSB dabei in CF und MSB schieben. OF =1 falls Vorzeichenwechsel auftritt, 0 sonst. Bei Shift um mehrere Bits ist OF undefiniert.

```
 O C                           O C
[X][X]◄─┌01011001┐   ROR►    [1][1]   [10101100]
```

Wirkung	Code		Syntax/Beispiel
	w:0 Byte/1 Wort mod reg r/m		ROR AH
um 1 Bit 2,7*	1101000w mod 001 r/m d		ROR WORD PTR [BP+SI+42]
	w:0 Byte/1 Wort mod reg r/m		MOV CL, b_adr
um CL Bits 5+n,8+n*	1101001w mod 001 r/m d		ROR w_adr
	w:0 Byte/1 Wort mod reg r/m		ROR AH, 3
um count Bits 5+n,8+n*	1100000w mod 001 r/m d count		ROR BYTE PTR -14[DI], 3

d: Hier wird bei mod= 01 (mod=10) ein Byte (zwei Byte) als Displ. eingesetzt!

RCL Quelle

Quelloperand zyklisch nach links schieben. MSB dabei in CF und CF in LSB schieben. OF =1, falls Vorzeichenwechsel auftritt, 0 sonst. Bei Shift um mehrere Bits ist OF undefiniert.

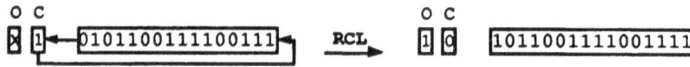

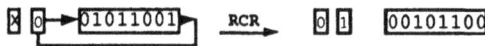

Wirkung	Code			Syntax/Beispiel
	w:0 Byte/1 Wort	mod reg r/m		RCL AH
um 1 Bit 2,7*	1101000w	mod 010 r/m	d	RCL BYTE PTR [BX+2]
	w:0 Byte/1 Wort	mod reg r/m		MOV CL, 5
um CL Bits 5+n,8+n*	1101001w	mod 010 r/m	d	RCL w_adr
	w:0 Byte/1 Wort	mod reg r/m		RCL AH, 2
um count Bits 5+n,8+n*	1100000w	mod 010 r/m	d count	RCL WORD PTR 17[SI], 3

d: Hier wird bei mod= 01 (mod=10) ein Byte (zwei Byte) als Displ. eingesetzt!

RCR Quelle

Quelloperand zyklisch nach rechts schieben. LSB dabei in CF und CF in MSB schieben. OF =1, falls Vorzeichenwechsel auftritt, 0 sonst. Bei Shift um mehrere Bits ist OF undefiniert.

Wirkung	Code			Syntax/Beispiel
	w:0 Byte/1 Wort	mod reg r/m		RCR AH
um 1 Bit 2,7*	1101000w	mod 011 r/m	d	RCR w_adr
	w:0 Byte/1 Wort	mod reg r/m		MOV CL, 4
um CL Bits 5+n,8+n*	1101001w	mod 011 r/m	d	RCR BYTE PTR [BX+2]
	w:0 Byte/1 Wort	mod reg r/m		RCR AH, 3
um count Bits 5+n,8+n*	1100000w	mod 011 r/m	d count	RCR WORD PTR [SI], 12

d: Hier wird bei mod= 01 (mod=10) ein Byte (zwei Byte) als Displ. eingesetzt!

SHL SAL

Quelloperand nach links schieben. LSB dabei auf 0 setzen und MSB in CF schieben. OF =1, falls Vorzeichenwechsel auftritt, 0 sonst. Bei Shift um mehrere Bits ist OF undefiniert.

Wirkung	Code			Syntax/Beispiel
	w:0 Byte/1 Wort	mod reg r/m		SHL AH
um 1 Bit	1101000w	mod 100 r/m	d	SHL WORD PTR [SI+24H]
2,7*				
	w:0 Byte/1 Wort	mod reg r/m		MOV CL, 2
um CL Bits	1101001w	mod 100 r/m	d	SHL w_adr
5+n,8+n*				
	w:0 Byte/1 Wort	mod reg r/m		SHL AL, 2
um count Bits	1100000w	mod 100 r/m	d count	SHL WORD PTR 0A17H[SI], 4
5+n,8+n*				

d: Hier wird bei mod= 01 (mod=10) ein Byte (zwei Byte) als Displ. eingesetzt!

SHR Quelle

Quelloperand nach rechts schieben. LSB dabei in CF schieben und MSB auf 0 setzen. SHR führt eine vorzeichenlose Division durch 2 aus. OF wird auf MSB gesetzt. Bei Shift um mehrere Bits ist OF undefiniert.

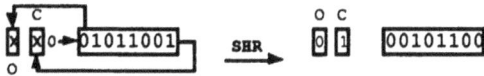

Wirkung	Code			Syntax/Beispiel
	w:0 Byte/1 Wort	mod reg r/m		SHR AH
um 1 Bit	1101000w	mod 101 r/m	d	SHR WORD PTR [BX+DI+42]
2,7*				
	w:0 Byte/1 Wort	mod reg r/m		MOV CL, 5
um CL Bits	1101001w	mod 101 r/m	d	SHR w_adr
5+n,8+n*				
	w:0 Byte/1 Wort	mod reg r/m		SHR AH, 2
um count Bits	1100000w	mod 101 r/m	d count	SHR BYTE PTR 17[SI], 4
5+n,8+n*				

d: Hier wird bei mod= 01 (mod=10) ein Byte (zwei Byte) als Displ. eingesetzt!

SAR Quelle

Quelloperand nach rechts schieben. LSB dabei in CF schieben und MSB unverändert lassen. SAR führt dabei eine vorzeichenrichtige Division durch 2 aus. OF wird stets auf 0 gesetzt. Bei Shift um mehrere Bits ist OF undefiniert.

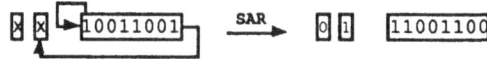

Wirkung	Code					Syntax/Beispiel
	w:0 Byte/1 Wort	mod reg r/m				SAR AH
um 1 Bit	1101000w	mod 111 r/m	d			SAR byte_var
2,7*						
	w:0 Byte/1 Wort	mod reg r/m				MOV CL, [BX]
um CL Bits	1101001w	mod 111 r/m	d			SAR w_adr
5+n,8+n*						
	w:0 Byte/1 Wort	mod reg r/m				SAR AH, 3
um count Bits	1100000w	mod 111 r/m	d	count		SAR BYTE PTR 70H[BP+SI], 3
5+n,8+n*						

d: Hier wird bei mod= 01 (mod=10) ein Byte (zwei Byte) als Displ. eingesetzt!

3.3.7. Programmverzweigungsbefehle

Die kontinuierliche Bearbeitung eines sequentiellen Programms kann auf unterschiedliche Arten unterbrochen und an einer anderen Stelle fortgesetzt werden:

• mit / ohne Speicherung der Rückkehradresse zur erneuten Aufnahme der Bearbeitung an der zuvor verlassenen Stelle
• unabhängig oder abhängig vom aktuellen Zustand der CPU
• programmiert oder asynchron durch externe Ereignisse

Wird die Rückkehradresse (die Adresse des nächsten auszuführenden Befehls) vor dem Sprung auf dem Stapel abgelegt, so handelt es sich um Unterprogramme, sonst um bedingte oder unbedingte Sprungbefehle (conditional- und unconditional jump).
Während alle unbedingten Sprungbefehle stets zu einer Programmverzweigung führen, erfolgt bei den conditional jumps ein Sprung in Abhängigkeit vom aktuellen Zustand eines Bits im Flagregister des Prozessors. Er erfolgt somit in Abhängigkeit vom Ausgang einer zuvor ausgeführten Operation.

Unabhängig von der Art und Ursache einer Programmverzweigung muß stets die interne Befehlspipeline (ca. 3 Befehle, 6 Byte lang) als ungültig markiert werden. Durch diese Maßnahme reduziert sich die mittlere Verarbeitungsgeschwindigkeit der CPU entsprechend. Zur Anzahl der Zyklen zur Verarbeitung eines Sprungbefehls wird darum die Anzahl der Befehlsbytes (m) des nächsten Befehls hinzugezählt.

Für den Übersetzungsvorgang ist es dabei wichtig zu wissen, ob sich das Sprungziel einer Programmverzweigung innerhalb des aktuellen Segments befindet oder nicht. Man unterscheidet darum:

- **Intra-Segment-Sprünge**
  Das Sprungziel liegt im aktuellen Segment und es wird nur ein neuer 16 Bit Offset für IP benötigt.

- **Intersegment-Sprünge**
  Das Sprungziel liegt in einem anderen als dem momentan aktiven Codesegment und es wird ein neuer Segmentselektor für CS und ein Offset für IP benötigt

Das Sprungziel kann dabei wie folgt adressiert werden:

- Sprungziel **relativ** zum momentanen Stand von IP im selben Segment (Intra-Segment) gespeichert als 1 Byte Displacement (-128 .. +127)
  z.B. alle bedingten Sprungbefehle sind relative Sprünge mit kurzer Distanz

- Sprungziel **relativ** zum momentanen Stand von IP im selben Segment (Intra-Segment) gespeichert als 2 Byte Displacement (-32768 .. +32767)

- Sprungziel als **absolute** Adresse im selben Segment (Intra-Segment) gespeichert in einem Register oder in einer Speicheradresse (je 2 Byte) sog. **Indirekt-Sprung**

- Sprungziel als absolute Adresse in einem anderen Segment (Inter-segment) mit Angabe von Segmentselektor und Offset, gespeichert im Befehl als Immediate Operand mit 4 Byte, Direkt-Sprung

- Sprungziel als absolute Adresse in anderem Segment (Inter-segment) mit Angabe von Segmentselektor und Offset, gespeichert als Doppelwort (IP, CS) in einer Speicheradresse, Indirekt-Sprung

3.3.7.1. Unbedingte Sprungbefehle

JMP Ziel

Es erfolgt ein unbedingter Sprung zu der im Ziel angegebenen Zieladresse. Im Real Mode werden die Flags nicht verändert.

Wirkung	Code	Syntax/Beispiel

		JMP near_label
+/- disp	`11101011` `disp-low`	JMP $-4
7+m [14]		
+/- disp	`11101001` `disp-low` `disp-high`	JMP far_label
7+m		
	mod reg r/m	JMP DI ; WORD PTR !
Reg/Mem (intrasegm.) `11111111`	`mod 100 r/m` d	JMP SP_TAB [BX][DI]
7+m,11+m * [7+m,11+m*]		
interseg. immed. `11101010`	`offs-l` `off-h` `seg-l` `seg-h`	JMP p_adr ; 4Byte:
Offset,Seg.		
11+m [23+m]		
	mod reg r/m	
interseg. Mem `11111111`	`mod 101 r/m` d	JMP d_wort_tab [BX][DI]
15+m* [26+m*]		

d: Hier wird bei mod= 01 (mod=10) ein Byte (zwei Byte) als Displ. eingesetzt!

3.3.7.2. Bedingte Sprungbefehle

Es erfolgt bei erfüllter Bedingung ein Sprung zu der im Ziel angegebenen Zieladresse. Die Zieladresse wird relativ zum aktuellen Wert des IP in einem vorzeichenbehafteten Displacement (ein Byte), welches dem Op.-Code folgt, abgelegt. Im Real Mode werden die Flags nicht verändert.

Befehl	Code/ Flags	Bedingung
JA Ziel	`01110111` `disp-low`	Above 0
JNBE Ziel	$CF = 0$ & $ZF = 0$	Neither Below nor Equal 0
JNA Ziel	`01110110` `disp-low`	Not Above 0
JBE Ziel	$CF = 1 \lor ZF = 1$	Below or Equal 0
JG Ziel	`01111111` `disp-low`	Greater 0
JNLE Ziel	$((SF \oplus OF) \lor ZF) = 0$	Neither Less nor Equal
JLE Ziel	`01111110` `disp-low`	Less or Equal 0
JNG Ziel	$((SF \oplus OF) \lor ZF) = 1$	Not greater 0

---

[14] m bezeichnet die Anzahl der Bytes des nächsten Befehls, welche wegen der ungültig gewordenen Befehlswarteschlange neu eingelesen werden müssen.

Befehl	Code/ Flags		Bedingung
JGE Ziel JNL Ziel	`01111101` `disp-low` (SF ⊕ OF) = 0		Greater or Equal 0 Not Less
JL Ziel JNGE Ziel	`01111100` `disp-low` (SF ⊕ OF) = 1		Less 0 Neither Greater nor Equal 0
JAE Ziel JNB Ziel JNC Ziel	`01110011` `disp-low` CF = 0		Above or Equal 0 Not Below 0 No Carry
JNAE Ziel JB Ziel JC Ziel	`01110010` `disp-low` CF = 1		Neither Above Nor Equal 0 Below 0 Carry
JNE Ziel JNZ Ziel	`01110101` `disp-low` ZF = 0		Not Equal 0 Not Zero
JE Ziel JZ Ziel	`01110100` `disp-low` ZF = 1		Equal 0 Zero
JPO Ziel JNP Ziel	`01111011` `disp-low` PF = 0		Parity Odd No Parity
JPE Ziel JP Ziel	`01111010` `disp-low` PF = 1		Parity Even Parity
JNS Ziel	`01111001` `disp-low` SF = 0		No Sign (positiv)
JS Ziel	`01111000` `disp-low` SF = 1		Sign (negativ)
JNO Ziel	`01111001` `disp-low` OF = 0		No Overflow
JO Ziel	`01111000` `disp-low` OF = 1		Overflow

7+m oder 3

Beispiel:

```
              MOV AL, 100010001B
              XOR AL, 100111001B
              JNS  markel  ; falls Sign-Flag SF=0 ist
              ...
markel:       MOV ...
```

Einziger bedingter Sprungbefehl, der nicht das Flagregister prüft, sondern CX.
(Da CX häufig als Schleifenzähler benutzt wird.):

Befehl	Code/ Flags		Bedingung
JCXZ Ziel	11100011	disp-low	CX is Zero
	CX = 0		

8+m oder 4

3.3.7.3. Wiederholungsschleifen

Schleifen mit festem Schleifenzähler CX. CX muß vorher mit einem
Wiederholungsfaktor initialisiert werden und wird nach jedem
Schleifendurchlauf dekrementiert.

Befehl	Code/ Flags		Beispiel
LOOP Ziel	11100010	disp	MOV CX, 20 , initalisieren
			label: •••
LOOPE Ziel	11100001	disp	•••
LOOPZ Ziel	solange wie CX <> 0 & ZF = 1		loope label ; Distanz
			; max. -128/127
LOOPNE Ziel	11100000	disp	
LOOPNZ Ziel	solange wie CX <> 0 & ZF = 0		

8+m oder 4

3.3.7.4. Unterprogrammaufrufe

CALL Ziel

Es erfolgt der Aufruf eines Unterprogramms, wobei die Rückkehradresse auf
den Stack geschrieben wird. Im Real Mode werden die Flags nicht verändert.

Wirkung	Code				Syntax/Beispiel
+/- disp	11101000	disp-low	disp-high		CALL label ; label liegt im Segment
7+m					
		mod reg r/m			CALL DI
Reg/Mem	11111111	mod 010 r/m	d		CALL TAB [BX][DI]
7+m,11+m*					
interseg. Immed.	10011010	offs-l	off-h	seg-l	seg-h	CALL label ; und label liegt
13+m [26+m]					; in anderem Seg.
		mod reg r/m <> 11			
interseg. Mem	11111111	mod 011 r/m	d		CALL d-wort_tab [BX][DI]
16+m [29+m*]					

d: Hier wird bei mod= 01 (mod=10) ein Byte (zwei Byte) als Displ. eingesetzt!

INT Nr

Es erfolgt der Aufruf eines Unterprogramms, wobei die Rückkehradresse auf den Stack geschrieben wird. Die Adresse des Unterprogramms ergibt sich aus dem Offset (Wort ab Adr. Nr. *4) und dem Segment (Wort ab Adr. Nr. *4 +2). Wirkt wie CALL, zusätzlich werden die **Flags gerettet**. Sprung erfolgt indirekt über feste Speicheradresse (Interrupt-Vektoradresse). Der INTR-Eingang und der Einzelschrittmodus werden gesperrt.

```
O  D  I  T  S  Z  A  P  C
-  -  0  0  -  -  -  -  -
```

Wirkung	Code		Syntax/Beispiel
Int. Nummer 23+m	11001101	disp-Nr	INT 21H

z.B. Mechanismus, um Dienste eines Betriebssystems aufzurufen

INTO

Falls das OF- Flag gesetzt ist (OF=1), erfolgt der Aufruf von INT 4. Der INTR-Eingang und der Einzelschrittmodus werden gesperrt.

```
O  D  I  T  S  Z  A  P  C
1  -  0  0  -  -  -  -  -
```

Wirkung	Code	Syntax/Beispiel
Int. 4 on Overflow 24+m oder 3	11001110	INTO

3.3.7.5. Rücksprung aus Unterprogrammen

RET

Es erfolgt der Rücksprung aus einem Unterprogramm in die aufrufende Umgebung, wobei die Rückkehradresse vom Stack beschafft wird (intrasegment nur IP, intersegment zuerst IP, dann CS). Im Real Mode werden die Flags nicht verändert.

Wirkung	Code			Syntax/Beispiel	
im Segm. 11+m	11000011			RET	; im Segment
im Segm. 11+m	11000010	data-low	data-high	RET 24	; 24 Byte auf SP ; + Immed. to SP
intersegment 15+m [25+m]	11001011			RET	; in ander. Seg.

intersegment	11001010	data-low	data-high	RET 24	; in ander. Seg.
+ Immed. to SP					; 24 Byte auf SP
15+m					

Der Assembler muß erkennen, ob es sich um einen Intra- oder Intersegment-Rücksprung handelt (vgl. NEAR bzw. FAR bei PROC-Deklaration)!

IRET

Es erfolgt der Rücksprung aus einem Unterbrechungsprogramm in die aufrufende Umgebung, wobei die Rückkehradresse sowie das Flagregister vom Stack beschafft werden (zuerst IP, dann CS und Flags). Im Real Mode werden die Flags nicht verändert.

Wirkung	Code	Syntax/Beispiel
Ret. von Interrupt	11001111	IRET
17+m [31+m]		

3.3.8. Flagregister-Befehle

Mit diesen Befehlen können einzelne Bits im Flagregister beeinflußt werden. Die nicht angesprochenen Bits des Flagregisters bleiben unverändert.

Befehl	Code	Funktion
CLC	11111000	CF (Carry-Flag) löschen
STC	11111001	CF setzen
CMC	11110101	CF komplementieren
CLI	11111010	IF (Interrupt-Enable-Flag) löschen d.h. Interrupt-Eingang INTR sperren
STI	11111011	IF (Interrupt-Enable-Flag) setzen, d.h. Int. erlaubt
STD	11111101	DF (Direction-Flag) setzen
CLD	11111100	DF löschen DF=0 heißt SI/DI inkrementieren
2		DF=1 heißt SI/DI dekrementieren

3.3.9. Typkonvertierungen

Für eine Division zweier Zahlen mit gleicher Stellenzahl muß vor der Division eine Ausdehnung der Zahl auf die doppelte Stellenanzahl vorgenommen werden. Dazu ist die Zahl nach links zu erweitern, wobei das Vorzeichen nachzuziehen ist.

CBW

Konvertiert das Byte in AL unter Berücksichtigung des Vorzeichens in ein Wort (AH = 8 mal Vorzeichenbit von AL).

Wirkung	Code	Syntax/Beispiel	
		MOV AL, -2	
Wort ←Byte	10011000	CBW	; AX=0FFFEH
2			

CWD

Konvertiert das Wort in AX unter Berücksichtigung des Vorzeichens in ein Doppelwort in DX:AX (DX = 16 mal Vorzeichenbit von AX).

Wirkung	Code	Syntax/Beispiel	
		MOV AX, -2	
DWort ←Wort	10011001	CWD	; DX= 0FFFFH,AX=0FFFEH
2		IDIV BX	;z.B. für anschl. Int. Division

3.3.10. BCD-Arithmetik

Mit Hilfe der 80x86-Befehle ist ganzzahlige (Integer-) Arithmetik im Bereich der durch ein Byte oder ein Wort darstellbaren vorzeichenbehafteten Zahlen (Zweierkomplement) leicht möglich.
Möchte man mit größeren Zahlen arbeiten, so muß eine geeignete Darstellung für eine Zahl gefunden werden, welche dann mehrere Bytes oder Wörter umfaßt.

Eine Möglichkeit besteht einfach darin, in einem Byte genau eine Ziffer aus der Menge {0,1,...,9} zu speichern. Zur Darstellung einer Zahl im Dezimalsystem benötigt man offensichtlich so viele Bytes, wie die Zahl Stellen besitzt.
Dieses Format ist auch für die Umwandlung in ASCII-Zeichen geeignet, da nur Werte von 0..9 in jedem Byte vorkommen. Durch Addition von 30H kann eine ungepackte BCD-Ziffer in den ASCII-Code konvertiert werden (30H = "0" im ASCII-Code). Der Name von einigen Assemblerbefehlen ist auf diese Tatsache zurück zu führen.

Da diese Art der Darstellung einer Zahl sehr speicherintensiv ist, können auch zwei Dezimalziffern innerhalb eines Bytes untergebracht werden, jeweils die höherwertigen (niederwertigen) vier Bit zur Darstellung der höherwertigen (niederwertigen) Ziffer.

Bei der ersten Variante handelt es sich um die **ungepackte** und bei der zweiten um die **gepackte BCD-Darstellung** einer Dezimalzahl (BCD für Binary Coded Decimal). Werden BCD-Zahlen addiert oder subtrahiert, so ist ein Übertrag aus den unteren vier Bit von besonderer Bedeutung. Ein solcher Übertrag wird im AF-Flag (Auxiliary Carry) festgehalten.
Werden zwei BCD-Zahlen miteinander addiert, so verwendet die CPU auch die Zweierkomplement-Arithmetik, so daß die Ergebnisse selbst keine gültigen BCD-Zahlen mehr darstellen müssen (z.B. 09H+01H=0AH und nicht 10H).

Beispiele für die BCD-Korrektur bei ungepackten Dezimalzahlen:

```
      0 7                  0 9
   +  0 9               +    0 3
        0                     C
   +0 1 0 6            +0 1 0 6        0000xxxx   AL-Register

   0  1  0  6           0  1  0  2
```

Bei einer notwendigen Korrektur nach einer Addition (Ergebnis größer als 09H) muß z.B. 0106H addiert werden, um das Ergebnis als gültige gepackte BCD-Zahl zu erhalten. Diese Funktion kann der Befehl AAA nach einer Addition im Akkumulator übernehmen.

Beispiele für die Korrektur bei Addition von gepackten BCD-Zahlen:

```
     2 9              7 9             3 2  ← nur gültige BCD !
  +  0 3 5         +  1 9 8        +  0 2 4  ← nur gültige BCD !
     5 E              1 1 1           5 6
  +  0 1 6         +    6 6
     6 4              1 7 7
```

Hier übernimmt der Befehl DAA die Aufgabe der Normalisierung.

Für das Rechnen mit diesen Zahlen existieren unterschiedliche Befehle zur Normalisierung bzw. Konvertierung eines Bytes (bzw. Wortes) nach einer erfolgten Operation in der Zweierkomplement-Arithmetik.
Die Anpassung bzw. Korrektur für die Dezimalarithmetik ist abhängig von der zuvor ausgeführten Operation. Die Befehle arbeiten implizit mit dem Register AL.

AAA

Paßt AL nach Addition (ADD bzw. ADC) für eine Umwandlung in ASCII-Darstellung an. Es befindet sich je eine Dezimalziffer (0-9) in AH und AL. Die ASCII-Darstellung der Zahlen 0 bis 9 ist 30H bis 39H.

```
O  D  I  T  S  Z  A  P  C
u  -  -  -  u  u  x  u  x
```

Wirkung	Code	Syntax/Beispiel	
	w:0 Byte/1 Wort	MOV AX, 0009H	
Dez. Korrektur Akku	`00110111`	ADD AL, 8	; AX=0011H, AF=1
3		AAA	;AX=0107H

Wirkung:
falls (AL & 0FH) > 9 oder AF = 1 dann AL = AL+6; AH= AH+1; CF=AF=1
AL= AL & 0FH

AAS

Paßt AL (nach Subtraktionsbefehl für eine Umwandlung in die ASCII-Darstellung an.

```
O  D  I  T  S  Z  A  P  C
u  -  -  -  u  u  x  u  x
```

Wirkung	Code	Syntax/Beispiel	
	w:0 Byte/1 Wort	MOV AX, 0105H	; AX=0105H
Dez. Korrektur Akku	`00111111`	SUB AL, 8	; AX=01FDH,
3			; und CF=AF=1
		AAS	; AX=0007H

Wirkung:
falls (AL & 0FH) > 9 oder AF = 1 dann AL = AL-6; AH= AH-1; CF=AF=1
AL= AL & 0FH
Für AH wird keine Dezimalkorrektur vorgenommen, AH wird nur ggf. um 1 erniedrigt.

DAA

Paßt AL nach einer Addition dezimal an. Der Befehl kann nach der Addition von zwei gepackten BCD-Zahlen (zwei BCD-Ziffern in AL) verwendet werden. Nach der Korrektur mit DAA befindet sich das Ergebnis der Addition im gepackten BCD-Format in AL.

```
O  D  I  T  S  Z  A  P  C
u  -  -  -  x  x  x  x  x
```

Wirkung	Code	Syntax/Beispiel	
	w:0 Byte/1 Wort	MOV AL, 29H	; als BCD = 29_{10}
Dez. Korrektur Akku	`00100111`	ADD AL, 3	; AL= 2CH, CF=AF=0
3		DAA	; AL= 32H CF=0

Wirkung:
falls (AL & 0FH) > 9 oder CF = 1 dann AL = AL+6; AF=1
falls (AL & 0F0H) > 90H oder CF = 1 dann AL = AL+60H; CF=1 sonst CF=0

DAS

Paßt AL nach einer Subtraktion (von zwei gepackten Dezimalzahlen) an die Dezimaldarstellung an.

```
O  D  I  T  S  Z  A  P  C
u  -  -  -  x  x  x  u  x
```

Wirkung	Code	Syntax/Beispiel
	w:0 Byte/1 Wort	MOV AL, 12H
Dez. Korrektur Akku	`00101111`	SUB AL, 03H ; AL=0F, AF=1
3		DAS ; AL= 09

Wirkung:
falls (AL & 0FH) > 9 oder AF = 1 dann AL = AL-6; AF=1
falls (AL & 0F0H) > 90H oder CF = 1 dann AL = AL-60H; CF=1

AAM

Der Befehl AAM paßt AX nach einer Multiplikation für eine Umwandlung in BCD Zahlen an. Der Befehl sollte nur nach einem Multiplikationsbefehl verwendet werden.

```
O  D  I  T  S  Z  A  P  C
u  -  -  -  x  x  u  x  u
```

Wirkung	Code		Syntax/Beispiel
			MOV BL, 4
Dez. Korrektur Akku	`11010100`	`00001010`	MOV AL, 8
16			MUL BL ; AL=20H (=32_{10})
			AAM ; AX=0302H

Wirkung:
AH= AH / 10
AL= AL MOD 10

AAD

Umwandlung von zwei ungepackten BCD-Zahlen in AX, in eine Binärzahl in AL. Zur Vorbereitung einer Division.

```
O  D  I  T  S  Z  A  P  C
u  -  -  -  x  x  u  x  u
```

Wirkung	Code		Syntax/Beispiel
	w:0 Byte/1 Wort		MOV AX, 0405H ; 45_{10} = 2DH
Dez. Korrektur Akku	`11010101`	`00001010`	AAD ; AX=002DH
14			MOV BL,9
			DIV BL ; AX=0005H

Wirkung:
AL = AL + AH*10
AH = 0

zu DIV: AX / Byte : Quot. in AL, Rest in AH
DX:AX /Wort : Quot. in AX, Rest in DX
falls Divisor=0 oder Qutient zu groß für
AL bzw. AX, dann → INT 0

3.3.11. String-Befehle und REP-Zusätze

String-Befehle verwenden implizit die Register DS, ES sowie SI und DI, um fortlaufend auf hintereinanderliegende Quell- und Zieloperanden zugreifen zu können. Dabei dienen DS:[SI] als Quelle und ES:[DI] als Ziel.
In Abhängigkeit vom DF-Flag werden die Indexregister SI und DI nach jedem Befehl inkrementiert (DF=0) oder dekrementiert (DF=1). Bei Bytebefehlen (z.B. MOVSB) um 1 und bei Wortbefehlen (z.B. MOVSW) um 2.
Die Befehle werden oft innerhalb von Schleifen verwendet, da in der Regel nur dann das gleichzeitige, implizite Inkrementieren bzw. Dekrementieren der Indexregister sinnvoll ist.

Um die Befehle innerhalb einer Schleife zu bearbeiten, ist ein Befehlspräfix (**Repeat-Vorsatz**) vorgesehen:

REP oder auch REPE, REPZ

Führt den nachfolgenden String-Befehl solange aus, wie das Register CX ungleich 0000H ist. Im Falle von CMPS oder SCAS wird die Schleife vorher abgebrochen, wenn sich für das Zero-Flag (ZF) der Wert **0** ergibt. CX wird erst durch den nachfolgenden String-Befehl inkrementiert bzw. dekrementiert.

Wirkung	Code		Syntax/Beispiel
Schleife	11110011	REPZ	; wiederhole solange wie ; CX <> 0 und ZF =1

Ausführungszeiten: vgl. String-Befehle

REPNE oder auch REPNZ

Führt den nachfolgenden String-Befehl solange aus, wie das Register CX ungleich 0000H ist. Im Falle von CMPS oder SCAS wird die Schleife vorher abgebrochen, wenn sich für das Zero-Flag (ZF) der Wert **1** ergibt.

Wirkung	Code		Syntax/Beispiel
Schleife	11110010	REPNZ	; wiederhole solange wie ; CX <> 0 und ZF = 0

Ausführungszeiten: vgl. String-Befehle

Der IP wird erst nach Ausführung des gesamten Befehles erhöht. Der grundsätzliche Ablauf bei Wiederholungen in String-Befehlen sieht wie folgt aus:

Wiederhole folgende Schritte:
• Bei vorliegender Interruptanforderung: Befehl unterbrechen
• Wenn CX = 0   dann   Ende der Wiederholungen
• String-Befehl ausführen
• SI , DI inkrementieren (wenn DF=1 dann SI,DI dekrementieren)
• CX ← CX - 1
• Bei vergleichenden String-Befehlen (CMPS,SCAS):
        Prüfen : Wenn Ende-Bedingung erfüllt: Befehl beenden

Bei Befehlsende IP erhöhen.

Nachfolgende Befehle inkrementieren bzw. dekrementieren implizit die beiden
Indexregister und eignen sich somit für einen REPEAT-Vorsatz.

MOVSB MOVSW

Kopiert den Quellstring [SI] (bzw. DS:[SI]) auf den Zielstring ES:[DI]. Nur für
den Quelloperanden ist ein Segment-Override möglich. Der Kopiervorgang
erfolgt wahlweise byte- oder wortweise. SI und DI werden auf die nächste
Byte- bzw. Wortadresse gesetzt.

Wirkung	Code	Syntax/Beispiel
	w:0 Byte/1 Wort	MOV SI, OFFSET string1
move	1010010w	MOV DI, OFFSET string2
5+4n		MOV CX, 20
		REP MOVSB

CMPSB CMPSW

Vergleicht die beiden Operanden im Speicher durch Subtraktion und
beeinflußt das Flagregister. Die Speicherinhalte bleiben unverändert. SI und
DI werden auf die nächste Byte- bzw. Wortadresse gesetzt.

```
O  D  I  T  S  Z  A  P  C
x  -  -  -  x  x  x  x  x
```

Wirkung	Code	Syntax/Beispiel	
	w:0 Byte/1 Wort	MOV SI, OFFSET string1	
Mem - Mem	1010011w	MOV DI, OFFSET string2	
5+9n		MOV CX, 20	
		REPE CMPS ES:string1, string2	
			; Default ist ES:DI, DS:SI
	ex_seg	SEGMENT PARA 'ex1'	
	string1	DB 'Welt'	
	string2	DB 'hallo'	
	ex_seg	ENDS	

Segment-Override notwendig weil string1 nicht in DS liegt (Code: F3 26 A6). Parameter in CMPS nur zur
Ermittlung, ob Op. erreichbar und Bestimmung ob Byte- oder Wort -Vergleich!

SCASB SCASW

Subtrahiert den Speicherinhalt, auf den ES:[DI] zeigt von AL bzw. AX und setzt dabei lediglich die Zustandsbits. DI wird auf die nächste Byte- bzw. Wortadresse gesetzt.

```
O  D  I  T  S  Z  A  P  C
x  -  -  -  x  x  x  x  x
```

Wirkung	Code		Syntax/Beispiel
	w:0 Byte/1 Wort		MOV AX, 'ab'
Akku - Mem	`1010111w`		MOV DI, OFFSET string1
5+8n			REPNE SCASW

Die Befehle werden innerhalb von Wiederholungsschleifen (REPE, REPNE) nicht ausgeführt, wenn der Zähler CX gleich 0 ist, das Inkrementieren bzw. Dekrementieren von SI und DI erfolgt also stets vorher. Das ZF-Bit liefert somit das Ergebnis des String-Befehls, falls CX nicht 0 geworden ist. Der Wert von CX kann vor der Schleife z.B. mit JCXZ abgefragt werden.

LODSB LODSW

Lädt das durch DS:[SI] adressierte Byte/Wort in das Register AL/AX. SI wird auf die nächste Byte- bzw. Wortadresse gesetzt.

Wirkung	Code		Syntax/Beispiel
	w:0 Byte/1 Wort		LEA SI, w_string
Akku ←Mem	`1010110w`	label:	LODSW
5+4n			••• ; bearbeite AX
			JZ label

STOSB STOSW

Speichert AL/AX in dem durch ES:[DI] adressierten Byte/Wort. DI wird auf die nächste Byte- bzw. Wortadresse gesetzt.

Wirkung	Code	Syntax/Beispiel
	w:0 Byte/1 Wort	MOV AL, '*'
Mem ←Akku	`1010101w`	MOV DI, OFFSET b_string
4+3n		MOV CX, anzahl
		REP STOSB

INSB INSW

Überträgt Byte/Wort aus dem durch das Register DX angegebenen Port in die durch ES:[DI] angesprochene Speicherstelle. DI wird anschließend auf die nächste Byte- bzw. Wortadresse gesetzt.

Wirkung	Code	Syntax/Beispiel
	w:0 Byte/1 Wort	LEA DX, port_nr
Mem ←Port-Adr	`0110110w`	LEA DI, b_adr
5+4n		MOV CX, anzahl
		REPNZ INSB
(bei 8086 nicht vorhanden)		

OUTSB OUTSW

Überträgt Byte/Wort aus der durch DS:[SI] angesprochenen Speicherstelle in den durch das Register DX angegebenen Port. SI wird anschließend auf die nächste Byte- bzw. Wortadresse gesetzt.

Wirkung	Code	Syntax/Beispiel
	w:0 Byte/1 Wort	LEA DX, port_nr
Port-Adr ←Mem	`0110111w`	LEA SI, w_adr
5+4n		MOV CX, anzahl
		REPNZ OUTSW
(bei 8086 nicht vorhanden)		

3.3.12. Prozessor-Steuerungsbefehle

HLT

Prozessor anhalten. Wiederanlauf nur durch Interrupt oder RESET möglich.

Wirkung	Code	Syntax/Beispiel
Halt bis Int. oder RESET	`11110100`	HLT ; bis Int. oder Reset
2		

LOCK

Der Lock-Präfix kann vor jedem Befehl stehen. Dies hat zur Folge, daß für den nächsten Buszugriff kein anderer Prozessor auf den gemeinsam genutzten Bus zugreifen kann. Wann wird dies notwendig?

Damit können zwischen mehreren Prozessoren "sicher" Daten ausgetauscht werden.

Wirkung	Code	Syntax/Beispiel
		p: MOV AL,1
LOCK - Prefix	`11110000`	LOCK XCHG sema,AL
0		TEST AL,AL ; setze Flag
		JNZ p
		•••
		v: MOV AL,0
		LOCK XCHG AL,sema

NOP

Der Befehl tauscht die Inhalte der Register AX und AX miteinander aus (vgl. XCHG), hat also keine effektive Funktion, sondern verbraucht nur Rechenzeit. Z.B. zum Aufbau einer Zeitschleife.

Wirkung	Code	Syntax/Beispiel
AX ↔ AX	`10010000`	MOV CX, 4711
3	label:	NOP
		LOOP label

SEG

Verwendet zur Adressierung den angegebenen Segmentvorsatz, statt dem Default-Segment.

Wirkung	Code	Syntax/Beispiel
Seg. Override Prefix	`001 sreg 110`	MOV CX, ES: w_adr
0	sreg: 00=ES, 01=CS, 10=SS, 11=DS	

ESC

An diesem Präfix werden alle Befehle für den mathematischen Koprozessor erkannt. Der nachfolgende Befehl wird dem Koprozessor zur Bearbeitung übergeben.

Wirkung	Code			Syntax/Beispiel
Koproz. Extension Code	`11011TTT`	`mod LLL r/m`	d	ESC
9-20*				

WAIT

Der Prozessor wartet, bis der $\overline{\text{BUSY}}$ Eingang auf 1 gelegt wird. Der Befehl dient der Synchronisation mit dem Koprozessor.

Wirkung	Code	Syntax/Beispiel	
wait until Busy =1	`10011011`	WAIT	; warte auf BUSY
3			

ENTER Anz.Byte Tiefe

Stack-Frame für Prozedurparameter herstellen. Es werden Anz.Byte auf dem Stack reserviert. Der zweite Operand (L) gibt die Schachtelungstiefe der Prozedur an. Daraus ergibt sich die Anzahl der benötigten Stack-Frame-Pointer, welche vom vorherigen auf den aktuellen Stack-Frame kopiert werden müssen. BP wird als aktueller Stack-Frame-Pointer verwendet. Wenn

Tiefe 0 ist, dann wird BP auf dem Stack abgelegt, SP auf BP kopiert und SP um Anz.Byte verringert.

Wirkung   **Code**   **Syntax/Beispiel**

Anz. Datenbyte

Aufbau von Stack-Frame | 11001000 | | data-l | | data-h | | L | ENTER 22, 0

11 wenn L=0
15 wenn L=1
16+4(L-1) wenn L > 1

LEAVE

Führt die Operationen von ENTER in umgekehrter Reihenfolge durch. LEAVE kopiert BP auf SP und holt den alten Stack-Frame-Pointer vom Stack in BP. Ein folgender Befehl RET *Anz.Byte* gibt den belegten Stack-Speicher beim Rücksprung wieder frei.

Wirkung   **Code**   **Syntax/Beispiel**

Abbau von Stack-Frame | 11001001 | LEAVE
5   RET anz_byte

3.4. Assembler-Steueranweisungen

Neben den eigentlichen Assembleranweisungen, welche in ausführbaren Code für den Prozessor umgesetzt werden, gibt es eine Reihe von nützlichen "Pseudo-Assembleranweisungen" welche nicht in Maschinencode übersetzt werden, sondern lediglich der Steuerung des Übersetzungsvorgangs dienen.

3.4.1. Reservierung von Speicherplatz

Die Pseudobefehle DB, DW, DD reservieren Speicherplatz für Daten mit oder ohne Initialisierung des Speicherbereichs.

- Bei allen Datenreservierungen (Definition von Variablen) sind Listen von Daten zulässig, wobei die einzelnen Elemente durch Komma (" , ") voneinander getrennt werden.

- Zeichenketten (Strings) sind ebenfalls zulässig. Strings werden in Hochkomma eingeschlossen. (" ' ")

Syntax	Wirkung	Beispiel

Byteweise Reservierung

name DB Byte-Liste	Reserviert Speicher für die angegebene Liste von Bytes und initialisiert diesen mit den entspr. Werten. Über "name" wird auf die Var. zugegriffen. ? steht für ein bel. Byte und *n* DUP(*wert*) steht für *n*-malige Wiederholung von *wert*	k1 DB 1 kette DB 'Hallo ','Mayer' feld DB 1,0,5,4 b_adr DB ?, 45H, 13, ?, -4 leerstr DB 80 **DUP**(' ')

Wortweise Reservierung

name DW Wort-Liste	analog wie bei DB, jedoch hier für Speicherworte ? steht hier für 2 Byte	w_adr DW 1244H werte DW ?,317,3

Doppelwortweise Reservierung

name DD DWort-Liste	analog wie bei DB, jedoch hier für Doppelwort (32 Bit)	d_adr DD 11223344H
		 trap_list DD OFFSET int_12
		          DD 0F000H
		          DD 40 DUP(?)

Quadwortweise Reservierung

name DQ DWort-Liste	analog wie bei DB, jedoch hier für Quadwort (64 Bit)	q_a DQ 1122334455667788H

Um Speicherplätze bzw. deren Inhalte unter verschiedenen Typen ansprechen zu können, kann ein Label mit einem definierten Typ vergeben werden:

```
var_a_w    LABEL    WORD
var_a_L    DB       0F0H
var_a_H    DB       080H
```

Über den Bezeichner var_a_w kann auf das Wort 80F0H und per var_a_L und var_a_H auf den niederwertigen bzw. höherwertigen Anteil zugegriffen werden.

Definition von zusammengesetzten Datentypen (Structs)

Ähnlich wie bei höheren Programmiersprachen können zur Strukturierung der Daten zusammengesetzte Datentypen, basierend auf den elementaren Typen Byte, Wort und Doppelword, definiert werden. Auf die Komponenten eines derartigen Objekts kann per Selektor (.Komponentenbezeichner) zugegriffen werden oder es können z.B. Makros definiert werden, welche bestimmte

Operationen an Datenobjekten dieses Typs vornehmen. Die Objekte werden jeweils durch ihre Anfangsadresse im Speicher referenziert.

```
record STRUC
feld1  DB    1,2
feld2  DB 10 DUP(?)
feld3  DB 5
feld4  DB 'message'
record ENDS
```

Vereinbarung von Objekten dieses Types (mit Initialisierung):

```
rec_1  record <,,7,'meldung'>  ; Felder mit nur einem Eintrag sind überdefinierbar
rec_2  record <,,0,'hallo'>    ; Rest mit " " auffüllen bzw. falls länger, abschneiden
```

Zugriff auf die Komponenten erhält man per

```
    LEA BX, rec_1
    MOV AL, [BX].feld3
```

oder

```
    MOV CL, rec_2.feld3
    MOV CX, rec_2.feld1
```

Der Assembler kann mit dem Pseudobefehl ORG so gesteuert werden, daß erst ab einer gewünschten Anfangsadresse *innerhalb eines Segmentes* Befehle oder Daten ablegt werden. Wenn ORG fehlt, so wird bei relativer Adresse 0 (innerhalb des Segments) begonnen. **Die absolute Lage der Adressen von Segmenten wird erst beim Binden festgelegt.** Die segmentrelativen Adressen werden, sofern möglich, bei der Assemblierung ermittelt. Dies ist jedoch nicht möglich, wenn sich Teile eines Segments in verschiedenen Quelldateien befinden.

Syntax		Wirkung	Beispiel
ORG	wort	Anfangsadresse für nach-folgende Assemblerbefehle	ORG 100H
END		Ende eines jeden Assembler-programms	
END	adr	Ab Adresse adr soll das Betriebssystem das Programm starten	END h_prog
name	EQU data	der Wert von "data" wird dem symbolischen Namen "name" zugeordnet. Wird später "name" verwendet, so setzt der Assembler jeweils "data" dafür ein	stack_size EQU 01FFH ••• MOV SP, stack_size

| name | = | Ausdruck | der Bezeichner Name erhält den Wert des Ausdrucks zugewiesen. Während eine Zuweisung per EQU genau ein mal möglich ist, darf per = mehrmals ein Ausdruck zugewiesen werden | anzahl = 3 * 236 pos = pos + 1 |

Unterprogramme werden durch ihre Anfangsadresse benannt und können somit bei beliebigen Marken innerhalb des Codesegments beginnen, z.B. mit

```
up1:    PUSH  AX
        ...
```

Mit der PROC-Steueranweisung kann eine Prozedur ebenfalls definiert werden, wobei der Typ mit angegeben werden kann (NEAR, FAR)

```
up02    PROC NEAR       ; Der Name up02 wird als Prozeduranfang definiert
        PUSH  AX
        ...

        RET             ; Rücksprung als Intra-Segment-Return, weil NEAR
up02    ENDP            ; Ende der Prozedur
```

3.4.2. Bedingte Übersetzung

Sollen abhängig vom Wert einer Konstanten oder eines Ausdrucks Assembleranweisungen übersetzt oder einfach übersprungen werden, so können Pseudo-Assembleranweisungen zur bedingten Übersetzung in das Quellprogramm eingebunden werden.

Beispiel:

```
IF bed          ; falls bed wahr (≠ 0) ist, dann nachfolgende Zeilen assemblieren
MOV AL, dat1    ; bis zur Anweisung ENDIF (Schachtelung ist erlaubt!)
...

ENDIF
```

Neben der Bedingung IF gibt es weitere Steueranweisungen für die bedingte Übersetzung:

IFE bed	assemblieren, falls bed gleich 0 ist
IFDEF bezeichner	assemblieren, wenn Bezeichner bereits definiert ist
IFNDEF bezeichner	assemblieren, wenn Bezeichner noch nicht definiert ist

Optional kann die Abfrage zur bedingten Übersetzung mit einer ELSE-Alternative versehen werden:

```
        IFDEF stack_size
        •••

        ELSE
        •••

        ENDIF
```

3.4.3. Operatoren und Ausdrücke

Zur Berechnung von Ausdrücken (zur Übersetzungszeit), Umwandlung von Typen oder zur Selektion von Daten gibt es die Operatoren:

HIGH   höher- bzw. niederwertiges Byte eines Wortes (bzw. Adresse)
LOW   MOV AL, HIGH word_var

PTR   wandelt den Typ in einen Zeiger des angegebenen Typs um
           Typ kann sein Byte, Word,... , NEAR, FAR
           CALL WORD PTR [BX] [SI]
           JMP FAR PTR tabelle1

SEG   liefert den Segmentanteil einer Variablen oder einer Adresse (Label)

OFFSET liefert den Offset-Anteil einer Variablen oder einer Adresse

THIS   liefert den aktuellen Stand des Programmzählers ebenso wie $
           (statisch, zur Übersetzungszeit!)

TYPE   liefert den Typ von Variablen / Marken als Länge des Op. in Byte
           BYTE=1, WORD=2, ... ,bei STRUC die Anzahl der def. Bytes

NEAR   definiert ein Sprungziel / Label vom Typ NEAR (d.h. intrasegment),
FAR   bzw. FAR (d.h. intersegment)

SHORT   modifiziert das NEAR Attribut z.B. für kurze Sprünge (+/- 127 Byte)
           JMP SHORT label

Beispiele:

```
k_b         EQU   0FH
k_w         EQU   0F004H

data1       SEGMENT   'klass1'
            •••
var_b1      DB 17
            DB 0FFH
            •••
var_w1      DW 0F070H
            •••
data1       ENDS

data2       SEGMENT   'klass1'
```

```
            ...
var_b2      DB 101B
            ...
var_w2      DW 0F070H
            ...
data2       ENDS

code1       SEGMENT 'klass1'
            ASSUME CS:code1 , DS:data1
            MOV DL, LOW k_w              ; DL=04H
            MOV BX, WORD var_b1          ; BX=0FF11H
label1:     NOP
            MOV DI, THIS                 ; DI= (OFFSET label1) +1
            MOV AL, BYTE PTR var_w1      ; AL=70H
            ADD AL, TYPE var_w1          ; AL=72H
            ...
            MOV AX, SEG var_b2
            MOV ES, AX
            MOV BX, OFFSET data2:var_b2
            MOV BL, ES:[BX]              ; BL=05H
            JMP SHORT label1             ; Fehler, falls Distanz > 127
```

Zur Formulierung von logischen Bedingungen (z.B. zur bedingten
Assemblierung) können die nachfolgenden Operatoren verwendet werden:

Operator	Bedeutung
EQ	Gleichheit
NE	Ungleichheit
LT	Kleiner als
LE	kleiner oder gleich
GT	größer als
GE	größer oder gleich
NOT	nicht
AND	und
OR	einschließendes Oder
XOR	exklusiv Oder

Hierbei sind jedoch die Vorrangregeln bei der Auswertung von Ausdrücken
zu beachten. Kleinere Zahlen bedeuten eine größere Priorität und damit
stärkere Bindung der Operanden oder Unterausdrücke an unäre oder binäre
Operatoren.

Priorität	Operatoren
1	()[] in Registerausdrücken < > in Strukturen . "Punkt"-Operator für Zugriffe auf Komponenten einer Struktur
2	HIGH, LOW
3	Segment-Präfix CS:, DS:, ES: und SS:
4	PTR, OFFSET, SEG, THIS, TYPE
5	*, /, MOD, SHR, SHL
6	+, -
7	EQ, NE, LT, LE, GT, GE
8	NOT
9	AND
10	OR, XOR
11	SHORT

Die mit obiger Tabelle vorgegebene Priorität kann jedoch stets durch eine entsprechende Klammerung von Teilausdrücken umgangen werden.

3.4.4. Makros

Makros dienen zur Strukturierung von Programmen sowie zur Abkürzung von Schreibarbeit bei sich wiederholenden Befehlsfolgen. Makros müssen vor ihrem ersten Aufruf definiert werden und haben (ähnlich wie Unterprogramme) einen Namen. Sie können Parameter enthalten oder parameterlos sein.

Während Unterprogramme stets nur einmal im Quelltext und damit auch im späteren Programmcode vorkommen, werden Makros jeweils textuell (d.h. statisch zum Zeitpunkt der Assemblierung und nicht zur Laufzeit des Programms) an der Stelle einkopiert, an der sie aktuell aufgerufen werden. Dabei werden an der Aufrufstelle jeweils die formalen Parameter (die in der Definition des Makros verwendeten Parameter) durch die aktuellen Parameter im Aufruf ersetzt. Makros sind also keine Unterprogramme, in welche per Unterprogrammaufruf verzweigt und per Return-Befehl zur Aufrufstelle zurückgekehrt wird, sondern lediglich eine Hilfe zur automatischen Text-manipulation, welche vor dem eigentlichen Assemblieren durchgeführt wird.

Beispiel Definition:

```
dos_out     MACRO char
            MOVE DL, char     ; DOS-Funktion zur Ausgabe eines Zeichens
            MOV AH, 2
            INT 21
            ENDM
```

Wird es wie im nachfolgenden Fall an zwei Stellen "aufgerufen", so wird sein Rumpf auch zwei mal in den Text einkopiert, wobei der Parameter char jeweils durch die aktuelle Variable ersetzt wird.

Beispiel Anwendung:

```
        MOV ...
        dos_out AL
        MOV ...
        ...
        dos_out ':'
        ...
```

Das Programm mit den beiden Makroaufrufen wird unmittelbar vor dem Assemblieren expandiert zu dem Assemblerprogramm:

```
        MOV ...
        MOVE DL, AL
        MOV AH, 2
        INT 21
        MOV ...
        ...
        MOVE DL, ':'
        MOV AH, 2
        INT 21
        ...
```

Beim Umgang mit Makros können zwei unterschiedliche Probleme auftreten:

1. Sind innerhalb eines Makros Label definiert, so werden diese bei mehrmaligem Aufruf des Makros innerhalb eines Programms ebenfalls mehrmals textuell in den Quelltext kopiert und führen damit zum Auftreten von gleichen Marken an unterschiedlichen Stellen im Programm.
   Um dies zu verhindern, können bei der Definition eines Makros "lokale" Label deklariert werden. Die Deklaration führt dazu, daß an jeder Stelle, an der das Makro aktuell eingesetzt wird, ein neuer Name konsistent ersetzt wird.

2. Die im aktuellen Aufruf eines Makros angegebenen Parameter werden lediglich durch ein oder mehrere trennende Leerzeichen voneinander unterschieden. Soll nun aber ein Ausdruck der Form "OFFSET abc" oder "4 + [BX]" (mit Leerzeichen im String) als Parameter übergeben werden, so treten Probleme auf. Ohne eine besondere Maßnahme würde z.B. OFFSET als i-ter und abc als i+1-ter Parameter interpretiert.
   Eine Lösung des Problems wird einfach durch Klammerung von mehreren Wörtern mit Hilfe der Zeichen "<" und ">" erreicht.

Beispiel Definition:

```
hex_out     MACRO oper      ;; Ausgabe einer einstelligen Hex-Ziffer
            LOCAL ziffer
            MOV AL, oper
            CMP AL, 9       ;; falls Zahl <= 9 dann nur + ASCII (0)
            JLE ziffer
            ADD AL, 'A'-10-'0' ;; falls Zahl > 9, dann abbilden auf ASCII(A)...
ziffer:     ADD AL, '0'
            MOVE DL, AL
            MOV AH, 2
            INT 21
            ENDM
```

Beispiel Anwendung:

```
            MOV ...
            hex_out  <4 + [BX]>
            MOV ...
            ...
            hex_out  x
            ...
```

Das Programm mit den beiden Makroaufrufen wird unmittelbar vor dem Assemblieren expandiert zu dem Assemblerprogramm:

```
            MOV ...
            MOV AL,4 + [BX]
            CMP AL, 9
            JLE ziffer_1
            ADD AL, 'A'-10-'0'
ziffer_1    ADD AL, '0'
            MOVE DL, AL
            MOV AH, 2
            INT 21
            MOV ...
            ...
            MOV AL, x
            CMP AL, 9
            JLE ziffer_2
            ADD AL, 'A'-10-'0'
ziffer_2    ADD AL, '0'
            MOVE DL, AL
            MOV AH, 2
            INT 21
            ...
```

Soll der in einem Makro enthaltene Kommentar nicht bei jeder Makroexpansion mit expandiert werden, so sind statt einem ";" zwei Semikolon als Kennzeichnung von Kommentar zu verwenden.

3.4.5. Include

Der Pşeudobefehl INCLUDE *filename* assembliert Source-Code aus einer anderen Datei (mit dem Name Filename) in den augenblicklichen Code mit ein, als stünde er an der betreffenden Stelle in der zu assemblierenden Datei.

Beispiel:

```
•••
MOV AX, dat1
INCLUDE  A:MODUL3.ASM
INCLUDE  C:MODUL4.ASM
PUSHAX
•••
```

3.4.6. Segment

Zur Laufzeit eines Programms befindet sich jede Anweisung und jede Variable innerhalb eines Segmentes. Es wird über die entsprechenden Segmentregister referenziert, d.h. jedes Segmentregister zeigt auf die Adresse 0000H des ihm zugeordneten Segmentes. Mit Hilfe der üblichen Pointer (SI, DI, BI,...) werden Adressen innerhalb eines Segmentes angesprochen.

Zur Aufnahme von Code, Daten oder Speicherplatz für den Stack werden darum Segmente vereinbart. Häufig werden in einem Programm mehrere Segmente definiert. Dabei können wahlweise getrennte Segmente für Code, Daten und Stack ebenso wie mehrere gemeinsame Segmente vereinbart werden. Entscheidend ist hierbei im Real Mode, daß ein Segment die Größe von 64 KByte nicht überschreiten darf, weil sonst die Daten über die Segmentregister und einen Offset nicht mehr erreichbar sind.

Ein Segment wird mit der Pseudoanweisung

Name   SEGMENT *Ausrichtung Kombinationstyp 'Klasse'*
              •••

Name   ENDS

geklammert (definiert). Dabei handelt es sich bei dem Bezeichner Name um die eindeutige Benennung dieses Segments, wie auch die Anfangsadresse, auf welche ein entsprechendes Segmentregister zeigen muß, um alle Speicheradressen des Segments erreichen zu können (Programm, Daten, ...).

Als *Ausrichtung* für den Beginn eines Segments kann der Programmierer

BYTE   beliebige Anfangsadresse (wichtig bei direkt hintereinander liegenden Segmenten),
WORD   eine gerade Adresse (x...x0B),
PARA   eine durch 16 teilbare Anfangsadresse (x...x0H) oder
PAGE   Adresse durch 256 teilbar (x...x00H) wählen.

Als *Kombinationstyp* kann der Programmierer beim Arbeiten mit mehreren Quelltext-Modulen, welche zwar getrennt assembliert, jedoch später zu einem einzigen Programm zusammengebunden werden sollen, folgende Wahl treffen:

PUBLIC   alle Segmente mit demselben Namen werden beim Binden unmittelbar hintereinander abgelegt. Sie besitzen somit die gleiche Segment-Anfangsadresse. Die Ausrichtung muß hier berücksichtigt werden, es können dadurch Lücken entstehen.

COMMON   Hierbei werden alle Segmente mit demselben Namen übereinander gelegt (Überlagerung). Auch hier haben alle Segmente die gleiche Segment-Anfangsadresse (muß per ORG berücksichtigt werden!). Die Gesamtlänge des Segments ist gleich der des max. Segments.

STACK   Die Segmente werden wie bei PUBLIC hintereinander abgelegt. Mindestens ein Segment vom Typ Stack und ein ASSUME ...., SS:name muß vorhanden sein, sonst gibt der Linker die Warnung: "No Stack-Segment" aus.

AT *expr*   Hiermit kann einem Segment eine feste Anfangsadresse (expr.) zugeordnet werden.

Die Speicherverwaltung für ROM-Systeme wird auf der Basis von Speicherklassen durchgeführt, wobei eine *Klasse* (beliebiger Name in ' eingeschlossen) einen zusammenhängenden Speicherbereich bildet. Eine Klasse kann größer als 64 KByte sein.

3.4.7. Assume

Um während der Programmausführung auf Daten oder Unterprogramme in anderen Segmenten zugreifen zu können, muß jeweils ein entsprechendes Segmentregister auf dessen Anfangsadresse zeigen. Das Laden von Segmentregistern muß der Programmierer z.B. durch entsprechende Ladebefehle ausprogrammieren. Dies kann jedoch zur Laufzeit des Programms z.B. in Abhängigkeit von einem berechneten Wert erfolgen. Damit kann der Assembler zum Zeitpunkt der Übersetzung nicht entscheiden, auf welche Adresse ein Segmentregister gerade zeigt. Er kann damit auch nicht überprüfen, ob ein Zugriff auf ein Datum über ein Segmentregister aktuell möglich ist oder ob es sich bei einem Sprung oder Rücksprung um einen intra- oder intersegment Sprung handelt.

Mit der Assume-Anweisung teilt der Programmierer dem Assembler darum mit, mit welchen Adressen die Segmentregister (ab dieser Pseudoanweisung) belegt sind. Das Laden der Segmentregister mit diesen Werten ist dadurch noch nicht erfolgt, dies muß explizit durch entsprechende (echte) Assembleranweisungen an geeigneter Stelle (z.B. vor der Assume-Anweisung oder zu Beginn des Codesegments) erfolgen. Die Übereinstimmung zwischen den tatsächlich geladenen Adressen und den dem Assembler mittels der

Assume-Anweisung mitgeteilten Adressen kann aus den o.a. Gründen nicht allgemein geprüft werden.

Die Assume-Anweisung dient also lediglich dazu, dem Assembler für die Code-Generierung mitzuteilen, auf welches Segment sich ein Speicherzugriff bezieht, und ob die angesprochenen Speicherzellen auch durch die so initialisierten Segmentregister erreichbar sind. Der Assembler meldet hierbei auftretende Fehler.
Zur Vereinfachung kann neben der Assume-Anweisung für die Segmente CS, DS, SS und ES (FS, GS) der Form

> ASSUME XS: *segmentname*

auch indirekt ein Segment spezifiziert werden. Im folgenden Beispiel wird dem Assembler mitgeteilt, daß das Extrasegment auf dasjenige Segment zeigt, in welchem die Variable dat1 vereinbart wurde.

> ASSUME ES: SEG dat1

Verzichtet man auf eine Assume-Anweisung bzw. teilt man dem Assembler explizit mit, daß die Segmentregister nicht zugeordnet wurden (z.B. per: ASSUME DS: NOTHING), so müssen stets "vollständige" Adressen, bestehend aus Segmentvorsatz und segmentrelativer Adresse angegeben werden:

> JMP CS:label1
> MOV AX, DS:dat1
> •••

3.4.8. Getrennte Übersetzung

Werden größere Programme erstellt, so werden diese in der Regel in mehrere Quellfiles unterteilt, welche dann eventuell von mehreren Personen getrennt entwickelt und auch bereits übersetzt werden können. Die Vorteile dieser Methode besteht darin, daß

• eine evtl. sehr große Quelldatei in eine Anzahl kleinere und damit übersichtlichere Dateien unterteilt werden kann,

• mehrere Personen unabhängig voneinander an der Entwicklung eines Software-Pakets beteiligt werden können,

• die Erzeugung eines ausführbaren Gesamtprogramms nicht jeweils die Neuassemblierung aller Teile notwendig macht, sondern nur der modifizierten Quelldateien und

• auf diese Weise bereits übersetzte Standardprogrammbausteine in Form einer Bibliothek angelegt werden können.

Werden in einem Quelltextfile (auch Modul genannt), welches getrennt übersetzt werden soll, Bezeichner verwendet, welche in einem anderen Modul definiert sind, so müssen diese dem Assembler durch die Pseudoanweisung EXTRN bekanntgegeben werden. Hierbei ist zunächst der Name selbst und der Typ des Bezeichners wichtig. Die tatsächliche Adresse oder der tatsächliche Wert wird erst beim späteren Binden oder gar erst beim Laden oder Lokalisieren benötigt.

Umgekehrt müssen innerhalb einer Quelldatei diejenigen Bezeichner besonders gekennzeichnet werden (per Pseudoanweisung PUBLIC), welche von anderen Modulen aus angesprochen (bzw. verwendet) werden sollen.

Soll etwa in einem Modul-1 ein Unterprogramm mit dem Namen m2_u1 verwendet werden, welches im Modul-2 definiert ist, so muß der Name im Modul-2 innerhalb einer PUBLIC-Anweisung in der Form

> PUBLIC ...., m2_u1, ...

auftreten und innerhalb des Modul-1 in einer External- Anweisung der Form

> EXTRN ..., m2_u1: FAR, ...

Hierin wird dem Assembler für die Assemblierung des Molul-1 der Bezeichner m2_u1 bekannt gemacht und insbesondere auch dessen Typ. Erst in Kenntnis des Typs eines Bezeichners kann der Assembler den richtigen Code generieren.

Als Typ eines Bezeichners für eine Variable oder eine Marke (d.h. Unterprogramm oder einfaches Sprungziel) stehen

- **BYTE:**   Byte Variable

- **WORD:**   Word-Variable (2 Byte)

- **DWORD:**   Double-Word-Variable (4 Byte)

- **QWORD:**   Quad-Word-Variable (8 Byte)

- **NEAR:**   Marke oder Unterprogramm im gleichen Segment (nur Offset)

- **FAR:**   Marke oder Unterprogramm in einem anderen Segment (Segment und Offset)

zur Verfügung.

Die getrennte Assemblierung der im Beispiel folgenden Module geschieht z.B. mit Hilfe des Turbo-Assemblers (Fa. Borland Inc.) per:

TASM MOD_1,,MOD_1
TASM MOD_2,,MOD_2

Beispiel:

```
        ; Datei MOD_1.ASM
        NAME MOD_1
        •••
seg_1   SEGMENT PUBLIC
        PUBLIC  up1
        ASSUME CS: seg_1
        •••
up1:    PROC NEAR              ; Definition des Unterprogramms up1
        ...                    ; im Segment seg_1, im Quellfile MOD_1.ASM
        ENDP
        •••
seg_1   ENDS

seg_2   SEGMENT COMMON
        PUBLIC  dat
        ASSUME DS:seg_2
dat     DB  0FFH              ; Definition der Variablen dat
        ...                    ; im Segment seg_2, im Quellfile MOD_1.ASM
seg_2   ENDS
        •••
```

```
        ; Datei MOD_2.ASM
        NAME MOD_2

seg_1   SEGMENT PUBLIC
        EXTRN up1:NEAR         ; "Bekanntmachung" des Unterprogramms up1
        ASSUME CS:seg_1
        •••
        CALL up1              ; Aufruf des Unterprogramms up1, wäre der Aufruf
        •••                    ; von up1 in einem anderen Segm. als seg_1, so
                               ; müßte man up1 in seg_1 als FAR definieren!
seg_1   ENDS

seg_2   SEGMENT COMMON
        EXTRN dat: BYTE        ; "Bekanntmachung" der Variablen dat
        ASSUME DS:seg_2
        ...
seg_2   ENDS
        •••
```

Dadurch entstehen jeweils zwei List-Files mit dem Namen MOD_1.LST und
MOD2.LST sowie zwei Object-Files mit den Namen MOD_1.OBJ und
MOD_2.OBJ. Das "Zusammenbinden" der beiden erzeugten Object-Files zu
einem EXE-File, welches unter dem Betriebssystem DOS ausgeführt werden
kann erfolgt per:

TLINK MOD_1+MOD_2, MOD.EXE

4. Der PC als Software-Entwicklungssystem

Auf Personalcomputern (IBM-PCs oder kompatiblen Rechnern) kann in der Regel leicht eine Umgebung zur Software-Entwicklung für die Intel Rechnerfamilie 80x86 eingerichtet werden.

Bereits mit dem Monitorprogramm DEBUG, welches standardmäßig mit dem Betriebssystem DOS ausgeliefert wird, steht eine rudimentäre Entwicklungsumgebung zur Verfügung. Das Monitorprogramm erlaubt es Assemblerbefehle Zeile um Zeile in Maschinencode umzuwandeln und ab einer bestimmten Adresse im Speicher abzulegen (line by line Assembler). Bei dieser einfachsten Art der Programmierung können jedoch Operanden wie z.B. Adressen und Konstanten nicht symbolisch, d.h. in Form von definierten Bezeichnern angegeben werden, sondern müssen stets als Hexadezimalzahlen in der Assemblerzeile auftreten. Insbesondere bei Sprungbefehlen muß dazu das Sprungziel als absolute Adresse angegeben werden.
Müssen später weitere Assemblerbefehle eingefügt werden, so verschieben sich die Adressen für die folgenden Befehle entsprechend und der Einsatz eines Assemblers zur professionellen Programmentwicklung wird schnell deutlich.

Weiterhin beinhalten die Methoden der Mikrorechner-Systementwicklung den Einsatz von Programmiergeräten, die Verwendung von eigenen Monitorprogrammen auf dem Entwicklungs-Board (d.h. der Ziel-Hardware) oder den Einsatz von speziellen Emulatoren (auch EPROM-Emulator).

4.1. Der MS-DOS Standardmonitor und Debugger DEBUG

Zu Lehr- und Übungszwecken sowie zum Kennenlernen der Register der 80x86-Prozessoren (im Real Mode) eignet sich das Programm DEBUG sehr gut. Es gehört zum Lieferumfang des Betriebssystems MS-DOS dazu, so daß es nahezu auf allen PCs zur Verfügung steht.

Nachfolgend werden für das Monitor- und Debug-Programm DEBUG.COM die wichtigsten Kommandos beschrieben. Benutzereingaben werden hierbei stets **fett** gedruckt.

Aufruf:

DEBUG [filename]   Die Angabe eines Files ist optional !

Nach dem Aufruf des Programms meldet sich der Kommandointerpreter mit dem typischen Prompt-Zeichen "-". Das Debug-Programm kann mit dem Kommando q verlassen werden.

Um direkt mit einem bereits vorhandenen File vom Typ name.com arbeiten zu können, welches anschließend auch durch den einfachen Aufruf unter DOS ausgeführt und getestet werden kann, ist es zweckmäßig, sich ein bereits verfügbares (funktionierendes) Programm bzw. File zunächst zu kopieren, um es dann mit dem Programm DEBUG nach eigenen Wünschen zu verändern.
Das File more.com, welches ebenfalls als Standardprogramm zum Umfang von DOS dazugehört, eignet sich z.B. dazu wegen seines geringen Umfangs besonders. Es wird z.B. per **copy c:\dos\more.com c:\test.com** kopiert und kann per **debug test.com** bearbeitet werden.
Hierzu ist es wichtig zu wissen, daß in COM-Files stets ab der Adresse CS:0100H der ausführbare Maschinencode abgelegt ist und das Programm beim Aufruf unter DOS stets beginnend mit dieser Adresse gestartet wird. Der Wert von CS (Codesegment-Zeiger) ist jeweils abhängig von der nächsten freien Adresse im Speicher des Rechners. Der Wert selbst ist unerheblich, da COM-Files stets kleiner als 64 KB sein müssen und sich darin Code-, Daten- und Stackbereich befinden müssen. Bei größeren Programmen muß auf das EXE-Format gewechselt werden.

Bevor man z.B. mit dem Befehl **a 100** ab der Startadresse ein neues Programm (an der Stelle des alten) assembliert und im Speicher ablegt, kann man sich das ursprüngliche Programm (more) zunächst mit Hilfe des Befehls **u 100** in disassemblierter Form ausgeben lassen.

Hat man ein eigenes Programm in dieser Weise erstellt, so kann man es einfach per Kommando w innerhalb von DEBUG auf die Festplatte bzw. Floppy, von der es gelesen wurde, zurückschreiben, das Programm DEBUG mit dem Kommando q verlassen und das Programm test per Aufruf ausführen. Ein letzter Punkt, welcher hierbei beachtet werden muß, ist der, daß als letzte Befehle stets mov ah,4c und int 21 ausgeführt werden müssen. Sie stellen sicher, daß nach der Ausführung des "neuen" COM-Files korrekt zum Betriebssystem DOS zurückgekehrt wird.

Nach der Vorstellung der *wichtigsten* Monitorkommandos wird das obige Beispiel noch einmal aufgegriffen und konkret behandelt.

Befehl Assemble:

A [Adresse]

Ein einfacher Assembler übersetzt die eingegebenen Assembleranweisungen zeilenweise und gibt sofort ein Listing aus. Der Eingabemode wird durch Eingabe eines leeren Strings als nächsten Assemblerbefehl abgeschlossen. Zahlen werden stets im Hexadezimalformat erwartet.

Beispiel:
```
_a100
10BB:0100  mov  ax,ff00
10BB:0103  mov  [bx+12],cx
10BB:0106

_
```

Befehl **Unassemble**:

U [Adresse] oder
U [Bereich]

Ab der angegebenen Adresse versucht das Programm DEBUG den Code in Assembleranweisungen zurück zu übersetzen. Als Bereich kann z.B. u 100 200 angegeben werden.

Beispiel:
```
_u100
10BB:0100 B800FF        MOV    AX,FF00
10BB:0103 894F12        MOV    [BX+12],CX
10BB:0106 •••
```
_

Befehl **Register**:

R [Registername]

Das Kommando liefert ohne Optionen die aktuellen Inhalte aller CPU-Register incl. des Statusregisters (in der Form EI= Enable Int., ... ,NC=No Carry-Flag).

Beispiel:
```
_r
AX=0000  BX=0000  CX=0000  DX=0000  SP=FFEE  BP=0000 SI=0000  DI=0000
DS=1092  ES=1092  SS=1092  CS=1092  IP=0100    NV UP EI PL NZ NA PO NC
1092:0100 B800FF        MOV    AX,FF00
```
_

Soll ein Registerinhalt auf einen bestimmten Wert gesetzt werden, so geschieht dies z.B. für den Stackpointer (Register SS) wie folgt:

```
_r ss
SS 1092
:0200
```
_

Befehl **Trace**:

T [=Adresse] [Anz]

Das Trace-Kommando führt das Programm ab der angegebenen Adresse schrittweise aus und listet nach jedem Kommando den aktuellen Inhalt aller CPU-Register (analog dem R-Kommando). Weiterhin wird der nächste auszuführende Befehl disassembliert und analog dem U-Kommando angezeigt. Es werden so "Anz" Befehle (Anz ist hexadezimal angegeben!) nacheinander ausgeführt. Fehlt die Angabe "Anz", so wird genau ein Befehl ausgeführt. Fehlt die Adresse, so wird der nächste Befehl (auf den CS:IP zeigt) ausgeführt.

Beispiel:
_t=100 2

```
AX=FF00  BX=0000  CX=0000  DX=0000  SP=FFEE  BP=0000  SI=0000 DI=0000
DS=1092  ES=1092  SS=1092  CS=1092  IP=0100    NV UP EI PL NZ NA PO NC
1092:0103 894F12         MOV   [BX+12],CX


AX=0000  BX=0000  CX=0000  DX=0000  SP=FFEE  BP=0000  SI=0000 DI=0000
DS=1092  ES=1092  SS=1092  CS=1092  IP=0100    NV UP EI PL NZ NA PO NC
1092:0106 52             PUSH  DX

_
```

Befehl Proceed:

P [=Adresse] [Wert]

Das Proceed-Kommando ist ähnlich wie das Trace-Kommando, jedoch wird
das Programm jeweils bei
  • Ausführung eines Unterprogramms,
  • einer Schleifenkonstruktion,
  • eines Interrupts oder
  • einer Stringoperation unterbrochen.

Befehl Go:

G [=Adresse] [Adr_1] ... [Adr_{10}]

Das Kommando Go führt zur Ausführung des Programms ab der angegebenen
Adresse. Werden keine optionalen Haltepunkte (Adr_i) angegeben, so läuft das
Programm bis zum "Ende" (falls es terminiert).
Das Debug-Programm streut dazu an den angegebenen Haltepunkten
Unterbrechungsbefehle ein, welche beim Erreichen eines Haltepunktes oder
beim Terminieren des Kommandos wieder entfernt werden. Beim Erreichen
eines Haltepunktes wird jeweils die aktuelle Registerbelegung ausgegeben.

Beispiel:
_g=100 106

```
AX=0000  BX=0000  CX=0000  DX=0000  SP=FFEE  BP=0000  SI=0000 DI=0000
DS=1092  ES=1092  SS=1092  CS=1092  IP=0100    NV UP EI PL NZ NA PO NC
1092:0106 52             PUSH  DX

_
```

4.1.1. Zusammenfassung der DEBUG-Befehle

Befehl	Semantik	Format
Assemble	Assembleranweisungen umwandeln	**a** [Adresse]
Compare	Speicherbereiche miteinander vergleichen	**c** Bereich Adr
Dump	Speicherinhalt anzeigen	**d** [Adr] oder **d** [Bereich]
Enter	Speicherinhalt ändern / eingeben	**e** Adr Liste
Fill	Speicherbereich mit Muster füllen	**f** Bereich Muster
Go	Pgrammausführung mit evtl. Breakpoints	**g** [=Adr] [Adr1] [Adr2] ...
Hexarithm.	hexadez. Addition und Sbtraktion	**h** Wert Wert
Input	Byte von I/O-Adresse lesen	**i** Portadresse
Load	Dateien oder abs. Diskettensektoren laden	**l** [Adr [Laufw Sek. Sek.]]
Move	Speicherbereich übertragen	**m** Bereich Adr
Name	Dateien und Parameter definieren	**n** [d:] [Pfad]Name[.erw]
Output	Byte an I/O-Adresse senden	**o** Portadresse Byte
Proced	Stopp bei nächster Instruktion	**p** [=Adr] [Wert]
Quit	DEBUG-Prog. verlassen, zurück zu DOS	**q**
Register	Register abfragen / Wert zuweisen	**r** [Reg]
Search	Suche nach Zeichen	**s** Bereich Liste
Trace	Ausführung und Protokoll der Register	**t** [=Adr] [Wert]
Unassemble	Code rückübersetzen in Assembleranw.	**u** [Adr] oder **u** [Bereich]
Write	Dateien oder abs. Diskettensek. schreiben	**w** [Adr [Laufw Sek. Sek.]]

Eine umfassendere Beschreibung der DEBUG-Befehle kann dem DOS-Manual entnommen werden.

4.1.2.   Programmerstellung per DOS-DEBUG

Zur Beschaffung eines DOS-Files im COM-Format wird das File more.com, welches in seiner ursprünglichen Funktion die bildschirmweise Ausgabe eines Textfiles leistet einfach kopiert. Das kopierte Programm mit dem Namen test.com wird anschließend derart verändert, daß es lediglich das Zeichen "0" auf dem Bildschirm ausgibt und anschließend zu DOS zurückkehrt.

```
>copy more.com test.com
>debug test.com
-u 100
44B0:0100  E8B002   CALL 03B3          Hier steht der erste Maschinenbefehl, welcher
44B0:0103  7307     JNB 010C           beim Aufruf von more bzw. test ausgeführt
44B0:0105  E8A603   CALL 04AE          wird.
...
-a 100
44B0:0100  mov dl,30                   Ab dieser Stelle werden einfach neue Befehle
44B0:0102  mov ah,2                    abgelegt und später per write-Kommando in
44B0:0104  int 21                      das File test zurückgeschrieben.
44B0:0106  mov ah,4c
44B0:0108  int 21
44B0:010a
- w
00A58 Byte werden geschrieben
-q
>test
0
>
```

4.2. Der Einsatz von Assembler und Linker

Mit dem PC als Entwicklungsrechner ist oftmals eine der folgenden Hardware-Konfigurationen zur Inbetriebnahme eines Mikrocomputersystems gegeben:

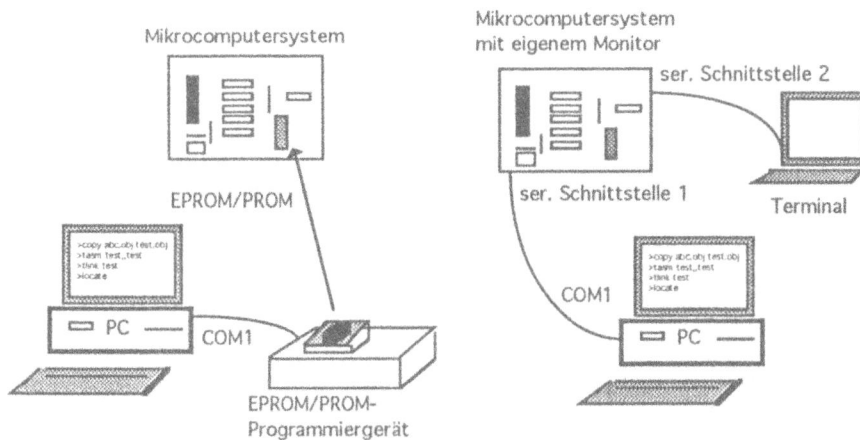

Abb. 4.2-1:   Mikrorechnersystementwicklung mit dem PC

Hierbei wird zunächst das Programm unter Verwendung eines Assemblers erstellt und mit Linker und Locator an eine absolute Adresse gebunden und in einer besonderen Form als ASCII-File abgelegt. Als Format wird häufig das Intel-Hex-Format verwendet.

Diese Datei kann nun einerseits als Eingabedatei für ein Gerät zum Programmieren von EPROM- oder ROM-Bausteinen verwendet werden oder per serieller Schnittstelle auf das Entwicklungssystem übertragen und dort in Maschinencode zurückverwandelt werden. Der Maschinencode muß an der entsprechenden Stelle im Speicher (RAM) abgelegt und mit Hilfe des Monitorprogramms gestartet werden.

Während im ersten Fall ein Programmiergerät erforderlich ist, mit dessen Hilfe in der Regel zunächst EPROM-Bausteine programmiert werden, welche anschließend in das Zielsystem eingesteckt und dort mit der vorhandenen Hardware zusammen getestet werden, muß im zweiten Fall bereits ein Monitorprogramm auf dem Zielsystem verfügbar sein, welches die Übertragung des Intel-Hex-Files, dessen Konvertierung zurück in Maschinencode und das Starten des Programms erst ermöglicht.

Eine weitere Variante der Entwicklung von Mikrocomputersystemen besteht im Einsatz von sog. Emulatoren. Ein **Emulator** besteht aus einem vollständigen Rechner mit Speicher, einem dem Zielprozessor gleichen Prozessor, einer seriellen Verbindung zum Anschluß an einen PC und einem vielpoligen Verbindungskabel mit Stecker, welches statt der CPU auf das Zielsystem aufgesteckt werden kann. Diese Verbindung ermöglicht es über den Emulator-Rechner alle Funktionen, welche gewöhnlich von der CPU ausgeführt werden nachzubilden und dabei das Zielsystem schrittweise zu testen und in Betrieb zu nehmen.

Zur Steuerung des Emulators benötigt man entsprechende Software, welche gewöhnlich auf einem PC abläuft und dort die gewünschten Funktionen des Emulators über die serielle Schnittstelle auslöst. Mögliche Funktionen des Emulators sind z.B.:

- Speicherbereich vom PC in den Speicher des Zielsystems (oder umgekehrt) übertragen
- Daten an bzw. von   Ein-/ Ausgabebausteinen auf dem Zielsystem übertragen
- ein Programm, welches im Speicher des Zielsystems steht ausführen
- Speicherbereiche des Zielsystems in die des Emulators einblenden
- Umfangreiche Programmablaufsteuerung mit Break-Points für Daten- und Programmzugriffe, gewisse Funktionalitäten eines Logikanalysators

Die Programmentwicklung mit Hilfe eines Emulators ist die eleganteste und effizienteste Art der Inbetriebnahme eines Mikrocomputersystems, jedoch benötigt man für jeden Zielprozessor ein eigenes Emulator-Board, was unter dem Gesichtspunkt der Kosten nicht immer die beste Lösung darstellt.

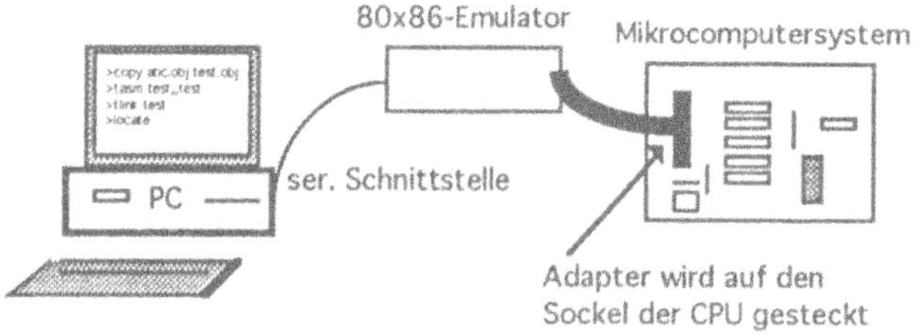

Abb. 4.2-2: Systementwurf mit Emulator-Board

Bei all den o.a. Verfahren ist es jedoch stets erforderlich, daß zunächst das Assemblerprogramm mit Hilfe eines Editors in textueller Form (z.B. auf dem PC) erstellt wird. Bei größeren Programmen ist es sinnvoll das Programm entsprechend seiner Funktionalität in mehrere Teilaufgaben zu unterteilen und entsprechend mehrere Teilprogramme in getrennten Quelltext-Files (Modulen) anzulegen (vgl. getrennte Übersetzung von Programmen).

Die Assembler-Files werden anschließend assembliert, d.h. in Maschinencode umgewandelt, wobei Adressen, soweit sie vom Assembler bereits berechnet werden können, direkt als Operanden in das Programm eingefügt werden. Neben dem daraus resultierenden Object-File (name.**OBJ** File) produziert der Assembler auf Wunsch auch ein List-File (name.**LST** File), in welchem die Befehle und der zugehörige Maschinencode aufgeführt sind. Bei Verwendung des Turbo-Assemblers lautet der Aufruf zum Assemblieren eines Files mit dem Namen MOD_1.ASM in ein File MOD_1.OBJ mit der gleichzeitigen Erzeugung eines Protokoll-Files:

TASM MOD_1„MOD_1

Liegen alle benötigten Programmteile in übersetzter Form (d.h. als Object-File) vor, so werden diese mit Hilfe des Programms **Link** (Binder) zusammengefaßt. Dabei werden weitere Adreßbezüge aufgelöst und in das entstehende Gesamtprogramm eingefügt. Beispiele für solche Adreßbezüge sind Variablen oder Unterprogrammadressen, welche in einem Modul definiert und exportiert und von anderen Modulen importiert werden.
Bei diesem Vorgang können auch fremde Object-Module, in welchen z.B. Unterprogramme zusammengefaßt wurden, welche häufig bei der Programmentwicklung benötigt werden (mathematische Funktionen, Sortieren von Zahlen und Wörtern, ...), mit eingebunden werden.
Mehrere solcher allgemeiner Object-Dateien werden in der Regel in einer Bibliothek zusammengefaßt und können beim Binden eines Programms einfach durch Angabe des Bibliotheksnamens mit eingebunden werden.

Der **Binder** (Linker) erzeugt aus einer Menge von angegebenen Object-Dateien und Bibliotheken ein neues File, welches nun ein Maschinenprogramm enthält, in welchem alle relativen Adreßbezüge innerhalb eines Segments aufgelöst sind. Für Adressen mit Intersegment-Bezügen kann der Segmentanteil noch nicht ermittelt werden, da die Lage der Segmente im Arbeitsspeicher noch nicht bekannt ist. Daher legt der Binder für alle Adressen mit Intersegment-Bezügen eine sogenannte **relocation-table** an.

Werden mehrere Objekt-Module zusammengebunden, so legt der Binder Code-, Daten- und Stacksegmente von Modulen mit gleichem Segmentnamen entsprechend der Steuerparameter in der Assembler-Pseudoanweisung SEGMENT in Bereiche hintereinander oder auch überlagert ab. Innerhalb einer Segmentklasse können ein oder mehrere Segmente zusammengefaßt werden. Der Name der Klasse, zu der ein Segment gehören soll, muß in der SEGMENT-Anweisung angegeben werden:

seg_name   SEGMENT 'Segmentklasse'

Unter DOS besitzen derart zusammengebundene Files die Endung **EXE** oder **COM**, wobei EXE-Files sich über mehrere und COM-Files nur über genau ein Segment erstrecken dürfen. Im Falle des Turbo-Assemblers und Linkers lautet der Aufruf zum Binden der Module MOD_1.OBJ und Mod_2.OBJ bei gleichzeitiger Erzeugung einer Symboltabelle (MOD.**MAP** File) z.B.:

TLINK /S MOD_1+MOD_2, MOD.EXE

Weiterhin offen bleiben diejenigen symbolischen Adressen, welche erst bekannt werden, wenn das Betriebssystem beim Laden des Programms in den Hauptspeicher des Rechners die Adresse benennen kann, ab der der Code abgelegt wird und das Programm zur Ausführung kommen soll.
Darum können die letzten noch offenen Adreßbezüge erst vom **Lader** zum Zeitpunkt des Aufrufs des Programms in den Programmcode eingefügt werden. Der Lader erledigt diese Aufgabe mit Hilfe einer Tabelle (relocation table), in welcher die Stellen verzeichnet sind, an denen noch Adressen nachgeliefert werden müssen. Die Tabelle ist im File, welches der Binder erzeugt hat, mit enthalten.

Quellprogramm
Modul_1.ASM

Quellprogramm
Modul_2.ASM

● ● ●

Assembler
(TASM, MASM,...)

Assembler
(TASM, MASM,...)

Listdatei
Modul_1.LST

Listdatei
Modul_2.LST

Object-Datei
Modul_1.OBJ
mit relativierbaren
Adressen

Object-Datei
Modul_2.OBJ
mit relativierbaren
Adressen

weitere Obj.-Dat.
(evtl. aus Bibliothek)

Binder
(TLINK, LINK, ...)

Object-Datei
mit aufgelösten
Intrasegmentbezügen
. EXE- Format (incl.
Relocation-Table)

Symboltabelle
.MAP

*.CGF- Datei
mit Anweisungen
für den LOCATOR

DOS- Lader
1. Datei in nächste freie Stelle im Hauptspeicher
2. Zuweisung aller absoluten Adressen
3. Call —> Anfangsadr.

Locator
Zuweisung aller
absoluter Adressen

Datei im Intel- Hex-Format
mit Extension .HEX,
mit absoluten Adressen

in ROM (EPROM)
speichern
(wenn sonst kein ROM, dann Start per
RESET ab Adr. FFFF0H)

mit Hilfe von Monitor
in RAM kopieren und
per G adr starten

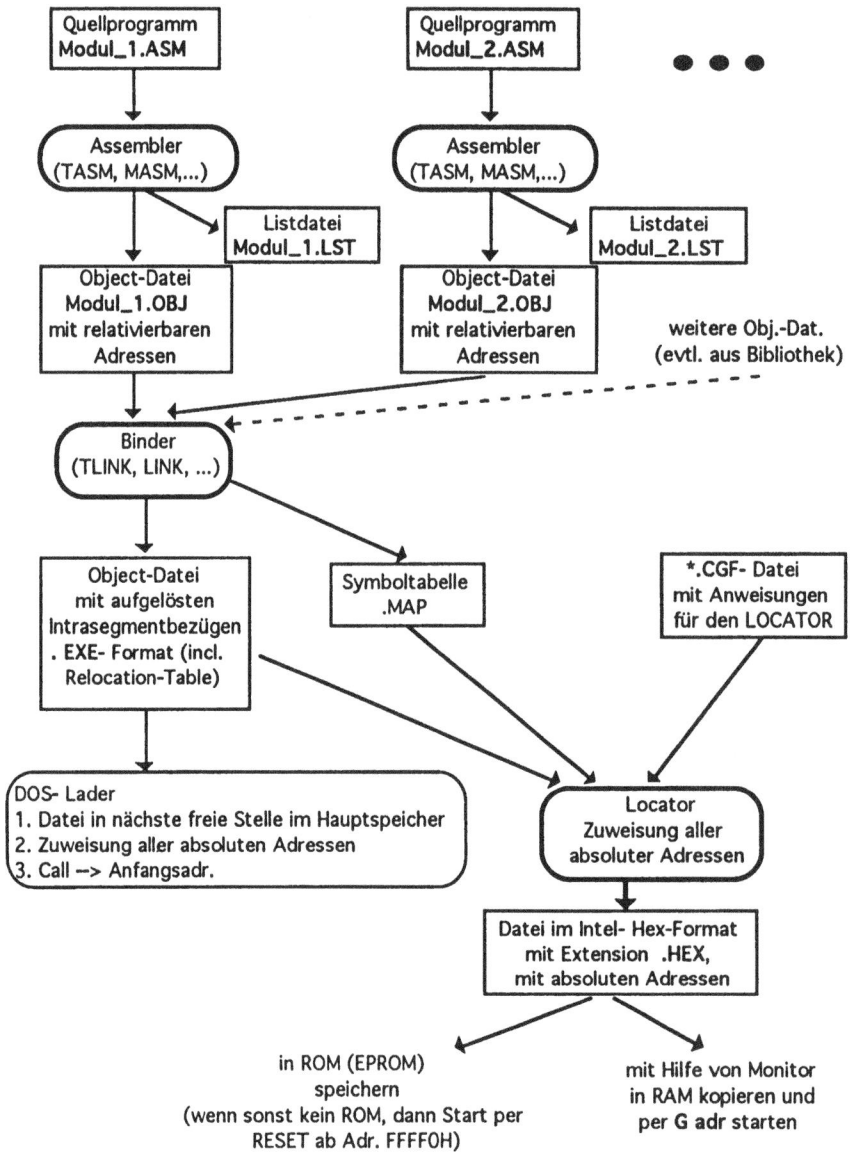

Abb. 4.2-3: Programmentwicklung mit Hilfe von Assembler, Linker, Loader
oder Locator

Der Lader ist also das Programm, welches das vom Linker zusammengefügte Maschinenprogramm (bei DOS COM- oder EXE-Files) z.B. von Floppy oder Festplatte an eine bestimmte Adresse im Hauptspeicher überträgt, die dann bekannten bzw. berechenbaren Adressen in das Programm einfügt und den Programmzähler auf die sich ergebene Anfangsadresse des Programms setzt (per CALL oder JMP Befehl).

Die physikalische Adresse ab der ein Programm vom Lader im Speicher abgelegt wird ist davon abhängig, welche Programme sich aktuell bereits im Speicher befinden (z.B. Betriebssystem, grafische Oberfläche, Terminal- oder Maustreiber,...).

Soll ein Programm nicht unter einem Betriebssystem ausgeführt werden, so ergeben sich zwei Alternativen:

1. Es handelt sich um das einzige Programm, welches auf einem Mikrocomputersystem ausgeführt werden soll, und es existiert sonst noch keine Software auf dem System.

    In diesem Fall liegt die Startadresse des Programms einfach durch die Hardware-Voraussetzungen des Prozessors fest. Bei den Prozessoren der Intel 80x86-Familie ist es die Adresse 0FFFF0H, welche nach einem Kaltstart des Rechners (RESET) in die Register CS (=0F000H) und IP (=0FFF0H) geladen wird.

2. Es existiert bereits ein Monitorprogramm auf dem Zielrechner, mit dessen Hilfe man ein Programm ab einer bestimmten Adresse im Speicher ablegen und anschließend einen Sprung zu dessen Startadresse ausführen kann.

    Hier muß die Anfangsadresse so gewählt werden, daß das Programm innerhalb des verfügbaren Speichers zu liegen kommt und keine bereits vorhandenen Programme, Daten, Ein- / Ausgabebereiche oder sonst verwendete Hardware-Adressen überlagert.

In beiden Fällen benötigt der Programmierer ein Hilfsprogramm, welches teilweise die Aufgabe des Laders innerhalb eines Betriebssystems übernimmt, nämlich die Aufgabe, die noch fehlenden Adreßbezüge im Programm aufzulösen.

Ein Programm, welches diese Aufgabe übernimmt, heißt **Locator**. Der Locator führt die Zuordnung von absoluten Adressen auf der Basis von **Segmentklassen** durch, d.h. nur jeder Klasse kann eine absolute Adresse zugeordnet werden. Im einfachsten Fall können z.B. alle Segmente in einer einzigen Klasse zusammengefaßt werden. Ordnet man dieser Klasse die physikalische Adresse 0 zu (Segmentanfang=00000H) und legt man im Assemblerprogramm mit ORG die Anfänge der einzelnen Segmente fest, so kann man Programme mit maximal 64 KB Umfang schreiben, welche zusätzlich auf die im Bereich 0-03FFH liegenden Interrupt-Vektoren zugreifen können.

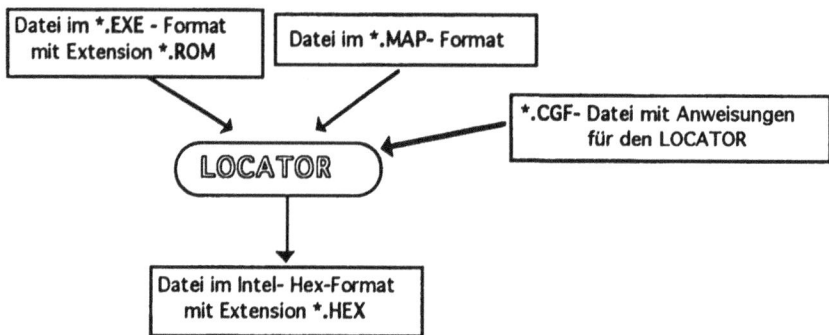

Abb. 4.2-4: Funktionsweise des Locators

Der Locator erhält als Eingabe das zusammengebundene Object-File, eine gleichzeitig vom Binder ebenfalls erzeugte Symboltabelle (name.**MAP** Datei) und eine Steuerdatei, in der der Programmierer die fehlenden Adreßbezüge in einem bestimmten Format textuell hinterlegen muß (name.**CGF** Datei). Als Ausgabe produziert der Locator auf Wunsch eine Textdatei im **Intel-Hex(-**adezimal)**Format**.
Dabei handelt es sich um eine Darstellung des Maschinenprogramms im ASCII-Code, welche für eine Übertragung über eine serielle Schnittstelle (z.B. zum EPROM-Programmiergerät oder in das Zielsystem) geeignet ist.

Zeile im Intel-HEX-Format = :llaaaattdddd... ddcc

wobei:
ll   Anzahl der Daten-Byte
aaaa   Anfangsadresse
tt   Record-Type (00 = Daten, 01 = End, 02 = Segmentanfang)
dd   1 Datenbyte (insgesamt "ll" Datenbytes je Satz)
cc   Prüfsumme

Beispiel:

:020000020200FA
:1000100002F6EA8AC4240F0430500A0702F6EA591D

Eine Datei mit obigem Inhalt hat folgende Bedeutung:

Segment-Anfang = 0200H * 10H = 2000H
Daten ab 2000H + 0010H = 02 F6 EA 8A ... F6 EA 59

Die ".CFG"-Datei enthält eine oder mehrere Steueranweisungen für den Locator, wobei eine Sequenz der beiden folgenden Anweisungen in der CFG-Datei vorhanden sein muß:

1) CLASS-Anweisung

CLASS class_name = segment_anfang ; Kommentar

wobei:

      class_name: Name einer Klasse in einer SEGMENT-Anweisung
      segment_anfang : Hexadezimalzahl in "C"- Schreibweise
                         (z.B. 0x12 für 12_{16}).

Diese Anweisung ordnet einer Segment-Klasse eine physikalische Anfangsadresse zu. Die physikalische Anfangsadresse ergibt sich aus: segment_anfang * 10_{16}
Durch diese Anweisung wird noch keine Code-Generierung (Ausgabe) veranlaßt !!

Beispiel für CLASS-Anweisungen innerhalb einer CGF-Datei:

```
CLASS seg_klass_1  = 0x200    ;physikalische Anfangsadresse = 0x2000
CLASS seg_klass_2  = 0xEAF6   ;physikalische Anfangsadresse = 0xEAF60
```

2) ROM-Anweisung

ROM class_name_liste ; Kommentar

wobei:

      class_name_liste : Folge von class_name, getrennt durch Leerzeichen

Erst diese Anweisung bewirkt die Generierung von Object-Code für die angegebenen Segmentklassen. Für Segmentklassen, die bereits feste Adressen haben und die nur benutzt werden sollen, darf keine ROM-Anweisung gegeben werden (z.B. bereits in einem Monitorprogramm vorhandene Ein-/Ausgabefunktionen, welche genutzt werden).

Beispiel für ROM-Anweisungen innerhalb einer CGF-Datei:

```
ROM   seg_klass_1
ROM   seg_klass_2
```

Wurde eine CGF-Datei mit dem Inhalt

```
CLASS seg_klass_1 = 0x0      ;Alle Segmente der Klasse seg_klass_1
CLASS seg_klass_2 = 0x10000  ;ab Adr. 00000H ablegen, entspr. den
                             ;jew. SEGMENT-Anweisungen. Entspr.
                             ;für die Segmentklasse seg_klass_2.
ROM seg_klass_1 seg_klass_2  ;Code generieren für beide Segmente.
```

und dem Namen MOD.CGF erstellt und existieren die beiden Files MOD.EXE und MOD.MAP, so kann der LOCATOR wie folgt gestartet werden:

      LOCATE -h MOD

Der Locator erzeugt damit das File MOD.HEX im Intel-Hexadezimal-Format.

5. Peripheriebausteine

5.1. Der Anschluß von Ein-/Ausgabebausteinen

Über die Ein-/Ausgabebausteine (Schnittstellen oder auch Ports genannt) tritt ein Mikrocomputersystem mit seiner Umgebung in Kontakt. Dazu benötigt ein Schnittstellenbaustein eine gewisse Anzahl von Speicherplätzen (in der Regel zwischen 1 bis 4 Adressen), über die er der CPU Daten zur Übernahme anbieten kann oder über die die CPU spezifische Funktionen des Bausteins auslösen, unterschiedliche Betriebsweisen einstellen oder auch Daten einlesen kann.

Aus der Sicht der CPU besteht ein I/O-Baustein also aus einem nur wenige Speicherplätze umfassenden Speicher. Byte oder Wörter können bei entsprechender Adressierung der Speicherplätze und Selektion des Bausteins geschrieben oder gelesen werden.

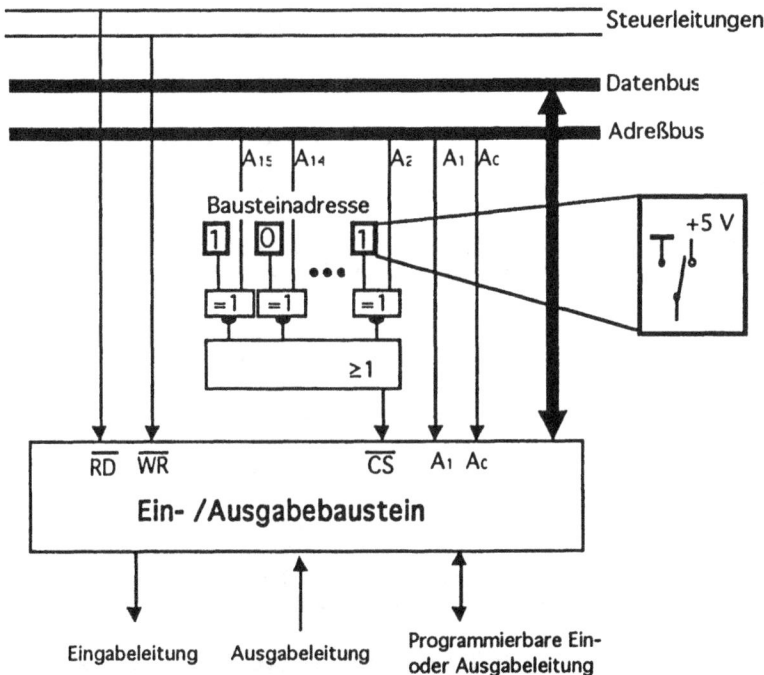

Abb. 5.1-1: Anschluß eines I/O-Bausteins

Hierzu bieten sich zwei Verfahren an, wobei entweder per Speicher- oder I/O-Befehl Lese- bzw. Schreibzugriffe durchgeführt werden können (Memory-Mapped- oder Isolated-I/O). Werden die Schreib- / Leseleitungen des Bausteins an die **Memory** Read/Write-Leitungen des Prozessors angeschlossen, so handelt es sich um Memory-Mapped-I/O, und werden sie an die I/O Read/Write-Leitungen angeschlossen (sofern die CPU solche Ausgabeleitungen direkt oder indirekt bereitstellt), so handelt es sich um Isolated-I/O.

Besitzt ein Baustein beispielsweise vier interne acht Bit Register, mit denen die Ein-/Ausgabe gesteuert werden kann, so benötigt er neben seinem Chip-Select-Eingang (zur Baustein-selektion) noch zwei Adreßleitungen, mit denen genau eine der vier Adressen auf dem Baustein selektiert werden kann.

Beschaltet man je einen Eingang der Exclusiv-Oder-Bausteine mit einem (z.B. über DIP-Schalter einstellbaren) konstanten Signalpegel, entsprechend der gewünschten Bausteinadresse, so ergibt die Und-Verknüpfung gerade das Chip-Select-Signal für die Schaltung.

Für die Betriebsart isolated-I/O erfolgt die Programmierung der Ein-/Ausgabe nur mit den Befehlen IN und OUT.
Diese Befehle gibt es abhängig von der Bausteinadresse in zwei Varianten :

Kann die Portadresse innerhalb eines Bytes angegeben werden (Adreßraum umfaßt max. 256 Adressen), so kann das zweite Byte des Befehlscodes für den IN bzw. OUT Befehl die I/O-Adresse direkt aufnehmen:

> **IN** Akku, *portnummer*   z.B. IN AL, 80H

> **OUT** *portnummer*, Akku   z.B. OUT 88H, AX

Sollen mehr als 256 I/O-Adressen unterschieden werden, so muß die Adresse des Ports zuvor in das Register DX geschrieben werden. Der entsprechende Ein- / Ausgabebefehl lautet dann:

> MOV DX, *portnummer*   z.B. MOV DX, 0FF80H

> **IN** Akku , *DX*   z.B. IN AL, DX

> **OUT** *DX*, Akku   z.B. OUT DX, AL

Bei der Befehlsausführung wird vom Prozessor in beiden Fällen die I/O-Adresse über die Adreßbits A_{15}••• A_0 ausgegeben, um über die Bausteinselektion und die niederwertigen Adreßleitungen (im Bild A_1 und A_0) eine bestimmte Ein-/Ausgabeadresse gezielt auswählen zu können.

Handelt es sich um 16-Bit Ein-/Ausgabeports, so erfolgt die Selektion des Bausteins vergleichsweise mit den Leitungen A_{15}••• A_3, die Byte-Selektion mit A_0 und $\overline{BHE}$ und die Auswahl der Adresse auf dem Baustein mit A_2 und A_1.

Der Datenverkehr zwischen der CPU und Ein-/Ausgabeeinheiten kann also prinzipiell byte- oder wortweise durchgeführt werden. Die überwiegende Zahl der verfügbaren I/O-Devices arbeitet jedoch auf der Grundlage von Bytetransfers. Hierbei kann es vorkommen, daß z.B. bei A/D-Wandlern mit einer Auflösung von 12 Bit das Ergebnis einer Wandlung (d.h. der digitalisierte Wert der analogen Eingangsgröße) in zwei Schritten von der CPU eingelesen werden muß.

Sollen in preisgünstigen Applikationen (insbesondere bei der Massen-fertigung) weniger als 6 (14) I/O-Bausteine angeschlossen werden, welche jeweils maximal vier Portadressen belegen (z.B. parallele I/O mit 8255 oder serielle I/O mit 8251), so kann die aufwendige Dekodierung zur Bausteinselektion entfallen, indem man jeweils die Adreßleitungen A_3, A_4, ... direkt mit den Anschlüssen $\overline{CS}$ der einzelnen Bausteine verbindet (d.h. nur genau ein Bit einer Portadresse darf dann Null sein). Es handelt sich hierbei um eine **nicht vollständige Dekodierung** von Bausteinen, im Gegensatz zur oben gezeigten vollständigen Dekodierung, bei der statt 6 (14) Bausteine $2^{8-2} = 64$ (2^{16-2}) Bausteine mit max. je vier Kanälen selektiert werden können. Hierbei ist jedoch zusätzlicher Schaltungsaufwand (siehe oben) zur Dekodierung der Adressen notwendig.

Die Basisadressen der Bausteine bei der nicht vollständigen Dekodierung sind dann:

1111 1000 = 0F8H ($\overline{CS}$ auf A_2)

1111 0100 = 0F4H ($\overline{CS}$ auf A_3)

1110 1100 = 0ECH   ($\overline{CS}$ auf A_4)

• • •

0111 1100 = 07CH ($\overline{CS}$ auf A_7)

Der Befehl OUT 011111xxB, AL würde bei einer Beschaltung den Inhalt des Registers AL auf die Adresse xxB des Bausteins ausgeben, dessen $\overline{CS}$ - Anschluß mit A_7 verbunden ist.

Bei der memory-mapped-I/O ist darauf zu achten, daß durch die Plazierung eines Ein- /Ausgabebausteins in den Speicherbereich größere "Speicherlücken" von der Größe eines RAM oder ROM Speicherbausteins entstehen. Da sich Speicher- und Ein-/Ausgabeadressen nicht überschneiden dürfen, sperrt ein E/A-Baustein den Bereich einer Speicherbausteingröße (z.B. 256 KB oder 1 MB).

5.2. Paralleler Schnittstellenbaustein 8255

Für die parallele Ein-/Ausgabe von digitalen Signalpegeln existiert in der
80x86-Prozessorfamilie der Baustein 8255. Er hat drei frei programmierbare
Ein-/Ausgänge A, B und C. Diese drei Ports (oder Kanäle) können für
verschiedene Arten von Datenübertragungen programmiert werden:

• Einfache Ein/Ausgabe,
• getastete Ein/Ausgabe (Steuerung über Kanal C) und
• Zweiweg-Bus.

Blockschaltbild :

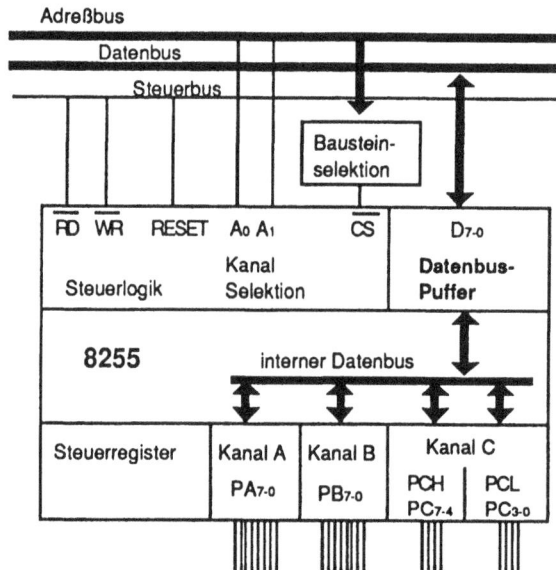

Abb. 5.2-1: Blockschaltbild des Parallel-Ein/Ausgabebausteines 8255

Über den Datenbuspuffer, bestehend aus zwei antiparallel geschalteten
Verstärkern mit Tri-State-Ausgängen, ist der Baustein mit 8 Bit Datenbreite
über den Datenbus mit der CPU verbunden. Um den Baustein ansprechen zu
können muß das Chip-Select-Signal durch die Bausteinselektion und die
Ausgabe der richtigen Adresse auf Nullpegel gebracht werden.

Der Baustein 8255 belegt genau vier Ein-/Ausgabeadressen. Schließt man die
Anschlüsse A_1 und A_0 an die gleichnamigen Adreßleitungen an, so ergibt sich
folgende Baustein- bzw. Kanalselektion:

	Kanalselektion im
Bausteinselektion	8255 I/O Baustein
A_{15} A_{14} .... A_2 A_1	A_0

0 0	Kanal **A**
0 1	Kanal **B**
1 0	Kanal **C**
1 1	Steuerregister

Die jeweils damit verknüpfte Funktion geht aus der nachfolgenden Tabelle hervor.

A_1	A_0	$\overline{RD}$	$\overline{WR}$	$\overline{CS}$	Funktion
					Eingabe lesen
0	0	0	1	0	Kanal A → Datenbus
0	1	0	1	0	Kanal B → Datenbus
1	0	0	1	0	Kanal C → Datenbus
					Ausgabe schreiben
0	0	1	0	0	Datenbus → Kanal A
0	1	1	0	0	Datenbus → Kanal B
1	0	1	0	0	Datenbus → Kanal C
1	1	1	0	0	**Datenbus → Steuerlogik**
x	x	x	x	1	Datenbus → hochohmiger Zustand
1	1	0	1	0	ungültiger Zustand

Tab. 5.2-1: Schnittstelle zum Mikroprozessorbus

Auf der Seite der Signalankopplung wird die gewünschte Übertragungsrichtung abhängig von der Funktion eines Kanals (Ein- oder Ausgabe) in einem zugeordneten internen Richtungsregister eingetragen.

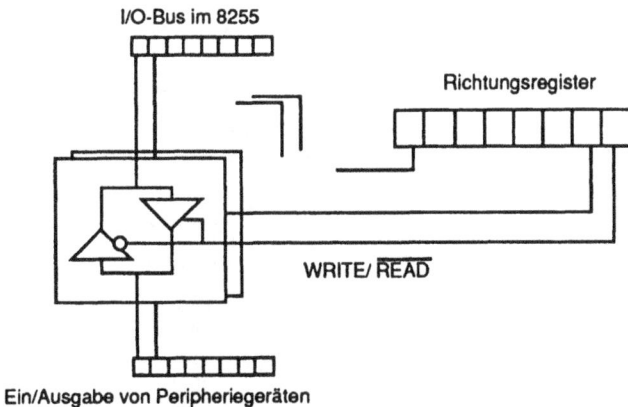

Abb. 5.2-2: Programmierung der Kanäle als Ein- oder Ausgabe

Bei einem RESET-Signal werden alle Kanäle auf Eingabe geschaltet und die Kanalregister werden auf 0 gesetzt.

Damit kann ein außen anliegendes Signal (für das Mikrorechnersystem ein Eingabesignal) den Baustein nicht zerstören, was bei einer initialen Programmierung als Ausgabekanal und der Ausgabe eines entgegengesetzten Signalpegels möglich wäre.

5.2.1. Betriebsarten des 8255

Zur Vorbereitung der Ein- und Ausgabe von Daten üben einen Baustein 8255 muß diesem zunächst mitgeteilt werden, welche Anschlüsse fortan als Eingabe- bzw. Ausgabeleitungen arbeiten sollen. Diese Information (kodiert im Steuerwort) wird dem 8255 über das Steuerregister mitgeteilt und beeinflußt die zu jedem Kanal zugehörigen Richtungsregister.

```
MOV      AL , steuerwort
OUT      x x x x x x 11B, AL  ; mit A₁ A₀ = 11 wird das Steuerregister des
                              ; 8255 angesprochen
```

Die eingestellte Betriebsart bleibt solange unverändert, bis in das Steuerregister ein neues Steuerwort geladen wird.

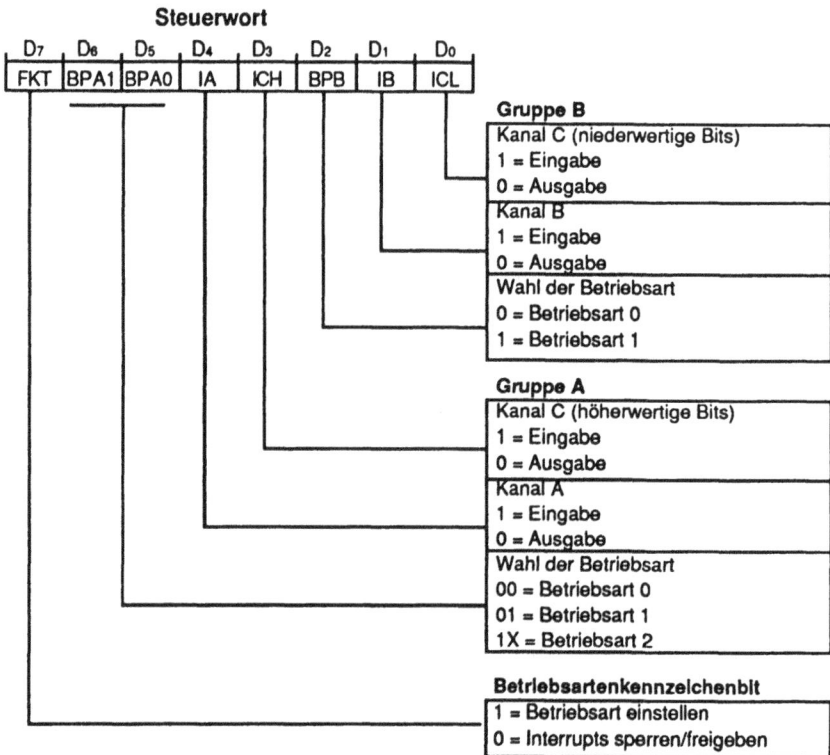

Steuerwort

D7	D6	D5	D4	D3	D2	D1	D0
FKT	BPA1	BPA0	IA	ICH	BPB	IB	ICL

Gruppe B

Kanal C (niederwertige Bits)
1 = Eingabe
0 = Ausgabe

Kanal B
1 = Eingabe
0 = Ausgabe

Wahl der Betriebsart
0 = Betriebsart 0
1 = Betriebsart 1

Gruppe A

Kanal C (höherwertige Bits)
1 = Eingabe
0 = Ausgabe

Kanal A
1 = Eingabe
0 = Ausgabe

Wahl der Betriebsart
00 = Betriebsart 0
01 = Betriebsart 1
1X = Betriebsart 2

Betriebsartenkennzeichenbit
1 = Betriebsart einstellen
0 = Interrupts sperren/freigeben

5.2.2.   Betriebsart 0 (Einfache Ein- /Ausgabe)

Über die Kanäle A, B, CH (C_{7-4}) und CL (C_{3-0}) können Daten eingegeben oder ausgegeben werden. Das Steuerwort definiert an den entsprechenden Bitpositionen für jeden Kanal dessen Verwendung.

Steuerwort bei Betriebsart 0 für alle Kanäle :

D_7	D_6	D_5	D_4	D_3	D_2	D_1	D_0
1	0	0	X	X	0	X	X
FKT	BPA1	BPA0	IA	ICH	BPB	IB	ICL

Das Steuerwort für Betriebsart 0 mit
Kanal A für Eingabe,
Kanal B für Ausgabe,
Kanal CL für Eingabe und
Kanal CH für Ausgabe lautet somit:

Steuerwort = $\boxed{10010001}$

Beispiel:

Ein 8255 soll so initialisiert werden, daß die nachfolgenden Ein-/Ausgangs-leitungen geschaltet werden. Seine Portadressen beginnen ab 0400H.
Es soll eine log. EXOR-Verknüpfung der Form $B_0 = A_0 \oplus A_1$ programmiert werden.

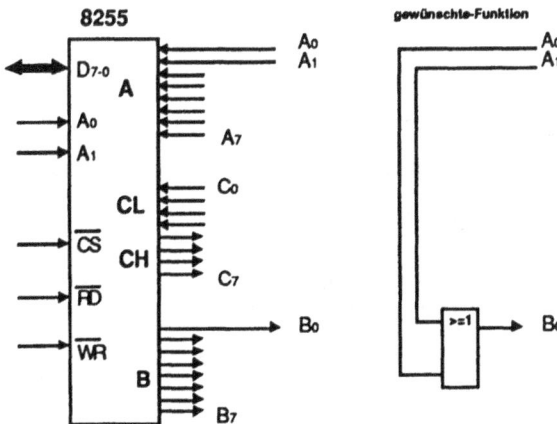

Adresse von Kanal A = 400H
Adresse von Kanal B = 401H
Adresse von Kanal C = 402H
Adresse des Steuerkanals = 403H   8-Bit Steuerwort = $\boxed{10010001}$ = 91H

```
MOV DX, 403H      ; Adr. von Steuerkanal in DX
MOV AL, 91H       ; Steuerwort in AL
OUT DX, AL        ; Betriebsart 1 mit Port A u. CL Eingabe und Port CH u.
B Ausgabe
...

MOV DX,400H       ; Adr. von Kanal A in DX
IN AL, DX         ; Kanal A in Register AL einlesen
MOV BL, AL
AND BL, 01H
SHR AL, 1
XOR AL, BL        ; Ergebnis in Akku Bit-0
...               ; noch maskieren mit B2-7 und ausgeben

MOV DX, 0401H     ; Adr. von Kanal B in DX
OUT DX, AL
```

Zur Aufrechterhaltung dieser funktionalen Beziehung muß das Programm sehr schnell zyklisch bearbeitet werden. Die Zyklusdauer entspricht der Antwortzeit des Systems.

5.2.3. Betriebsart 1 (getastete Ein-/Ausgabe)

Diese Betriebsart dient zum Austausch von E/A Daten von oder zu einem Kanal in Verbindung mit Quittungssignalen und einem definierten Protokoll zur Datenübernahme (vgl. Diagramm). Kanal A und B benützen in dieser Betriebsrat die Leitungen von Kanal C, um diese Quittungen zu empfangen oder auszugeben.

• zwei Gruppen (A und B)

• jede Gruppe umfaßt 8-Bit Datenkanal und 4-Bit Steuer-/Datenkanal

• der 8-Bit Datenkanal kann als Ein- oder Ausgang verwendet werden

Bei Betriebsart 1 kann bei einer

• Eingabe das E/A-Gerät den Zeitpunkt der Übernahme in das Kanalregister bestimmen und dabei das Hauptprogramm des Prozessors unterbrechen

• Ausgabe das E/A-Gerät das Aussenden des nächsten Datenwortes anfordern

Anwendung von Betriebsart 1:

Sie wird zur Ein- oder Ausgabe von Daten nach dem Handshake-Verfahren verwendet. Dies umfaßt den Anschluß von Druckern (z.B. Centronics-Schnittstelle), intelligente Meßgeräte (IEC-Bus), Werkzeugmaschinen, usw.

Bei der Betriebsart 1 können sowohl der Kanal A als auch der Kanal B unabhängig voneinander in dieser Betriebsart arbeiten. Jeweils drei Bit des Kanals C werden für die Steuerung des Ein-/Ausgabedatenverkehrs der Kanäle A bzw. B benötigt. Dadurch kann einerseits eine Synchronisation mit angeschlossenen Geräten im Rahmen des Handshake-Verfahrens durchgeführt werden und andererseits können externe Geräte auch das Senden von Unterbrechungssignalen an den Prozessor auslösen.

Beispiel: Gruppe A getastete Eingabe

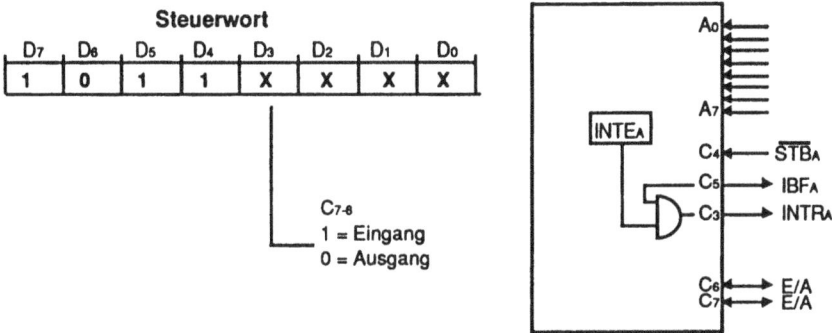

Abb. 5.2-3:   Kanal A als Eingang in Betriebsart 1

Dazu müssen die entsprechenden Ausgangsleitungen des Kanals C an den Eingang eines Interrupt-Steuerbausteins (z.B. 8259) angeschlossen werden. Der Kanal C dient in Betriebsart 1 auch als Statusregister und zeigt beim Auslesen den aktuellen Zustand der benutzten Steuerleitungen des Kanals C an.

Protokoll bei getasteter Eingabe:

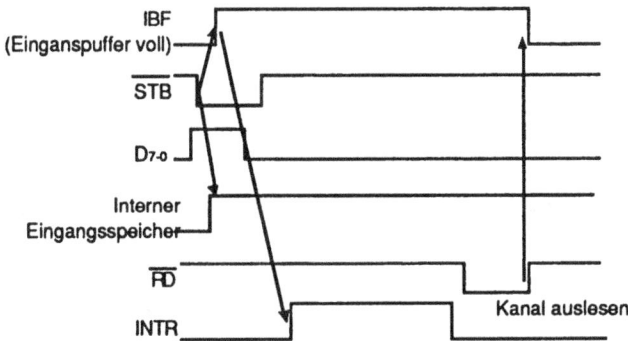

Abb. 5.2-4:   Protokoll bei getasteter Eingabe

Ablauf:

1. Ext. Gerät legt Daten an den Port an

2. Ext. Gerät legt $\overline{STB}$ auf Low, d.h Eingabedaten werden in Einganspuffer übernommen

3. Der 8255 zeigt (dem ext. Gerät) durch IBF = 1 (Input-Buffer full) an, daß die Daten in den Eingangszwischenpuffer übernommen wurden. Dies kann zum Auslösen eines Int. an $INTR_A$ verwendet werden. Das ext. Gerät kann ab diesem Zeitpunkt bereits neue Daten für die Eingabe vorbereiten (anlegen, jedoch noch kein STB geben !)

4. Ein Interrupt-Programm liest die Daten aus und mit der steigenden Flanke des $\overline{RD}$ -Signals (hervorgerufen durch das Auslesen von Kanal A) wird das Signal IBF wieder zurückgenommen

Beispiel: Gruppe B getastete Ausgabe

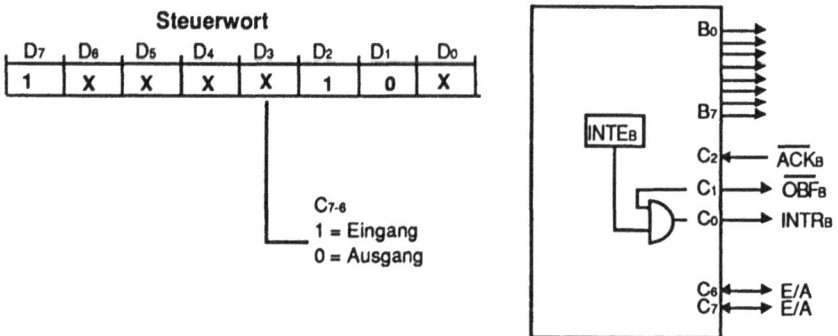

Abb. 5.2-5: Kanal B als Ausgang in Betriebsart 1

Protokoll bei getasteter Ausgabe:

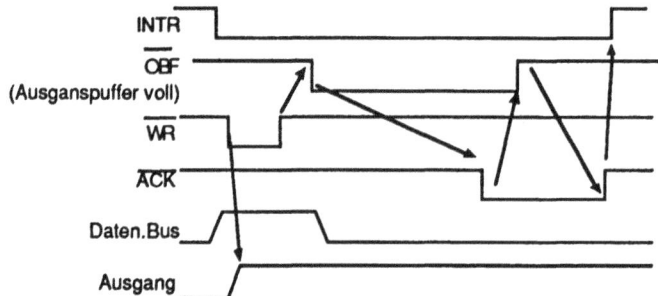

Abb. 5.2-6: Protokoll bei getasteter Ausgabe

Ablauf:

1. Prozessor schreibt Daten in den Kanal

2. $\overline{\text{OBF}}$ nimmt Low-Pegel an, wenn der Prozessor Daten in den Kanal geschrieben hat. Es wird von der steigenden Flanke des WR-Signals gesetzt. Die ext. Lokik interpretiert das Signal als Aufforderung zur Übernahme der Daten

3. Die Peripherie übernimmt die Daten und setzt $\overline{\text{ACK}}$ als Bestätigung (Quittung) der Übernahme auf Low. Danach wird $\overline{\text{OBF}}$ vom 8255 wieder auf High gesetzt

4. Daraufhin setzt die Peripherie $\overline{\text{ACK}}$ wieder auf 1 und die Ausgabe ist abgeschlossen. Dies kann dazu genutzt werden, an $INTR_B$ einen Int. auszulösen (wenn INT Flag gesetzt ist). Erst durch ein Write auf den Kanal wird das INTR-Signal dann wieder zurückgenommen

Setzen bzw. Löschen des INTE-Flip-Flops:

Wird Kanal C für Zustand und Steuerzwecke für Kanal A und B verwendet, so können die Bits durch die Operation "Bit setzen/Rücksetzen" wie bei einem Datenausgabekanal gesetzt oder rückgesetzt werden. Durch diese Funktion können die Interrupt-Ausgänge in Betriebsart 1 explizit gesperrt oder freigegeben werden. Dies geschieht durch folgendes Steuerwort im Steuerregister :

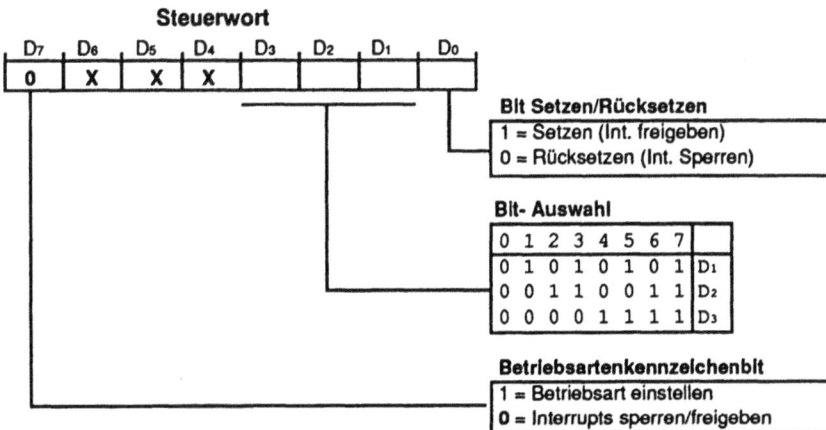

Steuerwort

D7	D6	D5	D4	D3	D2	D1	D0
0	X	X	X				

Bit Setzen/Rücksetzen
1 = Setzen (Int. freigeben)
0 = Rücksetzen (Int. Sperren)

Bit- Auswahl

0	1	2	3	4	5	6	7	
0	1	0	1	0	1	0	1	D1
0	0	1	1	0	0	1	1	D2
0	0	0	0	1	1	1	1	D3

Betriebsartenkennzeichenbit
1 = Betriebsart einstellen
0 = Interrupts sperren/freigeben

Abb. 5.2-7: Format des Steuerworts zum Setzen/Löschen der INTE-Flip-Flops

Beispiel für die Initialisierung des Bausteins:

```
Adr_8255    EQU F0H              ; F0=Kanal-A, ...,F2=C, F3=Steuereingang/Statusausgang
A_Betr_1    EQU 1011xxxxB        ; Steuerwort für Kanal A: Betriebsart 1 (x..x zur Def. von B)
Int_IBF     EQU 0001011B         ; bei IBF aktiv → Int. auslösen

M E R K E  1) und  2)

init:       MOV AL, A_Betr_1     ; Betriebsart für Kanal A in AL
            OUT Adr_8255+3, AL   ; in Steuereingang
            MOV AL, Int_IBF      ; Steuerwort für Int.
            OUT Adr_8255+3, AL   ; in Steuereingang
            • • •

int_n:      PUSHA                ; alle Universlregister retten
            IN AL, Adr_8255      ; Daten von Kanal A einlesen und gleichzeitig Int.
zurücksetzen
            • • •                ; Daten verarbeiten

            POPA                 ; alle Universalregister restaurieren
            IRET                 ; Rücksprung aus Int.-Service-Routine
```

Vor der eigentlichen Initialisierung des Bausteins und insbesondere vor der Freigabe von möglichen Interrupts muß stets folgendes beachtet werden:

1) Wenn das Peripheriegerät selbst keine Vektoradresse bereitstellen kann (Regelfall), so muß ein Interrupt-Controller (z.B. 8259) auf einen entsprechenden Interrupt-Vektor initialisiert werden. Der 8255 kann selbst keine Vektoradresse liefern!

2) Die Adresse der zugeordneten Interrupt-Service-Routine muß bereits unter der Adresse 4 * Int.-Vektor-Nr. hinterlegt sein, bevor ein Int. ausgelöst werden darf.

5.2.4. Betriebsart 2 (getastete bidirektionale Ein-/Ausgabe)

Die Betriebsart zwei wird vorwiegend für bidirektionalen Datenverkehr nach dem Handshake-Verfahren verwendet. Diese Betriebsart kann nur für den Port A eingestellt werden, da der Port C hierbei überwiegend für Steuerzwecke genutzt wird. Bei der Kopplung von Rechnern oder intelligenten Geräten (z.B. IEC-Bus) kann man diese Betriebsart verwenden.

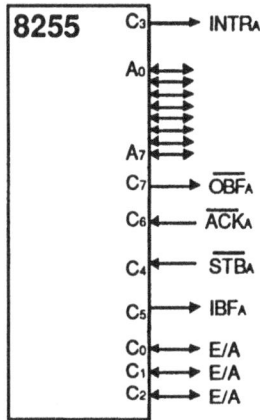

Abb. 5.2-8 getastete Zweiweg Ein- / Ausgabe

Das Verfahren zum Datenaustausch beruht weitgehend auf dem bereits bei der Betriebsart 1 vorgestellten Handshake-Verfahren.

5.3. Serielle Ein-/Ausgabe über V.24 Schnittstelle

Sollen Dateneinrichtungen miteinander kommunizieren, so ist die Definition einer gemeinsamen Schnittstelle für den Datenverkehr notwendig. Zur technischen Realisierung einer Geräteschnittstelle müssen darum Ausführung und Stiftbelegung des mechanischen Steckverbinders, die elektrischen Kennwerte und das logische Übertragungsformat in einer Norm festgelegt werden. Die derzeit meistverwendete Schnittstelle zur Datenübertragung ist die V.24-Schnittstelle nach DIN 66020 bzw. die praktisch identische amerikanische Schnittstelle RS-232-C nach EIA (Electronic Industries Association). Die Norm V.28 legt die elektrischen Eigenschaften der V.24-Schnittstelle fest.

Über eine V.24-Schnittstellenverbindung können Daten bit-seriell übertragen werden. Das bedeutet, daß ein Byte als eine Folge von acht Datenbits zeitlich nacheinander auf eine Datenleitung ausgegeben werden. Zur Kennzeichnung von Start und Ende einer solchen Folge von Datenbits (nach Schnittstellennorm zwischen 5-8) wird die eigentliche Nutzinformation bei der asynchronen Datenübertragung durch ein Start- und ein oder mehrere Stopbits eingerahmt. (Bei der synchronen Datenübertragung werden zu den Nutzdaten noch weitere ASCII- SYN-Zeichen zur Synchronisation von Sender und Empfänger übertragen.)

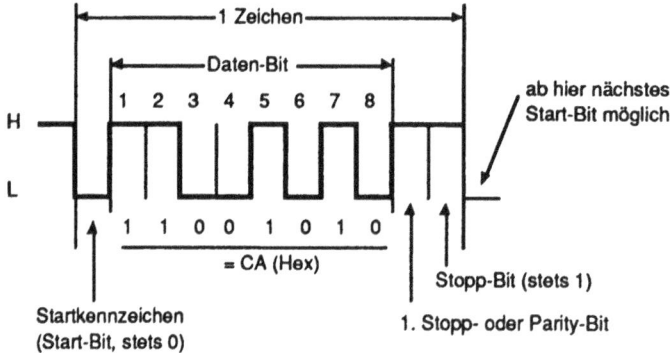

Abb. 5.3-1: Asynchrone Datenübertragung

Die Schnittstellennorm V.24 umfaßt neben den reinen Datenleitungen zusätzliche Steuerleitungen, mit denen die Kommunikation zwischen zwei Partnern initialisiert, unterbrochen, fortgesetzt und beendet werden kann. Diese Steuerleitungen sind allgemein für den Anschluß von Datenend-einrichtungen (DEEs) über Datenübertragungseinrichtungen (DÜEs) oder sog. Modems (**M**odulator / **D**emodulator) an Rechner gedacht.

Hierbei ist zu berücksichtigen, daß in der BRD die Bundespost (Telecom) für die Übertragung von Nachrichten über öffentliche Wege zuständig ist. Hierzu bietet sie im einfachsten Fall das Telefon-Wählnetz oder eine gemietete feste Verbindung (Standleitung) an. Für den Zugang zum öffentlichen Netz benötigt man auf beiden Seiten jeweils eine postalisch zugelassene DÜE.

Abb. 5.3-2: Klassische Datenübertragung über öffentliche Wege der Post

Verwendet man die Schnittstelle lediglich zur Verbindung von Datenendeinrichtungen wie z.B. zwischen Rechner und Drucker, können die Datenübertragungseinrichtungen (Modems) bei einer Länge der Verbindung bis zu ca. 50 m (abh. von der Kapazität des verwendeten Kabels, bei max. 2500pF und ca. 50-100pF/m) entfallen.

Ist dies der Fall, so kann auf zahlreiche Leitungen, welche für den Betrieb der DÜE notwendig sind, verzichtet werden, wobei dann jedoch die verbleibenden zueinander gehörenden Steuer- und Meldeleitungen sowie die Datenleitungen beim direkten Anschluß zu vertauschen sind (Terminal-Sendeleitung = Rechner-Empfangsleitung, usw.)

Handelt es sich um einfache Anwendungen, so wird oftmals ganz auf die Steuer- und Meldeleitungen verzichtet (es werden im Bild unten nur GND, TD und RD miteinander verbunden). Die sonst über das V.24-Protokoll festgelegten gegenseitigen Anfrage- und Quittungssignale werden dabei hardware-technisch einfach lokal miteinander verbunden (oftmals im Stecker des Geräts). Fragt ein Gerät also eine Meldeleitung nach einem bestimmten Zustand ab, so führt die Abfrage selbst dazu, daß eine positive Antwort gegeben wird. Bei dieser Art der Verbindung erfolgt die Abstimmung zwischen den Kommunikationspartnern über das Software-Handshake, während man bei Verwendung der Steuer- und Meldeleitungen für diese Aufgabe (wie unten gezeigt) vom Hardware-Handshake spricht.

Die u.a. Stiftnummern beziehen sich auf einen 25-poligen Subminiatur-Steck-verbinder (auch "Cannon"-Stecker). Die Verwendung dieses Steckverbinders ist in der Norm vorgeschrieben.

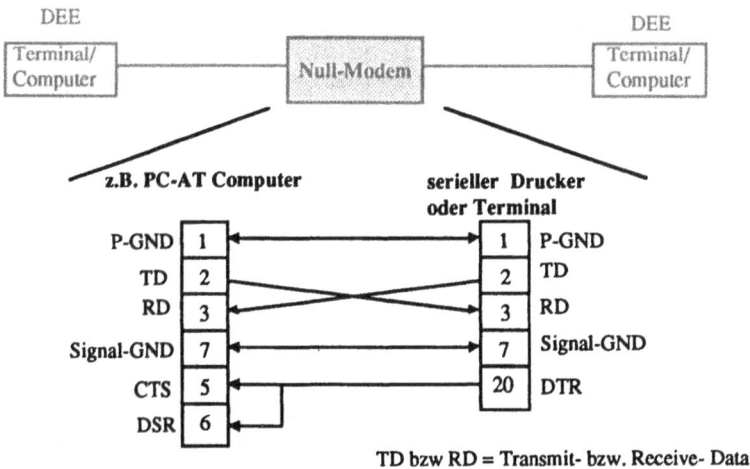

Abb. 5.3-3: Der Anschluß von Terminal/ Drucker an einen Rechner über V.24

Zur Realisierung einer seriellen Datenübertragung benötigt man eine Hardware, welche in der Lage ist, die von der CPU parallel angelieferten Zeichen (Bytes) in einen seriellen Strom von Bits umzuwandeln, diesen um die erforderlichen Start- und Stopbits zu ergänzen und einer gewissen Geschwindigkeit auszugeben. Gleichzeitig müssen weitere Ein-/Ausgabe-leitungen zur Verfügung stehen, welche die benötigten Steuerdaten aus- und Meldedaten einlesen können.
Der am häufigsten eingesetzte Baustein, welcher hier auch vorgestellt wird, ist der 8251A. Neben diesem Baustein gibt es auch weitere, welche noch zusätzliche Aufgaben erfüllen können (z.B. 8256 MUART).

5.3.1. Serieller Schnittstellenbaustein 8251A

Zur seriellen Datenübertragung gibt es in der 80x86 Prozessorfamilie den
universellen, synchronen/asynchronen Sender/Empfänger-Baustein (...,
Receiver/Transmitter: USART) mit der Bezeichnung 8251A. Er übernimmt die
Aufgabe der Parallel-Seriell-Wandlung der Daten sowie die Ein- / Ausgabe der
Modem-Steuersignale. Der Baustein eignet sich für synchrone und
asynchrone Datenübertragung gemäß der V.24 Norm (RS-232 / DIN 66020).
Die Baudraten sind (in Grenzen) per Software einstellbar (bei bitserieller
Übertragung ist Baud = Bit pro Sekunde).

Seine Ein- und Ausgänge sind TTL-kompatibel, so daß für die Anpassung der
Spannungspegel gemäß der Norm V.24/V.28 zusätzliche Pegelwandler
erforderlich sind. Die Wandler sind jeweils an die Ein- und Ausgänge
anzuschließen und liefern bei einem Pegel von logisch 1 eine Ausgangs-
spannung von -5V bis -15V und bei logisch 0 von 5V bis 15V. Bei einer
Spannung von 0V auf einer Leitung liegt offensichtlich eine Störung/
Unterbrechung vor.

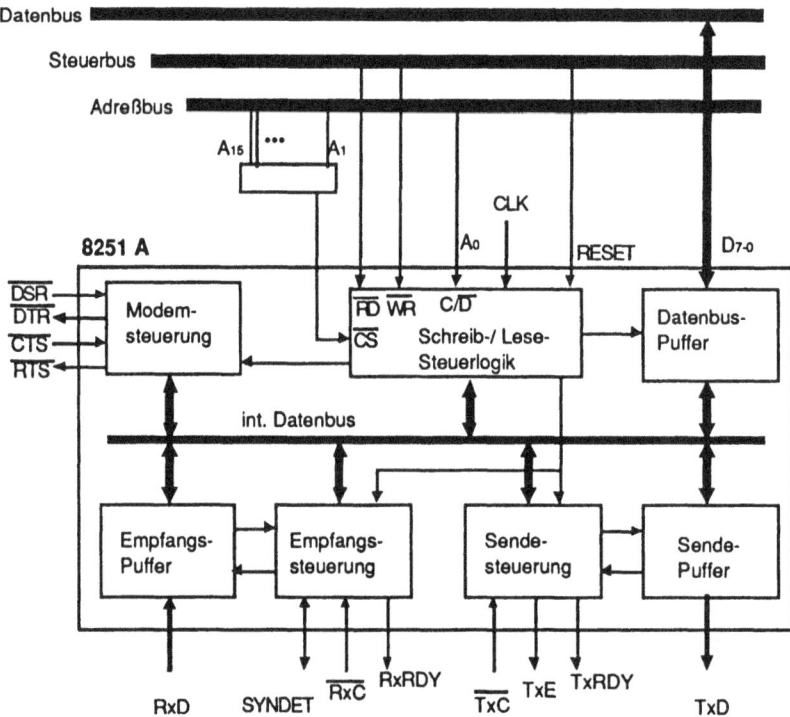

Abb. 5.3-4: Blockschaltbild des 8251A

Modem-Steuersignale:

$\overline{\text{DTR}}$ Data Terminal ready E/A Baustein ist zur DÜ bereit

$\overline{\text{DSR}}$ Data Set ready DÜE ist bereit zum Empfang von Daten

$\overline{\text{CTS}}$ Clear to send DÜE hat Sendebereitschaft

$\overline{\text{RTS}}$ Request to send E/A Baustein ist bereit für Komm. mit DÜE

Beim **Modem-Protokoll** handelt es sich um ein zweistufiges Handshake-Verfahren, welches in der folgenden Weise zwischen einer DÜE und einer DEE oder direkt zwischen zwei DEE abgewickelt wird:

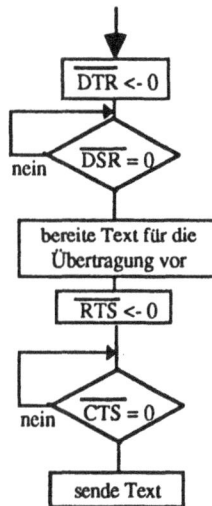

$\overline{\text{DTR}}$ <- 0

nein $\overline{\text{DSR}}$ = 0

bereite Text für die Übertragung vor

$\overline{\text{RTS}}$ <- 0

nein $\overline{\text{CTS}}$ = 0

sende Text

Abb. 5.3-5: Modem-Protokoll

Das **Sendeprotokoll** regelt die Übertragung eines Zeichens von der CPU in den Sendepuffer, die asynchrone, serielle Übertragung des Zeichens und die Meldung des Vollzugs der Übertragung zurück an die CPU:

TxD Sendedaten

TxRDY Transmitter buffer ready, Sendepuffer leer und bereit zur Übernahme eines Zeichens von der CPU

TxE Transmitter buffer empty : Sendepuffer leer

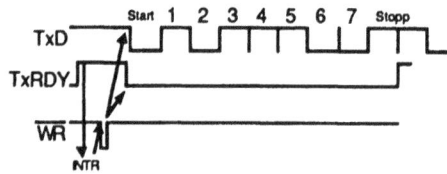

Abb. 5.3-6: Sendeprotokoll im Asynchronbetrieb

Das **Empfangsprotokoll** regelt den Ablauf beim Empfang einer Bitfolge, die Konvertierung in ein Zeichen (Byte) sowie die Aktivierung eines Unterprogramms welches das empfangene Zeichen aus dem Empfangspuffer liest und ihn damit zum Empfang des nächsten Zeichens freigibt.

RxD   Empfangsdaten

RxRDY   Receive buffer ready, Empfangspuffer voll und bereit zur Übergabe eines Zeichens an die CPU ($\rightarrow$ INTR)

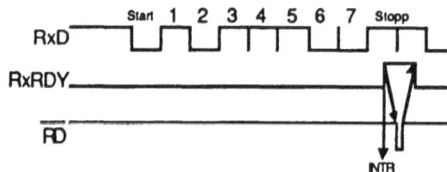

Abb. 5.3-7: Empfangsprotokoll im Asynchronbetrieb

T x C   Sendetakt bei Synchronbetrieb
R x C   Empfangstakt bei Synchronbetrieb

Die Funktionsweise des Bausteins:

Der Baustein wird über das **Betriebsartregister** (BR) und das **Kommandoregister** (CR) für die gewünschte Betriebsart eingestellt. In beide Register kann die CPU einen Wert einschreiben, indem sie die Leitung C/$\overline{D}$ (Command/ $\overline{Data}$) auf logisch "1" legt und mit dem ersten Schreibzugriff die Betriebsart und mit dem zweiten (und jedem weiteren) Schreibzugriff ein Kommando übermittelt. Die Unterscheidung der beiden Steuerregister erfolgt also durch die Reihenfolge, in der Daten zum 8251A übertragen werden (erster Schreibbefehl $\rightarrow$BR, alle weiteren $\rightarrow$CR).

Eine Leseoperation mit C/$\overline{D}$ = 1 liefert den Inhalt des **Statusregisters**.

Schreib- bzw. Leseoperationen mit C/$\overline{D}$ = 0 übertragen ein weiteres Byte in das Senderegister bzw. lesen das zuletzt empfangene Zeichen aus dem Empfangsregister. Der Eingang C/$\overline{D}$ wird in der Regel mit dem Adreßbit A_0 verbunden, um so über zwei unmittelbar aufeinander folgende Ein- / Ausgabe

Adressen Daten oder Kommandos übertragen zu können. Der Baustein wird über den Eingang $\overline{CS}$ = 0 selektiert.

$A_{15} \cdots A_1$		$A_0 = C/\overline{D}$	$\overline{RD}$	$\overline{WR}$	Funktion
x	x	0	1	0	Sendedaten einschreiben
x	x	0	0	1	Empfangsdaten lesen
x	x	1	1	0	erstes Write nach Reset: Betriebsart des 8251 speichern
x	x	1	1	0	zweites Write nach Reset: Kommando speichern
x	x	1	0	1	Status lesen

Tab. 5.3-1: Adressierung der Steuer- und Datenregister des 8251A

In der Betriebsart Asynchronbetrieb dient der Eingang CLK als Basistakt für die Parallel-Seriell-Wandlung bei der Ausgabe bzw. die Seriell-Parallel-Wandlung bei der Eingabe von Zeichen. Der angelegte Takt am Anschluß CLK kann durch interne Frequenzteiler um den Faktor 1,4 oder 64 heruntergeteilt werden. Der Faktor selbst läßt sich per Steuerkommando einstellen.
Da die Abtastung eines Signalpegels nach dem Empfang eines Startbits möglichst in der Mitte eines Datenbits erfolgen sollte, eignet sich eine interne Frequenzuntersetzung um den Faktor 64 zur Vermeidung einer größeren Phasenverschiebung zwischen Sender und Empfänger besonders. Die Phasenverschiebung nimmt stets vom ersten empfangenen Datenbit bis zum letzten zu, da Sender und Empfänger zwar die Datenübertragungsrate gleich einstellen, sich diese jedoch geringfügig voneinander unterscheiden können. Mit der Übertragung des nächsten Startbits erfolgt jedoch eine erneute Synchronisation.

Der Baustein 8251A speichert ein auszugebendes Byte in seinem Sendepuffer solange zwischen, bis es seriell am Anschluß TxD hinausgeschoben wurde. Dabei werden das Start- und die Stopbit automatisch vom seriellen I/O-Baustein hinzugefügt. Umgekehrt wird ein empfangenes Zeichen solange im Empfangsregister zwischengespeichert, bis es von der CPU ausgelesen wurde. Ein Lesebefehl auf das Empfangsregister gibt es für eine erneute Übernahme eines empfangenen Zeichens frei. Aus dem Empfangsregister wird jeweils unabhängig von der Anzahl der übertragenen Nutzbits ein Byte ausgelesen. Werden weniger als acht Nutzbit übertragen, so sind die höherwertigen Bits Null.

Beim Emfang von Zeichen werden Start- und Stopbits automatisch entfernt, die Anzahl der übertragenen Bits mit der eingestellten Zahl verglichen sowie bei eingestellter Paritätsprüfung auch gegebenenfalls aufgetretene Fehler festgestellt und im Statusregister gespeichert. Die daraus möglicherweise resultierenden Fehler heißen: Frame- bzw. Parity-Error (FE bzw. PE).

Werden die eintreffenden Zeichen nicht schnell genug von der CPU ausgelesen und gehen Zeichen dabei verloren, so wird ein Overflow-Error (OE) angezeigt.

Zur Überprüfung der Modem-Meldeleitungen DSR und CTS kann deren Zustand aus dem Statusregister gelesen werden. Die Modem-Meldeleitung CTS gibt die Sendeleitung TxD frei ($\overline{CTS}$ =0), wenn im Kommandobyte bereits eine Freigabe des Senders eingestellt wurde.
Umgekehrt können über das Kommandobyte die Modem-Steuerleitungen DTR und RTS per Software gesetzt oder rückgesetzt werden.

Polling-Betrieb:
Bei dieser Betriebsart befindet sich das Programm während dem Senden oder Empfangen von Zeichen in einer Endlosschleife, in welcher fortwährend der Status des 8251A ausgelesen wird und entsprechend dem Zustand von Sende- und Empfangsregister entweder ein gerade empfangenes Zeichen vom Empfangsregister in den Speicher oder bei leerem Senderegister ein zu sendendes Zeichen aus dem Speicher in das Senderegister übertragen wird.

Dazu muß vor der Übertragung eines Zeichens in den 8251A über das Statusregister geprüft werden, ob ein vorher ausgegebenes Zeichen bereits vollständig über die serielle Leitung TxD ausgegeben wurde, d.h. der Sendepuffer leer ist. Das Status-Flag TxRDY ist dann 1.

Beim Einlesen eines Zeichens ist zuerst zu prüfen, ob der Empfänger bereits ein weiteres Zeichen erhalten hat, d.h. die Seriell-Parallel-Wandlung bereits abgeschlossen ist und die Fehler-Flags aktualisiert wurden. Ist dies der Fall, so ist das Status-Flag RxRDY=1.

Interrupt-Betrieb:
Im Interrupt-Betrieb werden die Leitungen RxRDY und TxRDY an die Eingänge eines Interrupt-Steuerbausteins (z.B. eines 8259A) angeschlossen. Jeweils, nachdem entweder ein Zeichen vollständig in den 8251A eingelesen oder ein zu sendendes Byte vom Sendepuffer übernommen wurde, signalisiert der Baustein dies durch die Leitungen RxRDY bzw. TxRDY dem Interrupt-Controller, welcher sofort eine Unterbrechung des laufenden Programms einleitet. Der Interrupt-Controller überträgt abhängig von der Quelle, welche den Interrupt ausgelöst hat eine entsprechende Vektornummer an die CPU, so daß ein zugehöriges Unterprogramm aufgerufen und damit entweder das nächste Zeichen in den oder vom 8251 gelesen erden kann.

Programmierung des 8251A

Die Programmierung des 8251A kann in drei Schritten erfolgen, wobei die angegebene Reihenfolge eingehalten werden muß:

1. Betriebsart einstellen (erster Schreibbefehl nach einem RESET-Signal)

2. Kommandowort ausgeben (zweiter Schreibbefehl)

3. Eingabe- oder Ausgabe von Daten, je nach vorherigem Kommandowort

Das Statusregister kann jederzeit gelesen und ein neues Kommandowort kann jederzeit in den 8251 geschrieben werden. Die Datenübertragungsrate ergibt sich aus der an CLK angelegten Taktfrequenz und aus dem eingestellten Faktor zur Frequenzteilung.

1. Betriebsart einstellen mit Hilfe des Betriebsartregisters:

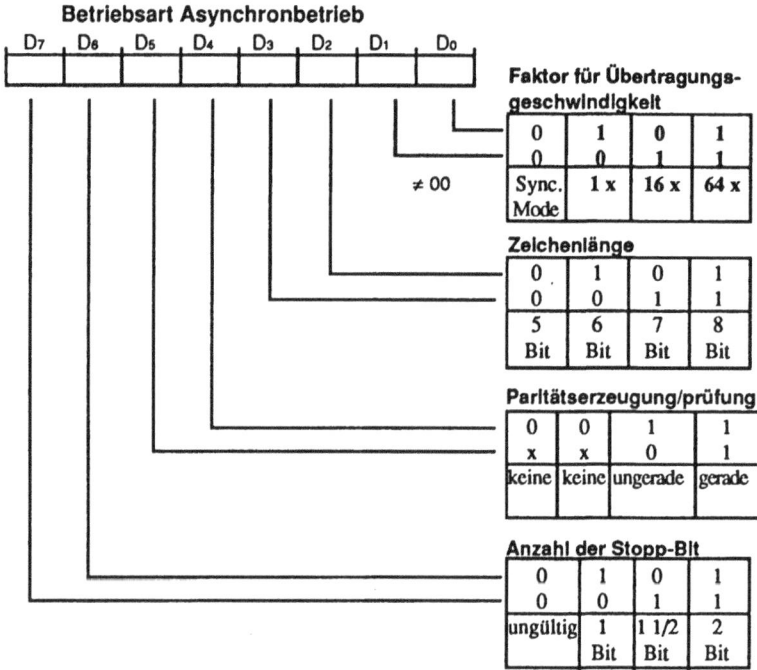

Betriebsart Asynchronbetrieb

D_7 | D_6 | D_5 | D_4 | D_3 | D_2 | D_1 | D_0

Faktor für Übertragungs-geschwindigkeit

0	1	0	1
0	0	1	1
Sync. Mode	1 x	16 x	64 x

≠ 00

Zeichenlänge

0	1	0	1
0	0	1	1
5 Bit	6 Bit	7 Bit	8 Bit

Paritätserzeugung/prüfung

0	0	1	1
x	x	0	1
keine	keine	ungerade	gerade

Anzahl der Stopp-Bit

0	1	0	1
0	0	1	1
ungültig	1 Bit	1 1/2 Bit	2 Bit

Die Betriebsart Synchronbetrieb wird nur selten verwendet und darum nicht weiter betrachtet.

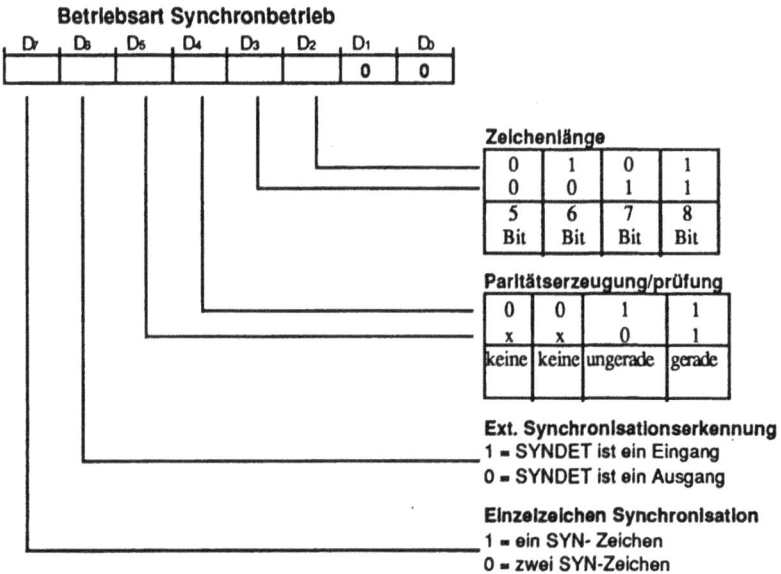

Betriebsart Synchronbetrieb

D_7 | D_6 | D_5 | D_4 | D_3 | D_2 | D_1 | D_0 | 0 | 0

Zeichenlänge

0	1	0	1
0	0	1	1
5 Bit	6 Bit	7 Bit	8 Bit

Paritätserzeugung/prüfung

0	0	1	1
x	x	0	1
keine	keine	ungerade	gerade

Ext. Synchronisationserkennung
1 = SYNDET ist ein Eingang
0 = SYNDET ist ein Ausgang

Einzelzeichen Synchronisation
1 = ein SYN- Zeichen
0 = zwei SYN-Zeichen

2. Kommandowort ausgeben

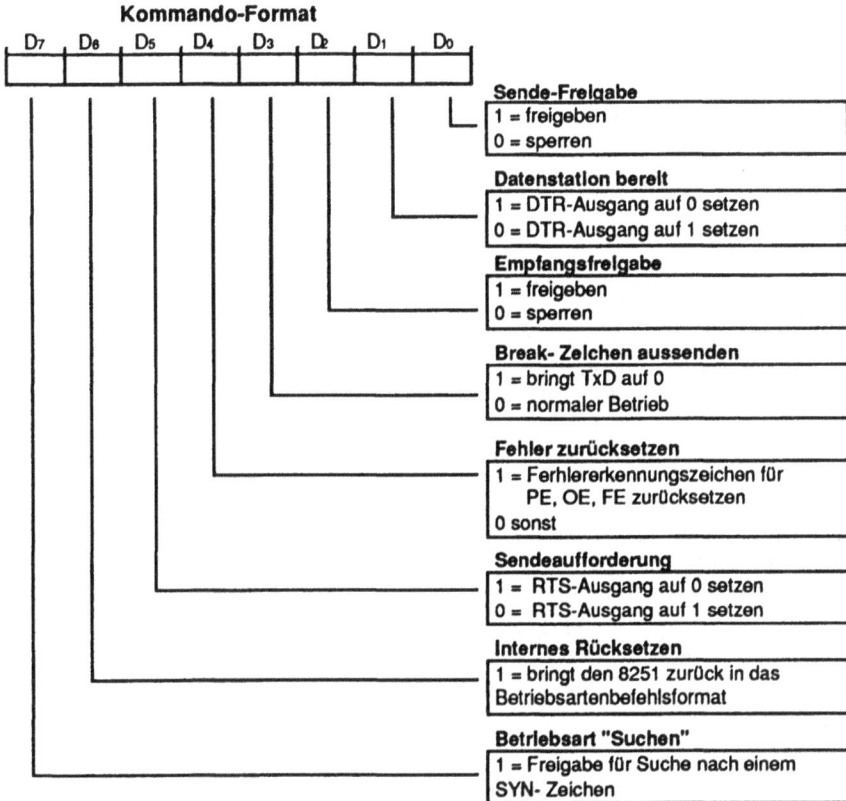

Kommando-Format

D7	D6	D5	D4	D3	D2	D1	D0

Sende-Freigabe
1 = freigeben
0 = sperren

Datenstation bereit
1 = DTR-Ausgang auf 0 setzen
0 = DTR-Ausgang auf 1 setzen

Empfangsfreigabe
1 = freigeben
0 = sperren

Break- Zeichen aussenden
1 = bringt TxD auf 0
0 = normaler Betrieb

Fehler zurücksetzen
1 = Ferhlererkennungszeichen für
    PE, OE, FE zurücksetzen
0 sonst

Sendeaufforderung
1 = RTS-Ausgang auf 0 setzen
0 = RTS-Ausgang auf 1 setzen

Internes Rücksetzen
1 = bringt den 8251 zurück in das
Betriebsartenbefehlsformat

Betriebsart "Suchen"
1 = Freigabe für Suche nach einem
SYN- Zeichen

3. Daten-Ein-/Ausgabe und Zustand (Status) überprüfen

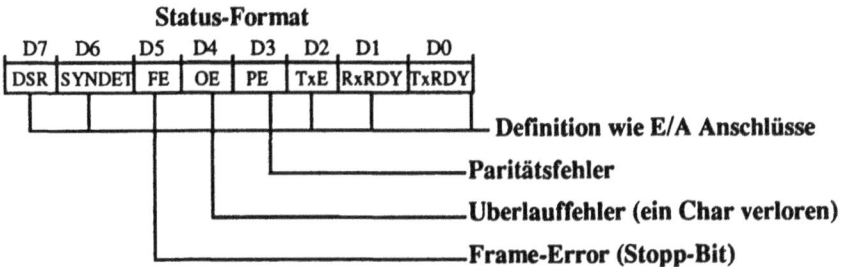

Status-Format

D7	D6	D5	D4	D3	D2	D1	D0
DSR	SYNDET	FE	OE	PE	TxE	RxRDY	TxRDY

Definition wie E/A Anschlüsse

Paritätsfehler

Uberlauffehler (ein Char verloren)

Frame-Error (Stopp-Bit)

Mögliche Übertragungsfehler, welche vom 8251 erkannt werden:

FE = 1 wenn kein gültiges Stopbit erkannt wurde (Asynchronbetrieb)
OE = 1 wenn ein Zeichen aus dem Empfangspuffer nicht vom Mikroprozessor gelesen wurde, bevor es von einem neuen Zeichen überschrieben wurde (overflow)
PE = 1 Paritätsfehler bei gelesenem Zeichen

Beispiel :

Bausteinadresse für Daten :	3AH
Bausteinadresse für Kommandos :	3BH
Taktfrequenz am Eingang CLK :	614,4 kHz
Übertragungsrate :	9600 Baud ($\rightarrow$ Faktor = 64)
geforderte Parität :	gerade
Anzahl von Datenbit je Zeichen :	7 (typisch bei ASCII)
Anzahl der Stopbits :	1
Übertragungsart :	asynchron

Daraus ergibt sich folgendes Betriebsarten-Steuerwort:
BA= $\boxed{0111\ 1011}$ = 7BH

Kommandowort für Senden (keine Empfangsfreigabe) :
Sender TxD freigeben,
Ausgänge RTS und DTR auf "0" setzen,
Empfänger RxD sperren,
kein BREAK senden,
keine Fehlerbit löschen ,
nächstes ist Steuerwort (keine Betriebsart)

Daraus ergibt sich folgendes Kommandowort zum Senden: S_KOM= \x(0010 0011) = 23H

Kommandowort für Empfangen (keine Sendefreigabe) :
Empfänger RxD freigeben,
Ausgang DTR auf "0" setzen,
Sender TxD sperren,
kein BREAK senden,
kein RTS (Ausgang RTS = 1)
keine Fehlerbit löschen,
nächstes ist Steuerwort (keine Betriebsart)

Daraus ergibt sich folgendes Kommandowort zum Empfangen:
E_KOM= $\boxed{0000\ 0110}$ = 06H

Die folgenden Programme sind ein Beispiel für Initialisierung des 8251A und Eingabe im Polling-Betrieb. Bei Interrupt-Betrieb müßte der Ausgang RxRDY des 8251A an einen Eingang eines Interrupt-Steuerbausteins 8259A gelegt werden. Im zugehörigen Interrupt-Programm wäre keine Warteschleife enthalten. Die Bausteininitialisierung wäre identisch mit der unten angegebenen Initialisierung.

```
        MOV AL, 7BH     ; Initialisierung des 8251, Betriebsart in AL
        OUT 3BH, AL     ; und dann zum Betriebsarten-Reg. (1. Write)

        MOV AL, 23H     ; Sendekommando in AL und
        OUT 3BH,AL      ; ins Kommandoregister des 8251

        MOV AL, char    ; auszugebendes Zeichen char in AL und
        OUT 3AH,AL      ; in den Sendepuffer schreiben
        • • •

        MOV AL, 06H     ; Empfangskommando in AL und
        OUT 3BH,AL      ; ins Kommandoregister des 8251

loop:   IN AL, 3AH      ; Status einlesen
        AND AL, 02H     ; Bit RxRDY im Statusreg. ausblenden
        JZ loop         ; falls (noch ) kein char empfangen → loop
        IN AL, 3BH      ; empfangenes Zeichen in AL laden
        • • •           ; und weiterverarbeiten
```

5.4. Interrupt-Steuerbausteine

5.4.1. Der Interrupt-Controllers 8259A

Wie bereits im Kapitel "Interrupts" erläutert, können die Prozessoren der Intel 80x86-Familie sämtlich durch Interrupts dazu veranlaßt werden, ihre normale Programmausführung zu unterbrechen und einen Unterprogrammsprung zu einer definierten Adresse auszuführen. Ab dieser Adresse befindet sich die dem speziellen Interrupt zugeordnete Interrupt-Service-Routine, welche nach Beendigung durch einen IRET-Befehl verlassen wird.

Wird eine maskierbare Unterbrechung ausgelöst (Leitung INTR der CPU wird 1 und IF=1), so fordert die CPU über ihre Steuerleitungen das den Interrupt auslösende Gerät auf, nach dem zweiten Interrupt-Acknowledge-Zyklus ein Datenbyte auf die niederwertigen acht Datenleitungen zu legen, welches den Vektor enthält, an dessen Adresse (Vektor *4) die Anfangsadresse der zugeordneten Serviceroutine abgelegt ist.

Viele einfache Geräte, welche per Unterbrechungsanforderung mit dem Mikrocomputersystem zusammenarbeiten, sind jedoch nicht in der Lage, das von der CPU geforderte Busprotokoll zu unterstützen. Sie können somit ihre eigene Vektornummer nicht an die CPU übertragen.
Weiterhin verfügt eine 80x86 CPU nur über einen INTR-Eingang, obgleich häufig mehrere Geräte als Interrupt-Quellen in einem Mikrocomputersystem vorhanden sind. Speziell zur Lösung dieser Aufgaben gibt es in der Prozessorfamilie 80x86 einen programmierbaren Interrupt-Controller mit der Bezeichnung (PIC-) 8259A.

5.4.2. Programmierung des Interrupt-Controllers 8259A

Bevor auf die komplexe Programmierung dieses Bausteins eingegangen werden kann, sind zunächst dessen charakteristischen Eigenschaften von Interesse:

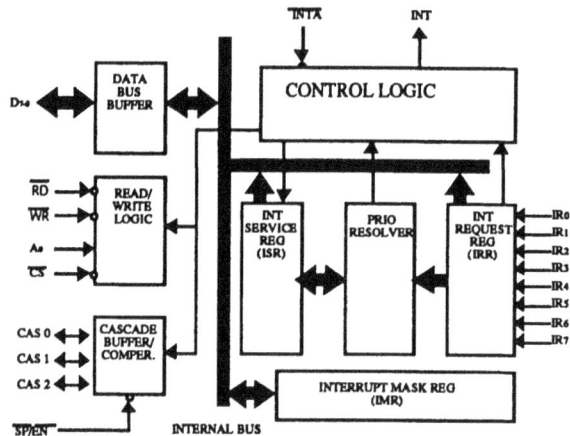

Abb. 5.4-1: Blockschaltbild des 8259A

* Der Interrupt-Controller 8259A hat acht Interrupt-Eingänge IR_0, ... IR_7. Wenn an mindestens einem der Eingänge eine Unterbrechungsanforderung vorliegt und der zugeordnete Interrupt nicht gesperrt wurde (siehe unten), so erzeugt der Baustein am Ausgang INTR ein Interrupt-Signal für die 80x86-CPU.

* Der Eingang $\overline{INTA}$ (Interrupt-Acknowledge) des Bausteins wird über den Bus-Controller 82288 vom entsprechenden Ausgangssignal der CPU versorgt.

* Der 8259A legt auf Verlangen der CPU die Interrupt-Vektornummer auf den Datenbus. Jedem Eingang des 8259A kann eine eigene Vektornummer zugeordnet werden. Die verwendete Vektornummer muß während einer Initialisierungsphase auf den Baustein übertragen werden (Nur die erste, da alle weiteren lückenlos folgen.). Während dieser Phase dürfen keine Interrupts zugelassen werden (IF=0 setzen).

* Jeder der acht Interrupt-Eingänge am 8259A kann maskiert (d.h. mit einem Interrupt Maskierungsregister IMR ausgeblendet und dadurch gesperrt) werden.

* Treten mehrere Unterbrechungsanforderungen gleichzeitig auf, so überträgt der Baustein die Vektornummer des am höchsten priorisierten Interrupts zur CPU. Für die Vergabe von Prioritäten gibt es mehrere Möglichkeiten der statischen und dynamischen Zuordnung.

- Unterbrechungen an den Eingängen des Bausteins werden zwischengespeichert.

- Der Baustein ist kaskadierbar, d.h. an jeden der acht Interrupt-Eingänge kann wiederum ein 8259A angeschlossen werden, womit bis zu 64 Interrupt-Eingänge verwaltet werden können.

Die internen Vorgänge, welche beim Auftreten von Unterbrechungen ablaufen, lassen sich an nachfolgendem Beispiel erläutern:

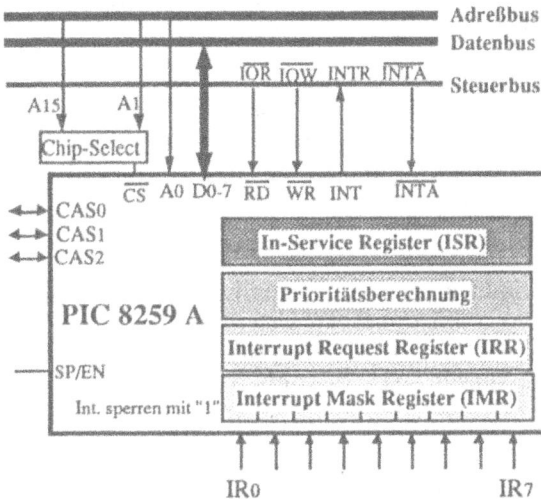

Abb. 5.4-2: Interrupt-Bearbeitung beim 8259A

1. Eine oder mehrere IR_i Leitungen nehmen HIGH-Pegel an und möchten eine Unterbrechung auslösen. Diese setzen die entsprechenden Bit im Interrupt-Request-Register (IRR) des Bausteins auf 1, sofern die zugeordneten Interrupt-Mask-Register-Bits dies zulassen.

2. Der 8259A wertet die Interrupt-Requests aus und sendet, sofern die Unterbrechung zugelassen wird, eine Interrupt-Anforderung an die CPU (über die Leitung INTR). Eine Unterbrechung wird zugelassen, wenn die Priorität ausreicht und entweder aktuell kein Interrupt bearbeitet wird (d.h. sich in-service befindet) oder explizit die Schachtelung von Unterbrechungen (nested interrupts) erlaubt wurde.

3. Die CPU beantwortet dies mit einem ersten Quittungssignal $\overline{\text{INTA}}$ =0. Ab hier muß unterschieden werden, ob der 8259A an eine 8085 CPU angeschlossen ist oder an einen 80x86-Prozessor. Im Fall des 8085 werden innerhalb der nächsten Prozessorzyklen drei Byte an die CPU übertragen. Diese entsprechen gerade dem Maschinencode des Befehls CALL BYTE_{Low} $\text{BYTE}_{\text{High}}$. Es wird ein Sprung zur angegebenen Adresse ausgeführt.

4. Das höchstpriore In-Service-Register (ISR) Bit aller aktuell anliegender Unterbrechungswünsche wird gesetzt und das zugeordnete IRR-Bit zurückgesetzt. Die Priorität für ein IR_i kann per Software eingestellt werden (0=höchste). Falls zu diesem Zeitpunkt keine entsprechende Anforderung an einem der IR_i mehr anliegt, wird IR_7 angenommen!

5. Die CPU sendet das zweite $\overline{INTA}$ =0 Signal, welches den 8259A dazu veranlaßt, einen 8-Bit-Pointer (Byte) auf den Datenbus zu legen. Die CPU liest diesen Vektor, ermittelt unter der Adresse Vektor * 4 die Anfangsadresse der Serviceroutine und verzweigt zum Interrupt-Programm.

6. Im Automatic-End-of-Interrupt-Mode (AEOI-Mode) wird das ISR-Bit am Ende des zweiten $\overline{INTA}$ -Signals zurückgesetzt, sonst bleibt es bestehen, bis am Ende der Serviceroutine ein End-of-Interrupt-Kommando (EOI) zum 8259A übertragen wird.

Zur Prioritätsermittlung bei mehreren anliegenden Interrupts und wegen der möglichen Kaskadierung von Bausteinen des Typs 8259A wird eine gewisse Mindestzahl von Taktzyklen benötigt. Aus diesem Grunde gibt der Prozessor über die Statusleitungen S_0 , S_1 , $\overline{M/IO}$ und $COD/\overline{INTA}$ zwei INTA-Zyklen aus.

Bevor der Baustein in der oben beschriebenen Weise arbeiten kann, muß er zunächst mit einigen Initialisierungsbefehlen versorgt werden.

ICW1, ... ICW4 (Initialization Control Word)

Zur seiner Initialisierung benötigt der Baustein die Interrupt-Vektornummer, welche beim Auslösen eines der acht möglichen Interrupts zur CPU übertragen werden soll. Nach erfolgter Initialisierung kann die Arbeitsweise des 8259A mit weiteren Steuerkommandos modifiziert werden.

OCW1, ... OCW3 (Operation Control Word)

Z.B. zur Maskierung, d.h. zum Sperren oder erneuten Freigeben von bestimmten Interrupt-Leitungen IR_i.

Der 8259A belegt nur zwei Kanaladressen, welche üblicherweise mit der Adreßleitung A_0 unterschieden werden :

• Steuerkanal (A_0 = 0) für ICW1, OCW2 und OCW3 und

• Datenkanal (A_0 = 1) für ICW2, ICW3, ICW4 und OCW1

Initialisierung:

Zur Initialisierung des 8259A sind, entsprechend der gewünschten Betriebsart zwischen zwei bis vier Initialisierungswörter nacheinander an die Portadressen zu übertragen. Die unterschiedlichen Steuerwörter werden durch die Kanaladresse, die Reihenfolge der gesendeten Datenbytes und durch den Aufbau der bereits übertragenen Steuerwörter erkannt. Das folgende Ablauf-diagramm beschreibt die notwendigen Schritte zur Initialisierung des PIC.

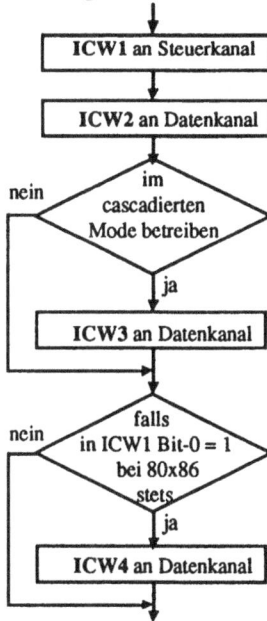

Abb. 5.4-3: Initialisierung des 8259A

Initialization Control Word 1 an Steuerkanal ausgeben:

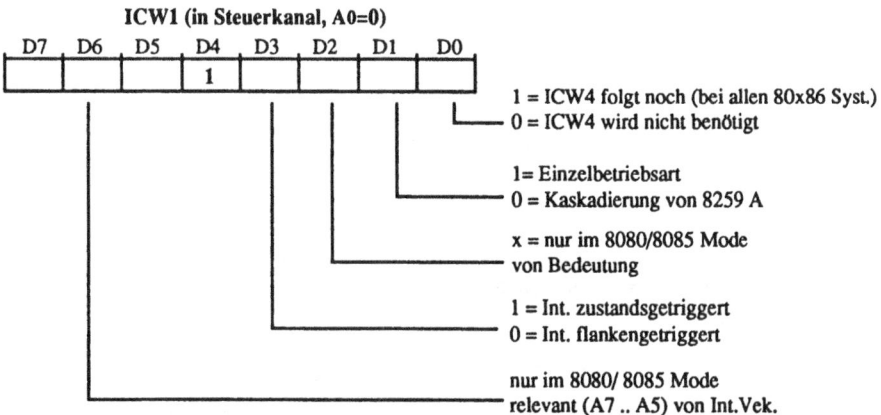

Bei eingestellter Flankentriggerung kann zwar ein Interrupt an IR_i ausgelöst werden, jedoch nimmt der 8259A im Fall, daß das auslösende Signal zum zweiten INTA-Zyklus nicht mehr anliegt, an, daß es an IR_7 ausgelöst wurde. Dies ist insbesondere bei möglichen Störimpulsen an den Eingängen IR_i von Bedeutung.

Initialization Control Word 2 an Datenkanal ausgeben:

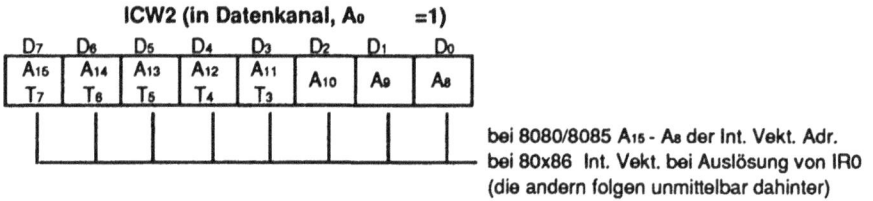

ICW2 (in Datenkanal, A_0 = 1)

D_7	D_6	D_5	D_4	D_3	D_2	D_1	D_0
A_{15}	A_{14}	A_{13}	A_{12}	A_{11}	A_{10}	A_9	A_8
T_7	T_6	T_5	T_4	T_3			

bei 8080/8085 A_{15} - A_8 der Int. Vekt. Adr.
bei 80x86 Int. Vekt. bei Auslösung von IR0
(die andern folgen unmittelbar dahinter)

Es ist die Vektornummer einzutragen, welche bei der Auslösung von IR_0 zum Prozessor übertragen werden soll. Die Nummern für IR_1, ... IR_7 folgen unmittelbar. D_2 bis D_0 sind bei 80x86 Prozessoren auf 0 zu setzen. Warum ? Es gibt nur 256 Interrupt-Vektoren und jeder 8259A belegt durch die Nr. des ersten Vektors auch die weiteren sieben Vektornummern in lückenlos aufsteigender Folge.

Falls in ICW1 Kaskadierung gewählt wurde, d.h.:

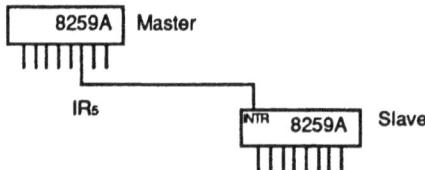

dann das ICW3 an den Datenkanal ausgeben:

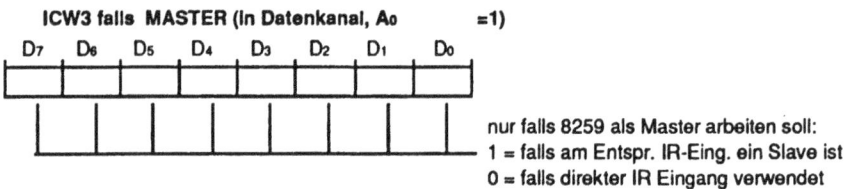

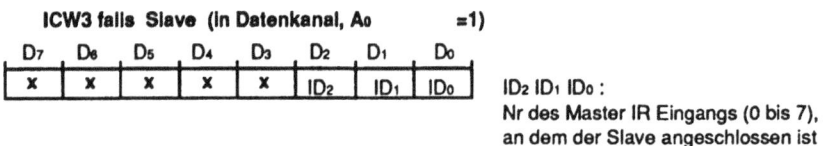

ICW3 falls MASTER (in Datenkanal, A_0 = 1)

D_7	D_6	D_5	D_4	D_3	D_2	D_1	D_0

nur falls 8259 als Master arbeiten soll:
1 = falls am Entspr. IR-Eing. ein Slave ist
0 = falls direkter IR Eingang verwendet

ICW3 falls Slave (in Datenkanal, A_0 = 1)

D_7	D_6	D_5	D_4	D_3	D_2	D_1	D_0
x	x	x	x	x	ID_2	ID_1	ID_0

ID_2 ID_1 ID_0 :
Nr des Master IR Eingangs (0 bis 7),
an dem der Slave angeschlossen ist

ICW4 ausgeben, falls im ICW1 festgelegt war, daß das ICW4 folgt (was bei allen **80x86-Prozessoren erforderlich** ist):

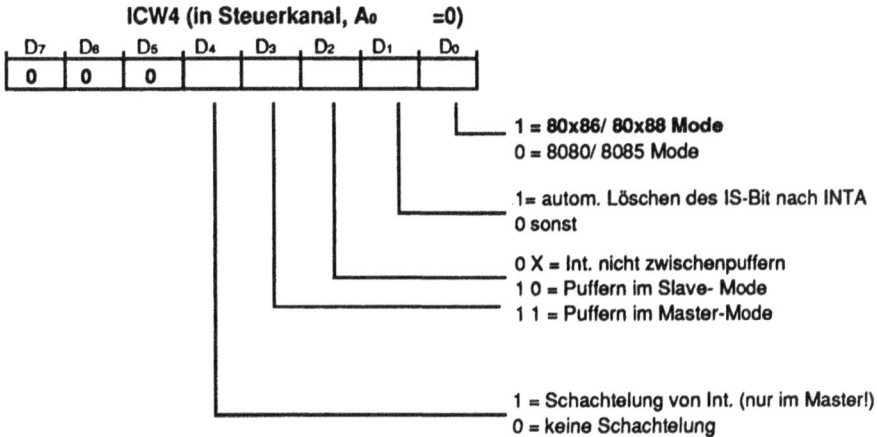

ICW4 (in Steuerkanal, A_0 =0)

D_7	D_6	D_5	D_4	D_3	D_2	D_1	D_0
0	0	0					

1 = 80x86/ 80x88 Mode
0 = 8080/ 8085 Mode

1= autom. Löschen des IS-Bit nach INTA
0 sonst

0 X = Int. nicht zwischenpuffern
1 0 = Puffern im Slave- Mode
1 1 = Puffern im Master-Mode

1 = Schachtelung von Int. (nur im Master!)
0 = keine Schachtelung

Durch das Setzen des IS-Bits (in-service) im ICW4 wird der 8259A veranlaßt, das Bit im IS-Register bereits bei Annahme des Interrupts (Interrupt-Acknowledge) zu löschen (AEOI-Mode, siehe oben).

Steuerkommandos nach der Initialisierung:

Die Freigabe bzw. Sperrung der einzelnen Interrupt-Eingänge IR_i erfolgt mit dem OCW1. Es ist über den Datenkanal auszugeben:

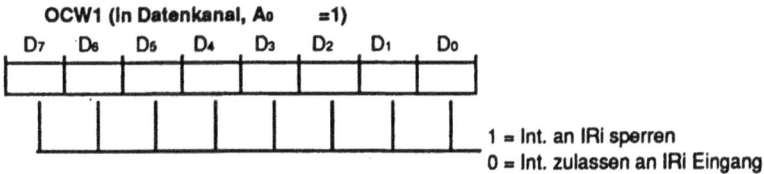

OCW1 (in Datenkanal, A_0 =1)

D_7	D_6	D_5	D_4	D_3	D_2	D_1	D_0

1 = Int. an IRi sperren
0 = Int. zulassen an IRi Eingang

Die Steuerung der Prioritäten zwischen den IR_i erfolgt über das OCW2. Es ist über den Steuerkanal auszugeben:

OCW2 (in Steuerkanal, A0=0)

D7	D6	D5	D4	D3	D2	D1	D0
			0	0			

akt. Interrupt Level:
000 = 1
001 =
...
111 = 7

End of Int.
automatic Rotation
specific Rotation

001 unspez. End of Int. Kommando (EOI für höchste Prio in ISR)
011 spezifisches EOI Kommando (EOI für ISR (D2- D0))
101 Rotieren der Prioritäten bei unspez. EOI (aktuelle <- Prio 7)
100 autm. Rotieren der Int. Prio. (letztes IS <- Level 7) setzen
000 autom. Rotieren der Int. Prio. (letztes IS <- Level 7) löschen
111 Rotieren der Prioritäten bei spez. EOI z.B. 21076543 bei IS5
110 IR (D2- D0) <- Level 7
010 keine Operation

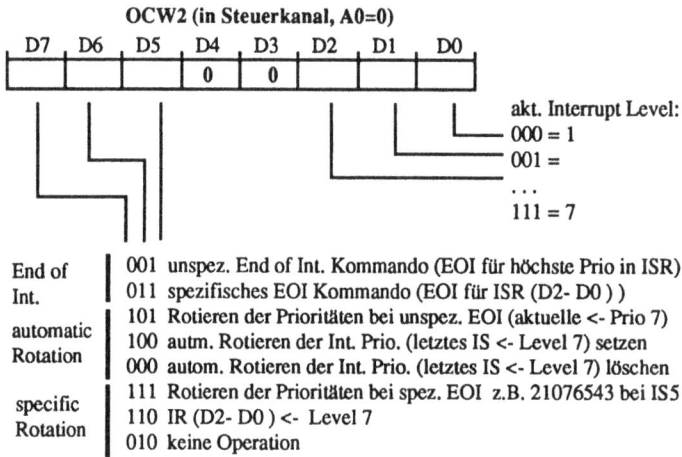

Um z.B. die aktuelle Belegung der Register IRR, ISR oder IMR lesen zu können (beim nächsten Lesezugriff auf den Steuerkanal), wird das OCW3 benötigt. Es wird über den Steuerkanal an den 8259A ausgegeben:

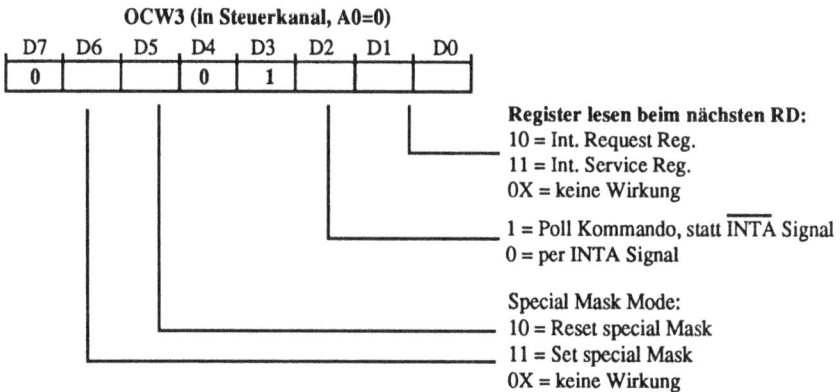

OCW3 (in Steuerkanal, A0=0)

D7	D6	D5	D4	D3	D2	D1	D0
0			0	1			

Register lesen beim nächsten RD:
10 = Int. Request Reg.
11 = Int. Service Reg.
0X = keine Wirkung

1 = Poll Kommando, statt $\overline{INTA}$ Signal
0 = per INTA Signal

Special Mask Mode:
10 = Reset special Mask
11 = Set special Mask
0X = keine Wirkung

OCW2 und OCW3 werden an der Bitposition 4 und 3 unterschieden.

Beispielprogramm:
Die Ein-/Ausgabeadressen für die Programmierung des 8259A seien 78H und
79H, d.h. für die Initialisierung: 78H für: ICW1, OCW2 und OCW3
                                      79H für: ICW2, ICW3, ICW4 und OCW1

Die zu vergebenden Interrupt-Vektornummern seien: 40H .. 47H für IR_{0-7}

```
pic_c     EQU    78H                 ; Adr. Steuerregister des 8259A
pic_d     EQU    79H                 ; Adr. Datenkanal des 8259A
i_vek_0   EQU    40H                 ; Interrupt-Vektor Nr. für IR0
EOI       EQU    20H                 ; unspez. End of Int.
icw1      EQU    00011011B           ; ICW4 folgt, keine Kaskadierung, Int. zustandsgetr.
icw2      EQU    01000000B           ; IR0-Vektor = 40H
icw4      EQU    00000001B           ; 80x86 Mode, kein AEOI-Mode
ocw1      EQU    11110111B           ; Freigabe von IR3
ocw3      EQU    00001011B           ; ISR lesen bei Zugriff auf pic_c

init_pic: PROC   FAR
          PUSH   AX
          PUSH   DX

          MOV    ES, 0000H           ; für den Zugriff auf die Int. Tabelle
          MOV    DX, (i_vek_0+3) *4  ; an der Pos. für Int. IR3

          MOV    AX, PTR isr_3       ; Offset der Service-Routine in Int. Tab.
          MOV    ES:[DX], AX
          MOV    AX, SEG isr_3
          MOV    ES:[DX+2], AX       ; Segm. der Service-Routine in Int. Tab.
          ...

          MOV    AL , icw1           ; icw1 an 8259 Steuerkanal senden
          OUT    pic_c, AL
          MOV    AL , icw2           ; icw2 an 8259 Datenkanal senden
          OUT    pic_d, AL
          MOV    AL , icw4           ; icw4 an 8259 Steuerkanal senden
          OUT    pic_c, AL
                                     ; Initalisierung fertig

          MOV    AL , ocw1           ; Freigabe von IR3
          OUT    pic_d , AL          ; ocw1 an 8259 senden

          MOV    AL , ocw3           ; ISR lesen bei Zugriff auf pic_c
          OUT    pic_c, AL           ; ocw3 an 8259 senden

          POP    DX
          POP    AX
          RET
int1_set  ENDP
          ...

isr_3     PROC FAR
          PUSH AX
          ...                        ; Unterbrechung bearbeiten

          MOV AL, EOI                ; EOI- Kommando an 8259A geben
          OUT pic_c, AL              ; EOI-Maske
          POP AX
          IRET
isr_3     ENDP
```

6. Der Mikroprozessor 80486

6.1. Übersicht und Anschlußbelegung

Der Mikroprozessor Intel-80486 ist eine Weiterentwicklung des Prozessors 80386. Bei ihm wurden die beim 386er Prozessor noch als zusätzliche Hardware notwendigen Erweiterungen wie Mathematischer-Koprozessor (80387) und Cache-Speicher und -Controller mit auf dem Chip integriert (486-SX entspricht 486 ohne Mathem.-Koprozessor[15]). Während Befehlssatz und Funktionalität gleich sind, konnte die Performance weiter gesteigert werden.

Die herausragenden Eigenschaften des 80486 gegenüber dem Prozessor 80286 sind die

• 32-Bit Struktur, die

• integrierte MMU mit Unterstützung von Segmentierung und Paging,

• integrierter Mathematischer Koprozessor sowie der

• integrierte Cache-Speicher.

6.1.1. Allgemeine Daten

Folgende Eigenschaften beschreiben diesen Prozessor bezüglich seiner Hard- und Software-Eigenschaften und seiner Leistungsfähigkeit:

• 168 pol. Keramik- PAG- Gehäuse (44,83 x 44,83 mm), Stromaufnahme: 3,8 A

  (an je ca. 20 Pin befindet sich Vcc und Vss)

• 32 Bit Daten

• 32 Bit (physikalische) Adressen

• 1 μm Standard CHMOS IV-Technologie (Complementary High-Speed MOS)

• ca. $1,2 \cdot 10^6$ Transistoren auf $1,7 \ cm^2$

• 25, 33 oder 50MHz Basistakt (interne Taktverdopplung bei 486DX-2/50, 486DX-2/66)

  - mit DX 33 MHz ca. 20-25 VAX(11/780) MIPS

  - ca. 400.000 FLOPS (80386 + 80387 ca. 50.000 FLOPS)

• Adreßraum :   4 GByte real

                   64 TByte virtuell

• Mathematischer Koprozessor integriert, kompatibel zum 80387

---

15 Ergänzt man einen 80486SX um einen 80487SX, so wird der 80486SX still gelegt, die Schaltung verhält sich dann wie ein 80486DX.

- 3 Betriebsarten :
  - Real-Adreßmodus

    Arbeitsweise als schneller 8086-Prozessor, wegen hoher Taktfrequenz
    kurze Befehlsausführungszeiten, viele Befehle benötigen wegen der
    höheren Integration, nur wenige Taktzyklen
    getrennter Daten- und Adreßbus
  - Nachbildung von mehreren quasiparallel arbeitenden 8086-Prozessoren
  - Virtueller Adreßmodus

    Betriebsart mit Speicherschutz, Segmentierung und Paging;
    Unterstützung von Betriebssystemfunktionen für die virtuelle
    Speicherverwaltung und Multitasking
- Die Maschinensprache (Code) ist aufwärtskompatibel zu 8086, 80286,
  80386
- Integrierte Pufferspeicher (Cache) mit 8 KByte für Code *und Daten*
- CISC-Architektur mit 5-stufiger Befehlsüberlappung (Pipelining)
  - 32 Byte Code Queue (16 Befehle)
  - Viele Befehle benötigen dadurch nur einen Zyklus
- Umfangreiche Testunterstützung (Breakpoints und Datenunterbrechungen)

6.1.2. Anschlußbelegung

Der 80486 verfügt über 168 Anschlüsse und nimmt bei einer Versorgungsspannung von 5V abhängig von der Taktrate ca. 3,8A Strom auf. Inbesondere bei größeren Taktgeschwindigkeiten (ab 50 MHz) wird eine zusätzliche (teils aktive Kühlung per Ventilator) des Chips notwendig.

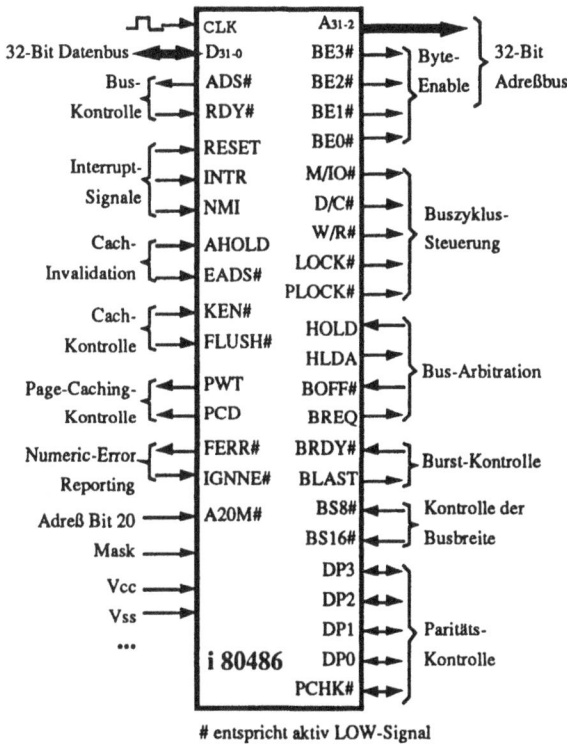

entspricht aktiv LOW-Signal

Abb. 6.1-1 Anschlüsse des i80486

32-Bit Adreßbus:

$A_{31},...,A_2$ 30 Bit physikalische Adresse für je 4 Datenbytes (ein Wort hat 32 Bit)

BE3#,...,BE0# Selektion der einzelnen Datenbytes per Byte-Enable-Anschluß 0-3
z.B. 0,0,0,0: 4 Byte gleichzeitig adressieren
Der Adreßraum für isolierte Ein/Ausgabe umfaßt 64 KB, d.h.
Adresse 0000 0000 bis 0000 FFFF

32-Bit Datenbus :
D₃₁,...,D₀   32-Bit-Datenbus; 4 Byte gleichzeitig ansprechbar

DP3,...,DP0   Paritätsbit für jedes Byte des Datenbusses
                    - Schreibzyklus (Ausgang): Ergänzung auf gerade Parität
                    - Lesezyklus (Eingang): Speicher bzw. Eingabe muß
                      Paritätsbit auf gerade Parität ergänzen

PCHK#: Parity Check
Bei Leseoperationen wird im folgenden Takt PCHK = 0 ausgegeben, wenn ein
Paritätsfehler vorliegt. Dies kann z.B. auf einen Interrupt-Eingang geschaltet
werden.

Buszyklus-Steuerung :
Die möglichen Buszustände werden durch die Leitungen

    M/IO#   Memory/Input-Output
    D/C#   Data/Control und
    W/R#   Write/Read

wie folgt kodiert:

M/IO	D/C	W/R	Buszyklus
0	0	0	Unterbrechungs-Quittung (Interrupt Acknowledge)
0	0	1	Halt/Spezieller Zyklus (Special Cycle)
0	1	0	E/A Lesen (I/O Read)
0	1	1	E/A Schreiben (I/O Write)
1	0	0	Befehl lesen (Code Read)
1	0	1	Reserviert
1	1	0	Speicher Lesen (Memory Read)
1	1	1	Speicher Schreiben (Memory Write)

LOCK#
In Mehrprozessorsystemen kann mit dem Signal LOCK# = 0 der Wunsch nach
einer exklusiven Belegung eines Speichers angezeigt werden. Der Prozessor
nimmt das Signal zurück, wenn ein vollständiger Read-Modify-Write-Zyklus
abgeschlossen ist (z.B. INC [SI]).

PLOCK#: Pseudo-Lock
Umfassen Lese/Schreiboperationen mehr als 4 Byte (Wortbreite), d.h. umfaßt
ein gesamter Read-Modify-Write-Zyklus mehrere Worte, so wird dieses Signal
aktiv. PLOCK wird zurückgenommen, wenn beim Transport von mehreren
Wörtern die letzte Adresse ausgegeben wurde.
Die Notwendigkeit einer Übertragung von mehr als 4 Byte in einem Befehl
tritt auf beim :
    - Zugriff zu Gleitkommazahlen (64 Bit)
    - Zugriff zu Segmentdeskriptoren (64 Bit)
    - Nachfüllen des Pufferspeichers (128 Bit)

Buskontrolle :
ADS#: Address Status
Das Address Status Signal zeigt an, daß die Adreßleitungen und die
Leitungen der Bus-Zyklussteuerung gültige (stabile) Werte angenommen
haben.

RDY#: (non burst) Ready
Das RDY Signal signalisiert, daß ein Speicher- oder Ein-/Ausgabe-Zyklus
abgeschlossen werden kann, da die Daten rechtzeitig in diesem Prozessorzyklus verfügbar geworden sind. Ist RDY=1, so muß ein zusätzlicher Wait-
State eingfügt werden.

Burst-Mode:
Sollen nacheinander mehrere Wörter ab einer bestimmten Adresse übertragen
werden, so genügt es, wenn die Adresse lediglich beim ersten Schreib- oder
Lesezyklus angelegt wird. Für jedes weitere Datum, welches zu übertragen ist,
kann die Adresse einfach durch wiederholtes Inkrementieren der zuerst
angelegten Adresse (z.B. auf der Speicherkarte selbst) erfolgen. Sie muß nicht
bei jedem Schreib-/Lesevorgang erneut vom Prozessor ausgegeben werden.
Im Burst-Modus ("büschelweise Übertragung") wird dadurch eine höhere
Datenübertragungsrate (Busbandbreite) erzielt.

Beispiel : 50 MHz Takt, es werden 16 Byte (= 4 Wörter) übertragen

• im Burst-Mode :	• ohne Burst-Mode (80386) :
1 Adresse	Für jede Übertragung werden benötigt:
<u>4 Datenübertragungszyklen</u>	<u>1 Adresse und 1 Datenübertragungszyklus</u>
5 Zyklen für 16 Byte	2 Zyklen für 4 Byte
16 Byte/100 ns → 160 MB/s	4 Byte/40 ns → 100 MB/s

BRDY#: Burst Ready
Burst Ready signalisiert, daß ein Schreib- / Lesezyklus im Burst-Mode
abgeschlossen ist. Die 486-CPU fragt dies ab dem zweiten Speicherzyklus ab,
um falls erforderlich, einen Wartezyklus einzufügen.

BLAST: Burst Last
Burst Last zeigt dem Speicher oder anderen externen Geräten, welche mit der
CPU im Bust-Mode Daten austauschen an, daß der folgende Schreib-/Lesezy-
klus der letzte Zyklus der Übertragung im Burst-Mode ist.

Interrupt-Signale:
Wie alle Prozessoren der 80x86-Familie besitzen auch 80486 und 80386 die
Unterbrechungseingänge **RESET, NMI** und **INTR**.

Busvergabe :
HOLD: Hold Request
Eingangssignal für eine Busanforderung, z.B. von einem DMA-Baustein.
Eine Rücknahme des Signals erfolgt, wenn der DMA abgeschlossen ist.

HLDA: Hold Acknowledge
Das Busfreigabesignal Hold Acknowledge wird von der CPU ausgegeben,
wenn der Bus per HOLD angefordert wurde und die CPU den Bus aktuell
nicht belegt.

BREQ: Bus Request
Bus Request signalisiert der externen Logik in einem Mehrprozessorsystem,
daß der betreffende Prozessor den Bus belegen möchte. Das Signal wird zur
Bus-Arbitration verwendet.

BOFF#: Backoff
Das Signal Backoff fordert den Prozessor (gewöhnlich in
Mehrprozessorsystemen) zur sofortigen Freigabe der Busleitungen auf, d.h.
nach dem nächsten Takt (nicht Prozessorzyklus, wie beim HOLD-Signal). Ein
evtl. dadurch unterbrochener Buszyklus, wird nach Rücknahme dieses
Signals wiederholt.

Signale des integrierten Koprozessors :
FERR#: Floating Point Error
Dieses Signal zeigt an, daß bei der Ausführung einer Gleitkommaoperation ein
Fehler aufgetreten ist (z.B. Formatfehler oder Division durch 0). Obgleich der
80486 den Mathematischen Koprozessor bereits auf dem Chip integriert hat,
ist dieses Signal aus Kompatibilitätsgründen zusätzlich herausgeführt worden.

IGNNE#: Ignore Numeric Error
Wird das Eingangssignal IGNNE auf Null gesetzt, so wird eine
Gleitkommaoperation auch im Fehlerfall fortgesetzt, andernfalls behält der
Koprozessor im Fehlerfall alle Registerinhalte für eine spätere Fehlerdiagnose.

Steuerung der Busbreite :
BS8#   Bus Size 8
BS16#   Bus Size 16
Mit Hilfe dieser Signale kann die Breite des Datenbusses auf 8 bzw. 16 Bit
eingestellt werden. Der Prozessor führt Datenübertragungen dann in mehreren
Schritten durch. Die Signale dienen z.B. beim Einsatz in low-cost
Applikationen, in denen der Datenbus häufig eine geringere Breite besitzt.

Maskierung der Adressen :
A20M#: Addreß Bit 20 Mask
Um im Real Mode die Kompatibilität zum 8086 sicherzustellen, welcher die
Adressen oberhalb von 1 MB auf den Anfang spiegelt, muß A20M auf Null
gelegt werden.

6.2. Die Registerstruktur des 80486/80386

6.2.1. Allgemeine Register

Die Prozessoren 80486 und 80386 verfügen als 32-Bit-Prozessoren über einen Satz von 32 Bit breiten allgemeinen Registern. Die Registerbezeichnungen erhalten gegenüber dem 80286 jeweils die Erweiterung E. Die entsprechenden 16- bzw. 8-Bit-Register (-anteile) dienen der Verarbeitung entsprechender Operanden und sind nicht zuletzt aus Kompatibilitätsgründen zu den Vorgängern 8086 und 80286 ebenfalls vorhanden.

Allgemeine, Basis- und Index- Register:

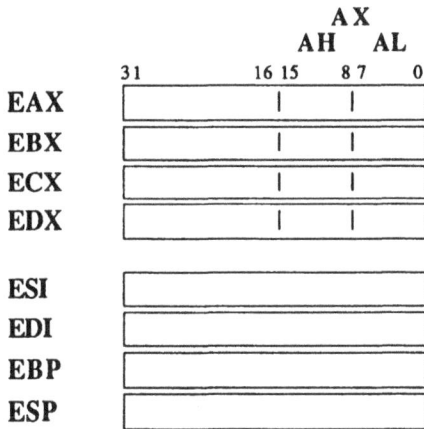

Befehlsadreßregister:

Das Befehlsadreßregister umfaßt ebenfalls 32 Bit, wovon im Real Mode jedoch nur die untersten 16 Bit angesprochen werden können.

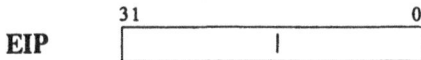

Die erweiterten 32-Bit-Register des 80486 (80386) erfüllen analoge Aufgaben, wie die entsprechenden Register beim Prozessor 80286, jedoch ist ihre Verwendbarkeit bei der Adressierung von Speicherstellen weniger eingeschränkt (z.B. MOV BX, [EAX]).

Diese erweiterte Möglichkeit des Einsatzes der Register (z.B. AX als Indexregister) wird durch ein, dem Befehlscode folgendes, S-I-B-Byte realisiert (**Scale-Index-Base-Byte**).

Das Scale-Feld im S-I-B-Byte wird zur Skalierung bei Zugriffen auf Feldelemente benutzt. Der Skalierungsfaktor kann die Werte 1, 2, 4 oder 8 aufweisen.

Es bedeutet
S = Skalierung, d.h. 1, 2, 4 oder 8 z.B. MOV ECX, [EDX*8] [EAX]
I = Allgemeines Register als Indexregister
B = Allgemeines Register als Basisregister

Statusregister:

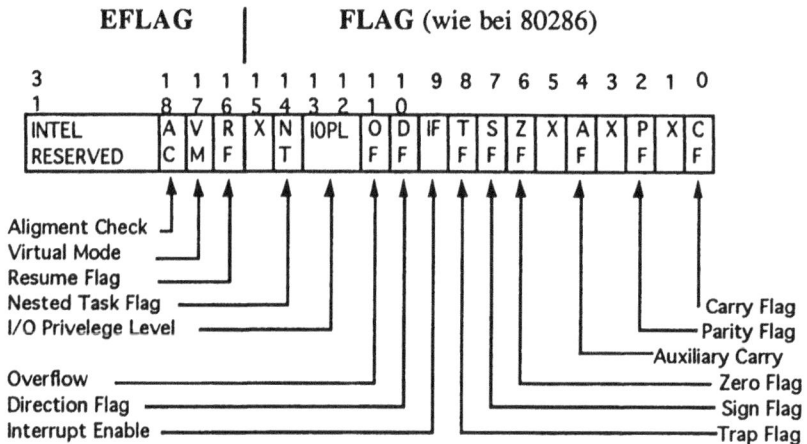

AC: Aligment Check
Falls dieses Bit gesetzt wird, lösen Wortzugriffe (DWort-Zugriffe) an ungeraden (nicht durch 4 teilbaren) Adressen eine Exception aus.

VM: Virtual 8086 Mode Bit
Dieses Bit kann nur innerhalb des Protected Mode durch einen IRET-Befehl gesetzt werden, wenn die akt. Privilegstufe gleich 0 ist, oder durch einen Taskwechsel.

RF: Resume Flag
Falls dieses Bit eins ist, verhindert es das Auslösen einer Debug-Unterbrechung für die Ausführung des nächsten Befehls. Es wird danach automatisch zurückgesetzt.

NT: Nested Task Flag
Falls auf eine Task umgeschaltet wird, welche ein gültiges Back-Link Feld besitzt und NT gesetzt ist, so wird auf die vorausgehende Task (welche lediglich unterbrochen wurde) zurückgeschaltet.

IOPL: Input/ Output Privilege Level
Gibt den größten Privilege-Level (niedrigste Berechtigungsklasse) an, der I/O Operationen ausführen darf.

Alle übrigen Bit sind wie beim Prozessor 80286 definiert.

6.2.2. Segmentregister

Die 16-Bit-Segmentregister CS, DS, ES, SS sind wie beim 80286 realisiert; FS und GS sind zusätzliche Datensegmentregister.

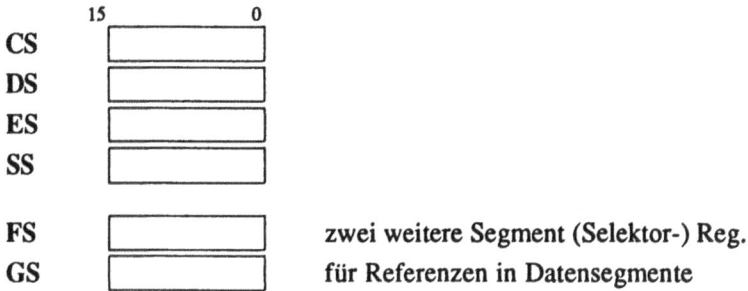

Abb. 6.3 : Segmentregister des Prozessors 80486 (80386)

Alle im Real Mode gebildeten Adressen werden (wie bereits beim 80286 gezeigt) durch Addition eines Offsets (zwei Byte) zu einem um vier Bit nach links verschobenen Segmentregister gebildet.

6.2.3. Steuerregister

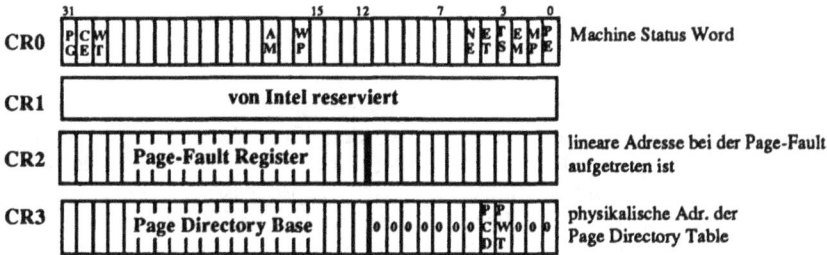

Die Steuerregister (Control-Registers) CR2 und CR3 enthalten nur die Bits $A_{31\text{-}12}$, da jeweils nur eine Seite bzw. Kachel mit einer Größe von 4 KByte adressiert wird. Durch die Ausrichtung an einer Seitenadresse sind die Bits $A_{11\text{-}0}$ sämtlich Null.

Register CR0:

Die niederwertigen 15 Bit des Registers CR0 entsprechen (aus Kompatibilitätsgründen) gerade dem Machine Status Word (MSW) des Prozessors 80286.

PE: Protection Enable
PG: Paging Enable

PG	PE	Arbeitsmodus des Prozessors
0	0	kein Paging, kein Protected Mode, d.h. Real Mode wie 8086, jedoch auch 32-Bit-Operationen)
0	1	kein Paging, Prot. Mode, wie 80286, jedoch auch 32-Bit-Operationen (wegen der Kompatibilität zum 80286 kann dieser Mode nicht per LMSW zurückgesetzt werden!)
1	0	Undefiniert
1	1	Paging und Segmentierung, 80386/80486 Protected Mode

WT: Write-Through
CE: Cache Enable

CE	WT	Steuerung des Pufferspeichers (Cache)
0	0	Cache nicht nachfüllen
0	1	Cache nicht nachfüllen, aber Zugriff (schreibend) auf Cache im Speicher nachhalten (Konsistenz zwischen Cache und Speicher)
1	0	Ungültig
1	1	Cache-Modus aktiv

TS: Task Switched
Das Task Switched Bit wird bei jedem Taskwechsel gesetzt. Soll bei gesetztem TS-Bit ein Koprozessorbefehl bearbeitet werden (Code ESC) und das MP-Bit ist gesetzt, so erfolgt eine Fehlerbehandlung (Koprozessor not available, Fault Nr. 7). Damit braucht ein Betriebssystem den Koprozessorkontext (über 100 Byte) nicht bei jedem Taskwechsel, sondern nur bei Bedarf zu retten. (Nicht alle Tasks verwenden den Koprozessor. Der Kontext des Koprozessors muß nur dann gewechselt werden, wenn die nächste Task den Koprozessor ebenfalls benutzt.)

ET: Extension Type
Das ET-Bit gibt an, welcher Koprozessor angeschlossen ist. Da der 80386 sowohl mit 80287, als auch mit 80387 zusammenarbeiten kann, wurde folgendes definiert: ET=1 bei 80387 und ET=0, falls ein 80287 oder kein Koprozessor vorhanden ist. Wenn EM=0 ist, wird ET ignoriert.

EM: Emulate Koprozessor
Ist das Bit Emulate Koprozessor gesetzt, so werden Koprozessorbefehle nicht vom Koprozessor ausgeführt, sondern verursachen einen Fault. Damit wird die Möglichkeit gegeben, externe Koprozessoren (es gibt bereits leistungs-fähigere, als den auf dem Chip mit integrierten) anzuschließen oder spezielle Unterprogramme zur Emulation der Befehle einzubinden.

MP: Monitor Koprozessor (bzw. Math Present)
Dieses Bit wird in Verbindung mit dem TS-Bit benutzt. Trifft der Prozessor auf einen Koprozessorbefehl (ESC) oder einen WAIT Befehl und sind MP und TS gesetzt, so wird ein Fault 7 ausgelöst. Offenbar gehört der Kontext des Koprozessors zu einer älteren Task und es soll erneut eine Operation mit dem Koprozessor innerhalb der aktuellen Task durchgeführt werden.

WP: Write Protect
Schreibschutz für eine Speicherseite

AM: Alignment Mask
Ist dies Bit gesetzt, so verursacht ein Fehler bei der Ausrichtung von Datenobjekten im Speicher (alignment-Fehler wie z.B. Wort an ungerader Adresse) das Setzen des AC-Bits im Statusregister.

Register CR3

PCD: Page-Level Cache Disable
PWT: Page-Level Write-Through (Writes Transparent)
Beide Bits werden beim Nachladen einer Speicherseite aus dem Hintergrundspeicher gesetzt. Sie werden an den Anschlüssen PCD und PWT herausgeführt, um den Anschluß externer Pufferspeicher (Cache) zu ermöglichen.

6.2.4. Debug-Register

Es gibt drei mögliche Arten der Unterstützung von Programm-Debugging:

1)   per Ein-Byte-(INT) Befehl (Code CCH), welcher von einem Debugger temporär in den Maschinencode eingesetzt wird. Hierbei wird ein INT 3 ausgelöst, wobei jedoch nicht wie beim INT n -Befehl der Privilege-Level geprüft wird

2)   per Single-Step über das TF (Trapp-Flag, Int. Nr. 1)
Typischerweise wird das TF-Flag durch ein Debug-Programm auf dem Stack gesetzt, so daß unmittelbar nach der Rückkehr in das zu untersuchende Programm (per IRET) dieses Flag gesetzt ist und nach der Ausführung nach nur einem einzigen Assemblerbefehl sofort zum Debug-Programm zurückgekehrt wird

3)   mit Hilfe der Debug-Register DR0 bis DR7 (Int. Nr. 1)

```
         31                                      0
 DR0   |          Breakpoint 0                    |

                       • • •

 DR3   |          Breakpoint 3                    |

                                    15         DR4 ,DR5 sind von Intel reservierte Register
 DR6   |||||||||||||||| B B B |||||||||| B B B B   Break Point Status
                        T S D            3 2 1 0
 DR7   LEN R W LEN R W LEN R W LEN R W  G   G L G L G L G L G L   Break Point Control
        3  3 3  2  2 2  1  1 1  0  0 0  D   E E 3 3 2 2 1 1 0 0
```

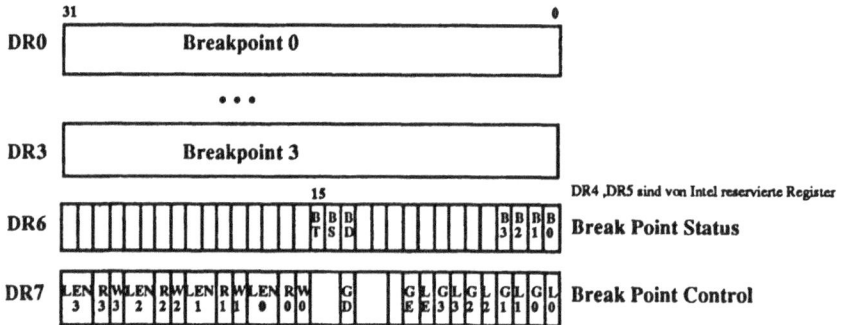

DR0,...,DR3:   enthalten 4 mögliche Haltepunkte (Break Points)

DR4, DR5:   von Intel reserviert

DR6:   zur Anzeige der Unterbrechungsursache (Trap bzw. Fault)

B_i zeigt an welches der 4 Haltepunkt-Register die Exception 1 ausgelöst hat

BD   Exception 1 wurde durch den Versuch auf die Debug-Register zuzugreifen (vgl. GD-Bit in DR7), ausgelöst

BT   falls Exception 1 durch einen Taskwechsel zu einer Task mit T-Bit = 1 (Debug-Trap-Bit) ausgelöst wurde

BS   falls Exception 1 durch Trap-Flag (TF in Flag-Reg.) ausgelöst wurde

DR7:   zur Einstellung der Unterbrechungsbereitschaft

L_i Lokale Haltepunkte nur für eine Task freigeben / sperren (wird bei jedem Taskwechsel zurückgesetzt)

G_i Globale Haltepunkte für alle Tasks freigeben / sperren (wird durch Taskwechsel nicht verändert)

GD   Debug-Register können nur im Real Mode oder im Privilege-Level 0 angesprochen   werden. Das GD-Bit bietet Schutz vor Zugriffen auf die Debug-Register selbst, um   selbst Zugriffe auf die Debug-Register "debuggen" zu können.

Wenn GD= 1 ist, so verursacht der Zugriff auf ein Debug-Register eine Exception 1 (und Reset von GD Flag)

LEN	Gültigkeit des Haltepunkts
0 0	1 Byte
0 1	2 Bytes (A0 nicht berücksichtigt, Wortausrichtung des Breakp.)
1 0	Undefiniert (nicht verwenden)
1 1	4 Bytes (A0 und A1 nicht berücksichtigt, DWORD-Ausrichtung des Breakp.

R	W	Art des Zugriffs der den Halt verursacht
0	0	Befehlsausführung
0	1	Daten schreiben
1	0	Undefiniert (nicht verwenden)
1	1	Daten lesen /schreiben

Ein Instruction Execution Breakpoint kann dadurch gesetzt werden, daß die Anfangsadresse einer Instruktion (evtl. Präfixe eingeschlossen) in ein DR_i geladen wird und RW_i = LEN_i=00 gesetzt werden.

Ein Data Breakpoint kann dadurch gesetzt werden, daß die Adresse in eines der DR_i geschrieben wird, RW_i=01 (für Schreibzugriff) oder RW_i=11 (für Lese- oder Schreibzugriff) gesetzt wird und das Feld LEN_i entsprechend einem Byte, Wort- oder DWORD-Zugriff auf 00, 01 oder 11 gesetzt wird.

Breakpoints werden freigegeben durch eine "1" in L_i (nur innerhalb einer Task wirksam) oder G_i (stets wirksam). Werden mehrere Haltepunkte definiert, so liefert B_i die Adresse, die den Fault bzw. Trap ausgelöst hat.
Es ist zu beachten, daß Instruction Execution Breakpoints als Faults behandelt werden (d.h. bevor die Instruktion ausgeführt wird erfolgt eine Unterbrechung), während Data Breakpoints als Traps behandelt werden (d.h. Unterbrechung nach dem Datentransfer).

Das Register DR6 wird durch die Hardware gesetzt und muß jeweils per Software vor der Freigabe von neuen Haltepunkten gelöscht werden, um gültige Informationen liefern zu können.

6.2.5. Testregister

Die Prozessoren 80386 und 80486 verfügen über die Möglichkeit, Selbsttests durchzuführen. Nach einem RESET enthält das Register EAX nur dann den Wert 00000000H, wenn keine Fehler im Selbsttest aufgetreten sind.

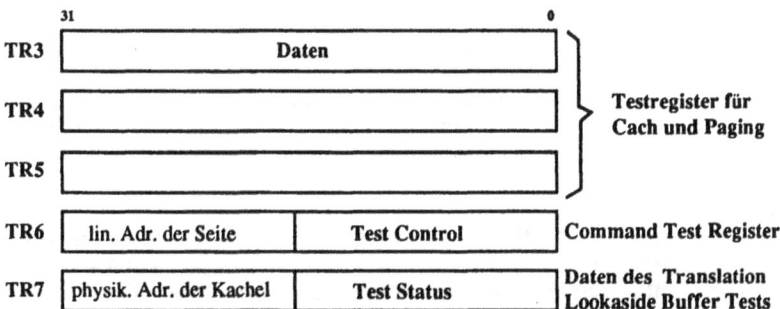

Weitere Möglichkeiten zum Test des Cache-Speichers und der Paging-Unit bieten die obigen Testregister TR3 bis TR7. Das Register TR6 enthält dazu in Bit 31 bis 12 die lineare Adresse und das Register TR7 die entsprechende physikalische Adresse entsprechend der Seitenumsetzung. Mit dem Register TR6 (Bit 11 bis 0) können die Bits zur Anzeige der Zustände einer Speicherseite (valid, dirty, writeable,...) verändert werden.

6.2.6. Systemadreßregister

Für die Realisierung einer Speicherverwaltung auf der Basis von Segmenten sowie der Realisierung von Speicherschutzmechanismen existieren spezielle Register, welche im Virtual Protected Mode verwendet werden.

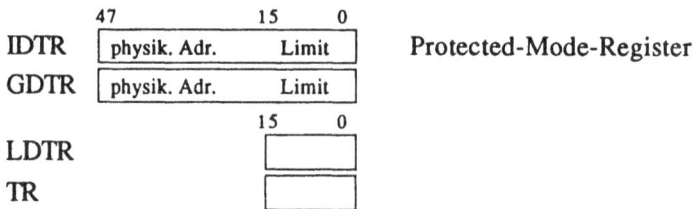

Bedeutung der Systemadreßregister für die Adressierung im Virtual Protected Mode:

IDTR: Interrupt-Descriptor-Table-Register
Adreßberechnungen bei Interrupts (enthält Basisadresse und Länge der Int. Descriptor Table). Die Tabelle muß nicht, wie im Real Mode erforderlich, ab der Adresse Null beginnen!

GDTR: Global-Descriptor-Table-Register
Für die Adressierung von Code- und Datensegmenten, die (z.B. bei der Realisierung eines Betriebssystems) allen Prozessen zugänglich sein sollen. Das GDTR enthält die Basisadresse und Länge der Global Descriptor Table.

LDTR Local-Descriptor-Table-Register
Für Adreßräume (Segmente) die nur lokal, d.h. innerhalb der gerade aktuellen Task, verwendet werden dürfen. Das Register enthält einen Selektor in die GDT, welcher auf einen Local Descriptor Table Descriptor zeigt (erst diese Tabelle enthält Deskriptoren auf Daten- oder Codesegmente).

TR: Task-Register
Zur Adressierung eines speziellen Speichersegmentes, in welchem der gesamte Kontext einer Task bei einem Taskwechsel gespeichert werden kann. Das Register wird automatisch bei Verzweigungen, die einen Taskwechsel verursachen, gerettet. (Task-Kontext = alle allgemeinen Anwenderregister sowie LDTR, CR3)

Die initiale Belegung der 80486 Register ist wie folgt:

EFLAG (Flag Word)	UUUU0002H	1)
CR0 (Machine Status Word)	6UUUUU10H	2)
EIP (Instruction Pointer)	0000FFF0H	
CS (Code Segment)	F000H	3)
DS (Data Segment)	0000H	4)
SS (Stack Segment)	0000H	4)
ES (Extra Segment)	0000H	4)
FS (Extra Segment)	0000H	4)
GS (Extra Segment)	0000H	4)
IDTR	Basis=00000000H, Limit=03ffH	
EAX	00000000H	falls Selbsttest
fehlerfrei		
DX Register	Comp. u. Serial-Nr. der CPU	5)
alle anderen	undefiniert	

1) höherw. 14 Bit des EFLAG Reg. undef., VM=RF=0
2) alle def. Felder in CR0 (= MSW) sind "0" (insbesondere: PG=Paging, PE=Protection Enable)
3) Basis = FFFF0000H, Limit= 0FFFFH
4) Basis = 00000000H, Limit= 0FFFFH
5) Damit können Softwareprodukte erstellt werden, welche nur auf einer speziellen CPU ablauffähig sind.

6.3. Befehle und Befehlsformate

Innerhalb des Prozessors 80486 (und auch 80386) wurde der Befehlssatz gegenüber den Prozessoren 8086 und 80286 um zwei orthogonale Richtungen erweitert:

• die **32-Bit Form aller 16-Bit Instruktionen** und

• die **32-Bit Adressierungsart.**

Dieser Erweiterung wird erreicht durch ein Default (D) Bit im Codesegment Deskriptor und durch zwei Präfixe im Instruction Set des Prozessors.

Das D-Bit im Codesegment Deskriptor gibt während der Ausführung des Segments die Default-Länge (D=0, 16 oder D=1, 32 Bit) von Operanden und effektiven Adressen an. D.h. es wird zwischen 16-Bit und 32-Bit Codesegmenten unterschieden.
Im Real Mode oder virtual 8086-Mode, in welchem keine Deskriptoren verwendet werden, wird das D-Bit dazu intern auf 0 gesetzt.

Mit Hilfe des **Operand-Size-Prefix** \x(01100110) und des **Adress-Size-Prefix** 01100111 kann der eingestellte Default-Wert für das D-Bit umgangen werden.

Insbesondere im Real- und Virtual 8086-Mode können so auch 32-Bit Operationen ausgeführt werden. Mehrere Präfixe sind hierbei erlaubt (z.B. Lock-, Segm. Override-, Adr. Size-Präfix und Rep.-Vorsatz).

Die Befehle haben dadurch eine Länge zwischen 1 Byte und 16 Byte. Der Operationscode umfaßt dabei 1 Byte oder 2 Byte.

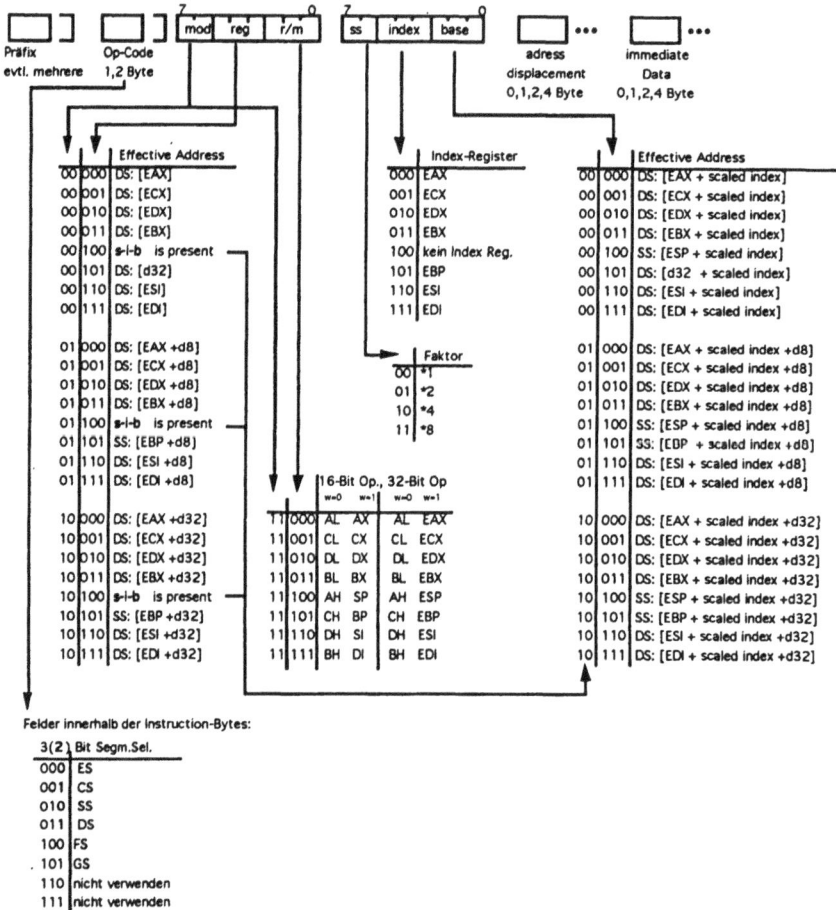

Präfix evtl. mehrere | Op-Code 1,2 Byte | mod reg r/m | ss index base | adress displacement 0,1,2,4 Byte | immediate Data 0,1,2,4 Byte

Effective Address

mod	r/m	
00	000	DS: [EAX]
00	001	DS: [ECX]
00	010	DS: [EDX]
00	011	DS: [EBX]
00	100	s-i-b is present
00	101	DS: [d32]
00	110	DS: [ESI]
00	111	DS: [EDI]
01	000	DS: [EAX +d8]
01	001	DS: [ECX +d8]
01	010	DS: [EDX +d8]
01	011	DS: [EBX +d8]
01	100	s-i-b is present
01	101	SS: [EBP +d8]
01	110	DS: [ESI +d8]
01	111	DS: [EDI +d8]
10	000	DS: [EAX +d32]
10	001	DS: [ECX +d32]
10	010	DS: [EDX +d32]
10	011	DS: [EBX +d32]
10	100	s-i-b is present
10	101	SS: [EBP +d32]
10	110	DS: [ESI +d32]
10	111	DS: [EDI +d32]

Index-Register

000	EAX
001	ECX
010	EDX
011	EBX
100	kein Index Reg.
101	EBP
110	ESI
111	EDI

Faktor

00	*1
01	*2
10	*4
11	*8

		16-Bit Op.		32-Bit Op	
		w=0	w=1	w=0	w=1
11	000	AL	AX	AL	EAX
11	001	CL	CX	CL	ECX
11	010	DL	DX	DL	EDX
11	011	BL	BX	BL	EBX
11	100	AH	SP	AH	ESP
11	101	CH	BP	CH	EBP
11	110	DH	SI	DH	ESI
11	111	BH	DI	BH	EDI

Effective Address

00	000	DS: [EAX + scaled index]
00	001	DS: [ECX + scaled index]
00	010	DS: [EDX + scaled index]
00	011	DS: [EBX + scaled index]
00	100	SS: [ESP + scaled index]
00	101	DS: [d32 + scaled index]
00	110	DS: [ESI + scaled index]
00	111	DS: [EDI + scaled index]
01	000	DS: [EAX + scaled index +d8]
01	001	DS: [ECX + scaled index +d8]
01	010	DS: [EDX + scaled index +d8]
01	011	DS: [EBX + scaled index +d8]
01	100	SS: [ESP + scaled index +d8]
01	101	SS: [EBP + scaled index +d8]
01	110	DS: [ESI + scaled index +d8]
01	111	DS: [EDI + scaled index +d8]
10	000	DS: [EAX + scaled index +d32]
10	001	DS: [ECX + scaled index +d32]
10	010	DS: [EDX + scaled index +d32]
10	011	DS: [EBX + scaled index +d32]
10	100	SS: [ESP + scaled index +d32]
10	101	SS: [EBP + scaled index +d32]
10	110	DS: [ESI + scaled index +d32]
10	111	DS: [EDI + scaled index +d32]

Felder innerhalb der Instruction-Bytes:

3(2) Bit Segm.Sel.

000	ES
001	CS
010	SS
011	DS
100	FS
101	GS
110	nicht verwenden
111	nicht verwenden

Abb. 6.3-1   Aufbau von Instruktionen

Zur einfacheren und damit schnelleren Befehlsdekodierung werden bei der Adressierung Default-Segmentregister verwendet:

Type of Memory Reference	Default Segment Use	mögliche Segment Override Präfixe
Code Fetch	CS	keine
PUSH, POP-Operationen	SS	keine
[EAX]	DS	CS, SS, ES, FS, GS
[EBX]	DS	CS, SS, ES, FS, GS
[ECX]	DS	CS, SS, ES, FS, GS
[EDX]	DS	CS, SS, ES, FS, GS
[EBX]	DS	CS, SS, ES, FS, GS
[ESI]	DS	CS, SS, ES, FS, GS
[EDI]	DS	CS, SS, ES, FS, GS
[EBP]	SS	CS, SS, ES, FS, GS
[ESP]	SS	CS, SS, ES, FS, GS

Tab. 6.3-1: Default-Segmentregister bei 80386 und 80486

Neue Befehle des 80486:

- Alle Wortoperationen, 16 oder 32 Bit breit
  kann über ein Bit (D-Flag für 16 bzw. 32-Bit Segment) im Segment-deskriptor eingestellt werden.

- Allgemeine Register können frei als Index- oder Basisregister verwendet werden.

- Multiplikation (MUL) und Division (DIV) auch mit anderen Registern als AX möglich.

- Bitoperationen.

- Privilegierte Befehle für die Manipulation der Speichertabellen.

- Gleitkommabefehle des Koprozessors
  FLOad, FSTore, FADD, FSUB, FMUL, FDIV, FSQRT, FSIN, FEXP, FLOG,...

- 6 neue Befehle gegenüber 80386
  XCHG (für Wechsel zwischen Little-Endian (Stand.) und Big-Endian
  Byte swap
  EXchange and ADD
  Compare and exchange
  Cache-Verwaltungsbefehle
  Alignment check (Datenausrichtung)
  Prefetch Queue auf 32 Worte erweitern

Beispiele: INC Word Ptr [0FF108000H]   32-Bit Adr.
               MOV [ECX], EDX   auch ECX als Index-Reg.
               MOV ECX, [EAX+24]
               ADD EAX, Table[ESI]
               IMUL EBX, Table[ESI*4],7   Skalierung per s-i-b Byte
               MOV EAX, [ESI] [EBX]
               MOV ECX, [EDX *8] [EAX]
               ADD EDX, [ESI] [EBP+ 0FFFFF0H]
               SUB AL, [EDI * 8] [EBP + 0B000FF00H]

6.4. Betriebs- und Adressierungsarten

6.4.1. Betriebsarten

Der Prozessor hat 3 Betriebsarten:
* Real Mode
    - kompatibel zum 16-Bit Prozessor 8086
    - wird bei RESET automatisch eingeschaltet
    - Adressen: 20 Bit, Daten: 16 Bit
    - Segmentlänge bis max. 64 KByte
      Adreßberechnung :
      Physikalische Adresse = Segmentregister*16 + Offset
* Virtueller 8086-Modus (Virtual 8086 Mode)
    - Nachbildung eines 8086-Prozessors (Ablauf eines 8086-Programms)
      als eine Task unter dem Protected Mode
    - alle 8086 Programme sind ablauffähig
    - Ein/Ausgabe und Interrupts im 80386/486-Modus
    - Quasi-Simultanarbeit von mehreren 8086-Prozessoren möglich, wenn
      der 1 MByte Adreßraum z.B. mit Hilfe von Paging verwaltet wird.
* Geschützter Modus (Protected Mode)
    - Adressen
      physikalisch: 32 Bit (4 GByte)
      virtuell: 46 Bit (64 TByte)
      Daten: 32 Bit
    - Segmentlänge bis 4 GByte (32 Bit)
    - Speicherverwaltung mit Segmentierung und Paging
      Seitengröße: 4 KByte
    - kompatibel zum 80286
      d.h. 16-Bit Prozessor, segmentierter Speicher, 24 Bit physikalische
      Adressen

Nach dem Einschalten befindet sich der Prozessor aus Gründen der
Kompatibilität zunächst im Real Mode. In dieser Betriebsart hat der 80486 die
gleiche Architektur wie der 8086, jedoch sind auch Zugriffe auf die 32 Bit
breiten Register möglich.

Bezüglich der Adressierungsart, der Speichergröße, dem Interrupt-Handlings verhält sich der Prozessor 80486 (80386) ebenso wie der 80286 Prozessor.

6.4.2. Adressierungsarten

Befindet sich der Prozessor im **Real Mode,** so erfolgt die Adreßberechnung (ebenso wie beim 80286) über die Addition eines Segmentregisterinhalts * 16 und einem entsprechenden Offset (gegeben durch IP, SP, Basis- oder Indexregister, vgl. 80286).

Beispiel:

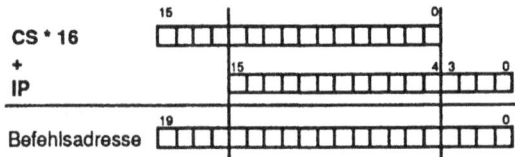

Damit lassen sich Adressen innerhalb des physikalischen Adreßraums ansprechen, welche im Bereich von 00000H bis 0FFFFFH (also 1 MByte) liegen. Der Anfang eines Segmentes liegt damit stets auf einer durch 16 teilbaren Zahl und die Segmentgröße ist mit 64 KByte fest vorgegeben.

Ausnahme:
Die Adreßleitungen $A_{20\text{-}31}$ sind "1" während den initialen Speicherzugriffen über das Code-Segment (CS), solange bis ein Intersegment-Jump oder -Call ausgeführt wurde (RESTART-Adr.= FFFF.FFF0H).

Im Virtual **Protected Mode** erfolgt die Berechnung einer Adresse dagegen stets über variabel große Segmente, welche durch eine Anfangsadresse (Basis) und eine Segmentgröße (Limit) sowie eine Anzahl von Attributen gekennzeichnet sind. Limit und Zugriffsattribute regeln dabei den Zugriffsschutz auf den durch das Segment definierten Speicherbereich.

6.5. Der Virtual Protected Mode

6.5.1. Segmente und Pages

Bei der Speicheradressierung unterscheidet man zwischen Segmenten und Seiten (Pages):

Segmente:
Der logische Adreßraum besteht in diesem Fall aus einer Anzahl von unterschiedlich großen Segmenten. Ein Segment kann den gesamten log. Adreßraum umfassen oder nur Teile davon. Eine Adresse kann somit durch die Angabe des Segments und einen Offset innerhalb des

Segments angegeben werden. Befindet sich eine Adresse nicht innerhalb eines der definierten und per Deskriptor referenzierbaren Segmente, so kann sie nicht angesprochen werden.

Pages:
Der logische Adreßraum ist in eine größere Anzahl von Speicherstücken (Pages) gleicher Größe (stets 2-er Potenz, bei 80486 z.B. 4 KByte groß) eingeteilt. Eine Adresse kann durch die Angabe einer Seitennummer und einen Offset gebildet werden.

Segmente, welche in Pages eingeteilt sind:
Der logische Adreßraum besteht aus Segmenten, welche jeweils aus einer Anzahl von Seiten bestehen. Eine Adresse besteht wiederum aus einem Segmentselektor und einem Offset. Die Umrechnung der logischen Adressen (A_{47-0}, 64 TByte) in physikalische Adressen (A_{31-0}, maximal 4 GByte) übernimmt die Memory-Management-Unit (MMU). Die Umsetzung der Adressen kann bei den Prozessoren 80386 und 80486 wie folgt dargestellt werden:

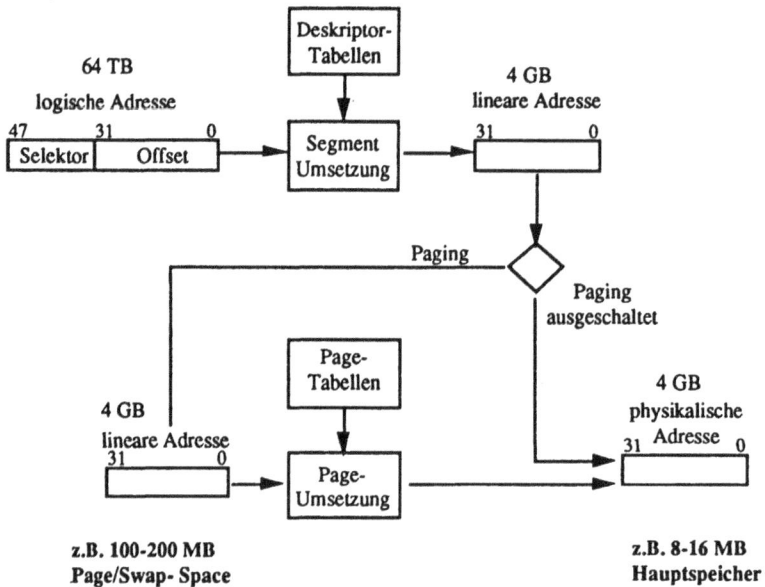

Abb. 6.5-1: Adreßumsetzung bei Segmentierung und Paging

6.5.2. Segmente

Ein Betriebssystem kann seinen logischen Adreßraum in logische Einheiten variabler Größe (Segmente) einteilen und diese verwalten. Mit Hilfe der Segmente lassen sich Speicherbereiche individuell schützen, indem jedem Segment eine Anzahl von Attributen zugeordnet wird, welche die Art des erlaubten Zugriffs eines Programms auf das Segment festlegen. Beim Zugriff auf eine in einem Segment enthaltene Speicherstelle können mit Unterstützung der Hardware Verletzungen der Zugriffsrechte erkannt und Fehlerzustände ausgelöst werden.

Für die Umsetzung der logischen Adressen in lineare Adressen innerhalb eines Segmentes ist die MMU (Memory Management Unit) zuständig. Der Selektoranteil einer logischen Adresse (vgl. Abb.) zeigt dazu auf eine Datenstruktur (Segmentdeskriptor) innerhalb einer Tabelle (Deskriptortabelle). In dieser Datenstuktur sind die

• **Anfangsadresse des Segments, die**

• **Größe des Segments** und

• **Verwaltungsinformationen**

abgelegt. Zur Umrechnung der Adressen wird der Selektoranteil der logischen Adresse durch die Anfangsadresse im Segmentselektor ersetzt. Bei einem Zugriff auf eine Adresse wird dabei gleichzeitig von der MMU geprüft, ob der Offset innerhalb der Segmentgröße liegt und ob die Art des Zugriffs (ausführbar, Lesen/Schreiben erlaubt/verboten,...) mit den im Deskriptor hinterlegten Zugriffsrechten vereinbar ist.

Ist dies nicht der Fall oder ist die Privilegstufe des laufenden Programms (Current Privilege Level, CPL) zu gering (numerisch größer als der Deskriptor Privilege Level, DPL), so wird ein General Protection Fault (Nr. 13) ausgelöst.

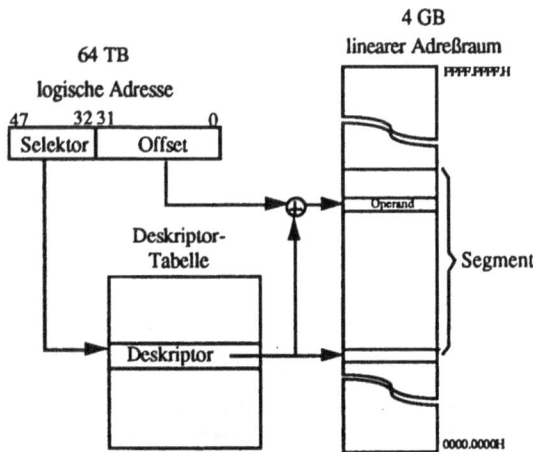

Abb. 6.5-2: Adreßumsetzung über Segmentdeskriptor

Zur Unterstützung der Segmentierung besitzen der 80486 und 80386 neben den Segmentregistern zusätzlich interne, für den Anwender nicht zugängige **Segmentdeskriptorregister.** Zu jedem der Segmentregister CS, SS, DS, ES, FS und GS existiert ein Satz von Registern, welche zu einem ausgewählten Selektor (15 Bit Zeiger auf Deskriptor in Deskriptortabelle, welche in CS, SS, ... GS geladen werden) die Basisadresse, das Limit, Typ, Attribute, ... des zugeordneten Segmentdeskriptors beinhalten.

Neben Segmentdeskriptoren gibt es weitere Deskriptoren (z.B. auf bestimmte Tabellen). Deskriptoren haben prinzipiell den folgenden Aufbau:

Allgemeiner Aufbau eines Segmentdeskriptors:

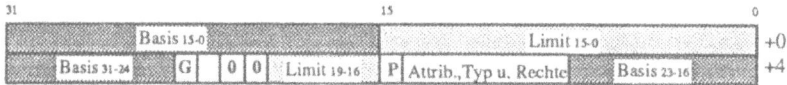

```
31                        15                        0
+-------------------------+-------------------------+
|      Basis 15-0         |       Limit 15-0        | +0
+----------+--+--+--+-----+--+-----------------+----+
|Basis 31-24|G| 0| 0|Limit 19-16|P|Attrib.,Typ u. Rechte|Basis 23-16| +4
+-----------+-+--+--+-----------+-+--------------------+-----------+
```

G Granularity Bit
   G= 1: Limit Feld enth. Anz. von 4K Pages, (max. Segm. Größe=2^{20} Pages= 4 GByte)
   G= 0: Limit Feld enthält Anz. der Bytes im Segm. (max. Segm. Größe=1 MByte)
   z.B. G=1, Basis=BF00.2000H und Limit= 0, d.h. Segm. enth. Adr. : 0BF00.2000H bis 0BF00.2FFFH

P Present Bit
   P= 1: Segment befindet sich physik. im Speicher, d.h. Basis und Limit sind gültig
   P= 0: Segment ist aktuell nicht im Speicher, d.h. Basis und Limit sind nicht definiert, bei Zugriff erfolgt Except. 11 (Felder können z.B. für Adr. auf Festplatte verwendet werden!)

Entsprechend der Verwendung der Segmente wie z.B. Code, Daten, Stack, ... unterscheidet man verschiedene Typen von Segmentdeskriptoren:

Codesegment Deskriptor:

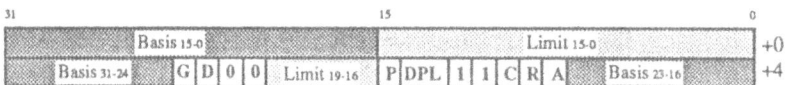

```
31                        15                        0
+-------------------------+-------------------------+
|      Basis 15-0         |       Limit 15-0        | +0
+----------+--+-+--+------+--+----+-+-+-+-+-+--------+
|Basis 31-24|G|D|0|0|Limit 19-16|P|DPL|1|1|C|R|A|Basis 23-16| +4
+-----------+-+-+-+-+----------+-+---+-+-+-+-+-+-----------+
```

D Default Instruction Attributs
   D=1: voreingestellte Operandengröße/Adr. = 32 Bit (32-Bit Segment)
   D=0: voreingestellte Operandengröße/Adr. = 16-Bit (16-Bit Segment, wegen Kompatibilität mit 80286 !)
   Bei 80286 Codesegment Deskriptoren ist Byte +6 und +7 (Basis$_{31-24}$, ..., Limit$_{19-16}$) jeweils gleich 00H (insbesondere ist dann auch D=0 und G=0 !).

DPL Descriptor Privilege Level
   00 - Level 0 (höchste Privilegstufe) bis 11- Level 3
   kann nur ausgeführt werden, wenn CPL $\geq$ DPL (CPL bleibt unverändert)

C Conforming Code Segment
   C=0: Privilegstufe der rufenden Task wird zu DPL
   C=1: Privilegstufe der rufenden Task wird übernommen

R   Readable Bit
     R=0: Code Segment ist nicht lesbar (nur ausführbar!)
     R=1: Code Segment darf gelesen werden
     (In Code Segmente darf nie geschrieben werden !)

A   Accessed Bit
     A=0: bisher kein Zugriff auf das Segment,
     A=1:Segment Selektor wurde in ein Segmentregister geladen bzw.
     Selektor Test-Instruction

Datensegmentdeskriptor :

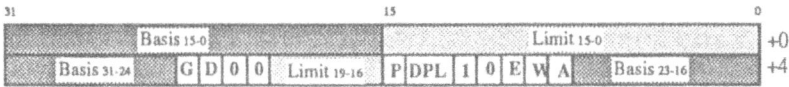

31		15		0	
Basis 15-0			Limit 15-0		+0
Basis 31-24	G D 0 0 Limit 19-16	P DPL 1 0 E W A	Basis 23-16		+4

E   Expand up/down Segment
     E=0: Expand up Segment (z.B. Daten)
     E=1: Expand down Segment (z.B. Stack) d.h. Offset muß stets größer
     sein als Limit
     z.B.: lin Basis= 1000.4000H, Limit= 02.8000H, dann ist die höchste
     gültige (Stack-) Adresse 1010.3FFF und die niedrigste 1002.C000H.

Um bei einer notwendigen Vergrößerung eines Datensegments bzw.
Stacksegments (wird ebenfalls als Datensegment betrachtet) überflüssige
Kopierarbeit zu sparen bzw. weiterhin gültige Adreßbezüge zu behalten,
können Segmente an ihrem Anfang oder Ende vergrößert werden.

W   Writeable
     W=0: keine Schreibzugriffe erlaubt
     W=1: Schreibzugriffe erlaubt

Bei 80286 Datensegmentdeskriptoren ist Byte +6 und +7 (Basis$_{31-24}$, ...,
Limit$_{19-16}$) je gleich 00H.

6.5.2.1. Deskriptortabellen

Die Menge aller von einem Betriebssystem verwalteten Deskriptoren wird bei
den Prozessoren 80286 bzw. 80386/80486 innerhalb von Tabellen gehalten.
Da es neben den Code- und Datensegmentdeskriptoren weitere wichtige
Deskriptoren (Systemdeskriptoren) gibt, welche ebenfalls in diesen Tabellen
gehalten werden, besitzen diese Prozessoren Register, in denen Zeiger auf
diese häufig benötigten Tabellen abgelegt werden können.

```
        47         16 15        0
GDTR  | Basis    | I Limit    |        Globale Deskriptortabelle
IDTR  | Basis    | I Limit    |        Interrupt Deskriptortabelle
LDTR  |                       |        Lokale Deskriptortabelle
TR    |                       |        Zeiger auf aktuelles TSS
```

Hierbei beinhaltet das Register GDTR einen Zeiger auf die Globale Deskriptortabelle (GDT). Diese Tabelle kann sich, wie auch die anderen Tabellen, potentiell an jeder beliebigen Stelle im Speicher befinden, jedoch sollten sie aus Gründen des schnelleren Zugriffs im physikalischen Speicher gehalten werden. Da Deskriptoren 8 Byte lang sind, können in der globalen Deskriptortabelle maximal 8192 Deskriptoren gehalten werden. (Auf die in der GDT enthaltenen Deskriptoren können alle Tasks zugreifen.)

Weitere Deskriptoren können in lokalen Deskriptortabellen (LDT) gehalten werden. Sie beinhalten jeweils alle sonstigen von einer speziellen Task benötigten Deskriptoren. Für die lokalen Deskriptortabellen wird lediglich ein Deskriptor, d.h. ein "Local Deskriptortable Deskriptor" (LDTD) in der GDT angelegt. Ein Selektor auf einen LDTD kann direkt im LDTR abgelegt werden.

Local Descriptor Table Descriptor

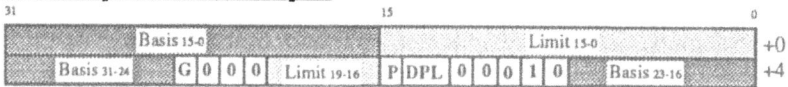

Während das GDTR (wie auch das IDTR) explizit geladen werden muß, genügt es für das LDTR (wie auch das TR) einen Selektor zu laden, welcher innerhalb der GDT auf den entsprechenden Deskriptor zeigt, bzw. diesen in prozessorinterne Register lädt.

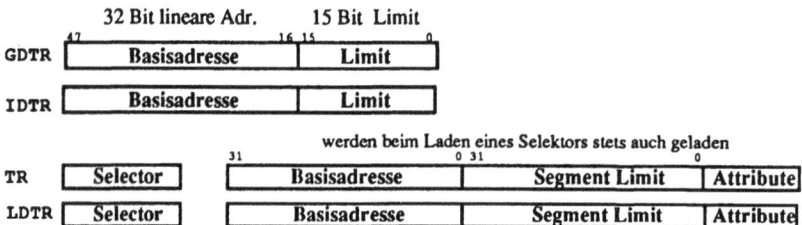

In der gleichen Weise werden durch das Laden eines Selektors in eines der Segmentregister CS, SS, DS, ... GS, welcher auf einen Code- oder Datendeskriptor in der GDT oder LDT zeigt, automatisch auch die für den Programmierer nicht sichtbaren (weil nicht zugängigen) Register für Basisadresse, Segmentlimit und die Schutzattribute in den Registersatz des Prozessors geladen.

werden beim Laden eines Selektors stets auch geladen

15 • 31		• 23 •
Selector	CS-	Basisadresse	Segment Limit	Attribute
Selector	SS-	Basisadresse	Segment Limit	Attribute
Selector	DS-	Basisadresse	Segment Limit	Attribute
Selector	ES-	Basisadresse	Segment Limit	Attribute
Selector	FS-	Basisadresse	Segment Limit	Attribute
Selector	GS-	Basisadresse	Segment Limit	Attribute

Innerhalb eines Programms kann stets nur auf all diejenigen logischen Adressen zugegriffen werden, welche durch die geladenen Selektoren in den Segmentregistern, richtiger die entsprechenden Deskriptoren, erreicht werden können. Es können jedoch nur dann Selektoren in die Register CS, SS, DS,... geladen (und auf den Inhalt eines damit angesprochenen Segments zugegriffen) werden, wenn die Privilegstufe eines Programms es erlaubt, diesen Selektor (Deskriptor) zu laden.

Bei der Adreßumsetzung wird der Segmentanteil (führende 15 Bit) einer virtuellen Adresse (48 Bit) entfernt und zum verbleibenden Offset (32 Bit) wird die Basisadresse des Segments, welche im Deskriptor steht, addiert.

Die Interrupt Deskriptor Tabelle (wird später erläutert) enthält ausschließlich Task-, Interrupt- und Trap-Gates. Diese ermöglichen es niederpriviligierten Programmen auf höher privilegierte Programmteile (z.B. Treiberprogramme für I/O) zuzugreifen.

Einfaches Speichermodell (Flat):

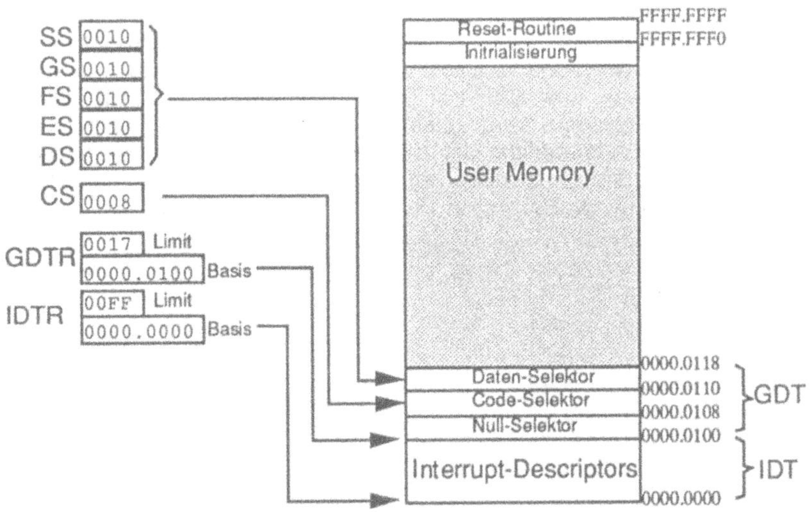

Abb. 6.5-3: Speichermodell **Flat** im Virtual Protected Mode

Die vorhandenen Befehle zur Manipulation der Systemregister sind:

LGDT   Load Global Descriptor Table
SGDT   Store Global Descriptor Table
LIDT   Load Interrupt Descriptor Table
SIDT   Store Interrupt Descriptor Table
LTR   Load Task Register
STR   Store Task Register
LLDT   Load Local Descriptor Table
SLDT   Store Local Descriptor Table

ARPL   Adjust Requested Privilege Level
VERR   Verify Segment for Reading
VERW   Verify Segment for Writing

LAR   Load Access Rights
LSL   Load Segment Limit

LMSW   Load Machine Status Word (lower 16 Bits of CR0)
SMSW   Store Machine Status Word

6.5.2.2. Task Status Segment (TSS) und TSS-Deskriptor

Zur quasiparallelen Ausführung von Programmen bzw. Programmteilen (Tasks), zwischen denen zyklisch sehr schnell umgeschaltet werden muß (Time Sharing), erhält jede Task ein Task Status Segment, in welchem bei einem Taskwechsel der gesamte Kontext einer Task gerettet wird. Dieser Kontext muß vor der Wiederaufnahme der Bearbeitung der Task erneut hergestellt werden. Der Kontext besteht aus Registerinhalten, dem aktuellen Maschinenstatus (Flags), Zeiger auf Deskriptortabellen, usw. :

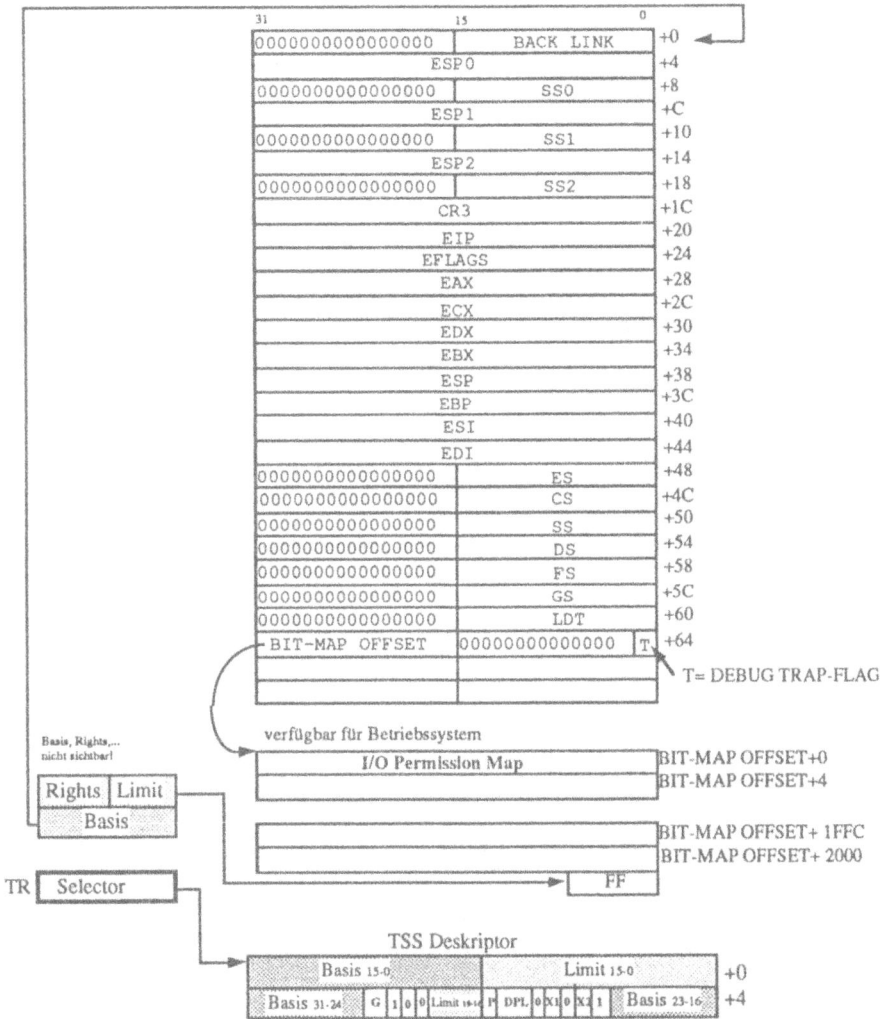

31	15	0	
000000000000000	BACK LINK		+0
ESP0			+4
000000000000000	SS0		+8
ESP1			+C
000000000000000	SS1		+10
ESP2			+14
000000000000000	SS2		+18
CR3			+1C
EIP			+20
EFLAGS			+24
EAX			+28
ECX			+2C
EDX			+30
EBX			+34
ESP			+38
EBP			+3C
ESI			+40
EDI			+44
000000000000000	ES		+48
000000000000000	CS		+4C
000000000000000	SS		+50
000000000000000	DS		+54
000000000000000	FS		+58
000000000000000	GS		+5C
000000000000000	LDT		+60
BIT-MAP OFFSET	0000000000000	T	+64

T= DEBUG TRAP-FLAG

verfügbar für Betriebssystem

I/O Permission Map	BIT-MAP OFFSET+0
	BIT-MAP OFFSET+4
	BIT-MAP OFFSET+ 1FFC
	BIT-MAP OFFSET+ 2000

Basis, Rights,...
nicht sichtbar

| Rights | Limit |
| Basis |

TR | Selector |

FF

TSS Deskriptor

Basis 15-0	Limit 15-0	+0
Basis 31-24	G	1	0	0	Limit 19-16	P	DPL	0	X1	0	X2	1	Basis 23-16	+4

Abb. 6.5-4: Aufbau des TSS

Für jedes TSS gibt es in der GDT einen Deskriptor (TSS-Deskriptor). Der Kontext einer Task wird verfügbar, indem der entsprechende Selektor eines TSS-Deskriptors in das Task-Register (TR) geladen wird. Erfolgt eine Taskumschaltung, so wird zunächst der alte Kontext im aktuellen TSS abgelegt. Dies erfolgt automatisch. Der TSS-Deskriptor hat den nachfolgenden Aufbau:

Task Status Segment Deskriptor:

31	15	0	
Basis 15-0	Limit 15-0		+0
Basis 31-24	G	1	0	0	Limit 19-16	P	DPL	0	X1	0	X2	1	Basis 23-16	+4

X_1	X_2	Typ
0	0	Available 80286 TSS
0	1	aktives 80286 TSS
1	0	Available 80386/80486 TSS
1	1	aktives 80386/80486 TSS

Bei den 80286 Code- und Datensegment Deskriptoren ist Byte +6 und +7 (Basis$_{31-24}$, ..., Limit$_{19-16}$) je gleich 00H.

Erzeugen von Tasks

Neben der GDT und der IDT, welche für das gesamte System Deskriptoren zur Verfügung stellen, benötigt eine Task (sofern sie nicht auf die LDT einer anderen Task zugreift oder es im System nur eine einzige, nämlich die GDT gibt) eine LDT. Ist Paging zugelassen, so benötigt eine Task ferner eine Page-Directory-Table sowie Page-Tabellen.

Das Anlegen eines TSS kann nicht durch das Schreiben in ein TSS erfolgen, sondern über einen Datensegmentdeskriptor, welcher auf das gleiche Segment zeigt. Solche "Alias-Deskriptoren" werden auch zum Schreiben in Codesegmente (z.B. für Debug-Zwecke) verwendet. Mit ihrer Hilfe muß das Betriebssystem ein gültiges TSS über einen Datensegment-Alias, welcher auf ein späteres TSS zeigt, anlegen.

Dabei enthalten die allgemeinen Register die initial gewünschten Belegungen und insbesondere der EIP sowie die von der Task initial benötigten Segmentregister gültige Werte, welche vom Betriebssystem anhand der dort vorhandenen Verwaltungsinformationen bereitgestellt werden können. Weitere Beachtung muß den folgenden Registereinträgen geschenkt werden:

Privilegierte Stackpointer- und Stack-Segmentregister:
SS0, ESP0, SS1, ESP1, SS2, ESP2 müssen bei möglichen Aufrufen von Programmen der Privilegstufe 0 bis 2 (aus der aktuellen Task heraus) in geeigneter Weise vorbelegt werden, um z.B. Stackbereiche für Systemfunktionen zur Verfügung zu haben.

Kontrollregister:
Das Register CR3 ist für den Fall, daß Paging erlaubt ist, mit der physikalischen Adresse der Page-Directory-Table zu initialisieren.

T-Bit:
Ist das T-Bit im TSS gesetzt, so erfolgt bei einem Taskwechsel zu dieser Task ein Debug-Trap.

Backlink:
Wird eine Task durch eine Exception oder einen Call zu einer anderen Task unterbrochen (kein regulärer Taskwechsel durch das Betriebssystem!), so wird im Backlink-Feld der neuen Task der Selektor derjenigen Task abgelegt, zu der nach einem IRET-Befehl zurückgekehrt werden soll. Um den Prozessor dazu zu veranlassen, muß das NT-Bit gesetzt sein.
Das Backlink-Feld sollte initial auf den Wert 0 gesetzt werden um zu verhindern, daß selbst bei einem gesetzten NT (Nested-Task-Flag im EFLAG-Register) kein fehlerhafter IRET ausgelöst werden kann. Ein IRET zu einem Backlink mit Selektor=0 hat lediglich einen "Invalid TSS"-Fault zur Folge, welcher vom Betriebssystem abgefangen werden sollte.

Offset zur I/O-Permission Map:
Mit Hilfe dieses Zeigers auf ein Bitfeld, welches Auskunft darüber gibt, welche I/O-Adressen von dieser Task adressiert werden dürfen, können Tasks ohne den Umweg über höherprivilegierte Kernfunktionen auf Geräte zugreifen.
Das Limit Feld im TSS-Deskriptor gibt hierzu die Länge dieser Bit-Map an, welche für einen I/O-Adreßraum von 64 KB gerade 8 KB (je Byte-Adr. ein Bit, 1= Zugriff verboten) umfaßt. Ist das Limit-Feld kleiner, so werden alle Portadressen darüber als gesperrt behandelt.

Das Umschalten zwischen Tasks

Die Umschaltung zwischen verschiedenen Tasks wird vom Betriebssystem aufgrund der implementierten Scheduling-Strategie, evtl. unterschiedlicher Prioritäten der Tasks (d.h. der damit zugeordneten Zeitscheiben) sowie aus Gründen der Resourcen-Verwaltung (CPU-Zeit, I/O-Geräten, Hauptspeicher, ...) veranlaßt.

Soll ein Taskwechsel stattfinden, so ist es die Aufgabe des 80486 (80386) Prozessors den Maschinenkontext umzuschalten (TSS) und die Aufgabe des Betriebssystems (speziell des Dispatchers) die internen Verwaltungsinformationen an den neuen Zustand anzupassen.

Ein Taskwechsels kann vom Prozessor durch die Ausführung der Befehle

        JMP   TSS

        CALL   TSS   und

        JMP   TASK-GATE

vorgenommen werden. Mit Hilfe des CALL TSS wird ein Taskwechsel vorgenommen, welcher nach Beendigung der Task per IRET-Befehl zur Rückkehr zur aufrufenden Task führt (geschachtelte Tasks). Über einen Befehl JMP TASK-GATE können Übergänge zu höher privilegierten Programmen vorgenommen werden. Der Befehl JMP TSS ermöglicht es als nicht privilegierter Befehl einem Programm, selbständig einen Taskwechsel zu einer anderen Task vorzunehmen. Ein entsprechendes TSS läßt sich jedoch nur dann laden, wenn das angegebene TSS mindestens ebenso privilegiert ist, wie die rufende Task.

Das Terminieren einer Task

Zum Terminieren einer Task ist es die Aufgabe des Betriebssystems, die nicht mehr benötigten Speicherbereiche (Segmente), Deskriptoren, Tabellen usw. freizugeben. Zuvor muß jedoch dafür gesorgt werden, daß kein Wechsel mehr zu einer solchen Task stattfinden kann.
Die Prozeßverwaltung und Resouce-Allocation muß entsprechend den Erfordernissen des Betriebssystems nachgehalten werden.

6.5.2.3. Die Interrupt-Deskriptor Tabelle

Während im Real Mode zur Bearbeitung von Interrupts (stets Traps!) und Exceptions (Traps oder Faults) die Adressen der zugehörigen Unterbrechungsroutinen 4 Byte in Anspruch nehmen (Segment und Offset) und der Vektor dieser Adressen initial bei Adresse 0000H beginnt, benötigt man im Virtual Protected Mode eine Interrupt Deskriptor Tabelle (IDT), in welcher die Sprungziele angegeben werden.
Die Sprungziele werden hierbei jedoch in Form von Deskriptoren angegeben (innerhalb dieser steht u.a. die Adresse), so daß ein Eintrag für einen Unterbrechungsvektor 8 Byte benötigt.

Eine Handler-Funktion zur Bearbeitung einer Unterbrechung (Hard- oder Software Int. bzw. Exception) kann in Form einer Prozedur oder einer Task realisiert werden. Als Deskriptoren können in die IDT somit **Interrupt-, Trap-** oder **Task-Gates** eingetragen werden.

Interrupt- und Trap-Gates enthalten je einen Selektor für ein Codesegment und einen Offset für den Einsprungpunkt innerhalb dieses Segments. Wird eine Unterbrechung ausgelöst, so läuft die Handler-Routine im Kontext der aktuellen Task.
Dies ist z.B. dann sinnvoll, wenn eine Task eine Exception (Page-Fault) auslöst, welche besonders gut im Kontext der laufenden Task (akt. Page-Table., Register,... sind verfügbar) behandelt werden kann.

Wird ein Task-Gate in die IDT eingetragen, so enthält dieses einen Selektor auf ein TSS. Nach dem Auslösen einer Unterbrechung erfolgt ein Taskwechsel zur angegebenen Task, welche ihre eigene Umgebung (Taskkontext) besitzt.
Dies ist insbesondere bei externen Interrupts (z.B. Ein-/Ausgabe-Devices, wie Platten-oder Netzwerk-Controller) sinnvoll, da hier in der Regel kein direkter Zusammenhang zwischen der aktuellen Task und dem Interrupt besteht.

Nach Beendigung der aufgerufenen Prozedur oder Task erfolgt stets eine Rückkehr zur aktuellen (zuvor verlassenen) Task.

Die IDT kann sich ebenso wie die GDT an beliebiger Stelle innerhalb des physikalischen Speichers befinden. Ihre Anfangsadresse muß im Rahmen der Umschaltung in den Virtual Protected Mode in das IDT-Register (IDTR) geladen werden. Die Tabelle enthält bis zu 256 Deskriptoren, wobei die ersten

32 Einträge bereits von Seiten der Hardware für bestimmte Ereignisse und Fehlersituationen reserviert sind.

Zu den bereits beim 80286 definierten Unterbrechungsvektoren wurden beim 80386/486 weitere definiert, welche den erweiterten Möglichkeiten der Prozessoren Rechnung tragen (Int.-Nr. 8-15).

Function	Interrupt Nr.	Related Instructions	Type
Faktor bei Division zu groß	0	DIV, IDIV	FAULT
Debug Exception	1	alle	TRAP/FAULT
NMI interrupt	2	INT 2 oder NMI pin	NMI
Breakpoint Inter. (One Byte Int.)	3	INT 3	TRAP
INTO detected overflow exception	4	Int. bei Overflow	TRAP
Bound range exceeded exception	5	BOUND	FAULT
Invalid Op-Code exception	6	undefinierter opcode	FAULT
Device not available extension	7	ESC or WAIT	FAULT
Double Fault	8	INT-Vek. außerhalb der Tab.	ABORT
Proz. Extension Segm. overrun	9	Mem. Operand ext. FFFFH	ABORT
Invalid TSS	10	JMP, CALL, IRET, INT	FAULT
Segment not Present	11	Segm. Reg. Instruction	FAULT
Stack Fault	12	Stack-Reference	FAULT
General Protection Fault	13	Any Memory Reference	FAULT
Intel reserved- do not use	14		FAULT
	15		
Processor extension error	16	ESC or WAIT	FAULT
Intel reserved- do not use	17-31		
Two Byte Interrupt	32-255	ab 20H für Benutzer	

Tab. 6.5-1: Vordefinierte Interrupt-Vektoren bei 80386 und 80486

Während Faults eine Unterbrechung des laufenden Programms vor Ausführung des aktuellen (die Exception betreffenden) Befehls auslösen und nach der Rückkehr aus der Handler-Routine zum Restart des Befehls führen, erfolgt bei einem Trap bzw. extern ausgelösten Interrupt eine Verzweigung nach Ausführung des aktuellen Befehls.

Da sich die Interrupt Deskriptor Tabelle stets in einem konsistenten Zustand befinden muß, ist darauf zu achten, daß während ihrer Modifikation keine Interrupts ausgelöst werden können. Die IDT wird in der Regel nur vom Betriebssystem verändert, nicht von Anwendertasks.

6.5.3. Der Protection Mechanismus

6.5.3.1. Konzept

Zur Unterstützung der Implementierung von Multitasking-Betriebssystemen verfügt der Prozessor 80486 (wie auch der 80386 und 80286) über vier Privilegstufen, unter denen Programme (innerhalb von Codesegmenten) ausgeführt werden können. Sie dienen dem Schutz von Anwenderprogrammen untereinander und gegenüber Programmteilen des Betriebssystems.

Über die Privilegstufen (Privilege Level 0 bis 3) werden die Ausführung von

• privilegierten Befehlen,

• I/O- Befehlen (IN, OUT, INS, und OUTS) sowie der

• Zugriff zu Segmenten und Segmentdeskriptoren geregelt.

Privilegierte Befehle können ausschließlich im Real Mode oder im Virtual Protected- Mode mit der Privilegstufe 0 (höchste Privilegstufe) ausgeführt werden. Solche Befehle sind:

> Move from or to: Control- , Debug- und Testregister
>
> HLT   Halt-Befehl
>
> CLTS   (Clear Task Switched Flag)
>
> LGDT (Load GDT-Register)
>
> LIDT   (Load IDT-Register)
>
> LLDT (Load LDT-Register)
>
> LTR   (Load Task Register)
>
> LMSW (Load Machine Status Word from Reg. /Mem.)

I/O-Befehle können im Real Mode stets und im Virtual Protected Mode lediglich von Tasks mit einer laufenden Privilegstufe (Current Privilege Level, **CPL**), welche höher als die im EFLAG-Register definierte I/O-Privilegstufe (I/O-Privilege Level, **IOPL**) ist, ausgeführt werden. D.h., numerisch muß CPL ≤ IOPL gelten. Gilt dies nicht, so müssen im 386/486 TSS die zugriffsfreien Ein-/ Ausgabeadressen (Byte-Adressen) für eine Task explizit in der I/O-Permission-Map des zugehörigen TSS freigegeben werden (Bit = 0).
Durch einen POPF-Befehl wird das Int. Enable Flag nur verändert, wenn CPL ≤ IOPL ist und das IOPL Feld nur, wenn CPL = 0 ist.

Führt eine Task ein Codesegment aus, so ist ihre Privilegstufe gleich der Privilegstufe des Codesegments (DPL-Feld im Deskriptor). Nur für den Fall, daß es sich um ein Conforming-Codesegment handelt, wird die Privilegstufe der rufenden Task übernommen.

Die im DPL-Feld hinterlegte Privilegstufe eines Segments legt die Privilegstufe fest, welche mindestens notwendig ist, um auf dieses Segment zugreifen zu können. Soll von einer Task auf ein Datensegment lesend oder schreibend zugegriffen werden, so muß die Task mindestens die gleiche Privilegstufe (numerisch: ≤) besitzen wie das Datensegment. Eine Task, welche mit Privilegstufe 1 läuft, kann z.B. auf Datensegmente mit der Privilegstufe 3, 2 oder 1 zugreifen, nicht jedoch auf solche der Stufe 0.

Um die Programmausführung per JMP, CALL, INT n bzw. per RET oder IRET auf ein anderes Codesegment zu übertragen, muß die Task die Privilegstufe des Zielsegments haben. Um Systemfunktionen, welche in höher privilegierten Codesegmenten des Betriebssystems liegen, aufrufen zu können, sieht der 80386/486 besondere Deskriptoren (**Call-Gates**) vor.

Eine Task darf keine Prozedur innerhalb eines weniger privilegierten Segments aufrufen, um nicht Gefahr zu laufen, einen damit auch weniger sicheren Code auszuführen. Ein hochprivilegiertes Programm könnte durch den Aufruf eines wenig privilegierten, evtl. fehlerhaften (Anwender-) Programms beliebigen "Unsinn produzieren" und damit das Sicherheitskonzept wirkungslos machen.

Wäre es möglich, daß eine höher privilegierte Task eine weniger privilegierte Task aufrufenkann, so könnte z.B. innerhalb dieser die Rücksprungadresse manipuliert und zu jeder beliebigen Adresse innerhalb der höher privilegierten Task zurückgesprungen werden!

Da die Datensegment-Aliase für die GDT, LDT und IDT stets die Privilegstufe 0 besitzen (DPL sollte 0 sein!), können auch nur Programme, welche auf der Privilegstufe CPL=0 laufen, Deskriptoren erzeugen (durch das Eintragen entsprechender Datenstrukturen, nämlich Deskriptoren, in diese Tabellen). Da es außer diesen Datensegment-Aliasen keine weiteren Deskriptoren auf die GDT und IDT gibt, um die darin befindlichen Deskriptoren manipulieren bzw. neue hinzufügen zu können und das Laden eines Selektors auf einen Local Descriptor Table Descriptor (steht in der GDT) in ein Datensegment zu einem General Protection Fault führt, kann eine Task der Privilegstufe 3,2 oder 1 nur über die Verwendung von Gates ihre laufende Priorität verändern.

Tasks können stets nur auf Datensegmente zugreifen, wenn $CPL \leq DPL_{Datensegment}$ gilt.

Tasks können nie Prozeduren in Codesegmenten aufrufen, für die $CPL < DPL_{Codesegment}$ gilt.

Funktionen in höher privilegierten Codesegmenten ($CPL > DPL_{Codesegment}$) können nur über spezielle Gate-Deskriptoren aufgerufen werden.

Eine Anwendungs-Task, welche mit der Privilegstufe 3 abläuft, kann z.B. via Gate-Deskriptor eine Systemroutine mit einem CPL=1 bearbeiten.

Scheitert der Zugriff auf ein Segment aufgrund mangelnder Privilegien, so wird eine Exception 13 (General Protection Fault) ausgelöst.

Zum Laden eines Segmentregisters mit einem Selektor gibt es die Befehle LDS, LES, LSS, LFS, LGS, welche einen Selektor in das entsprechende Segmentregister und einen Offset in ein anzugebendes allgemeines Register laden (z.B. LES EBX, WORD PTR from; lädt 3 Wörter in EBX und ES). Dabei hat ein Selektor die folgende Form:

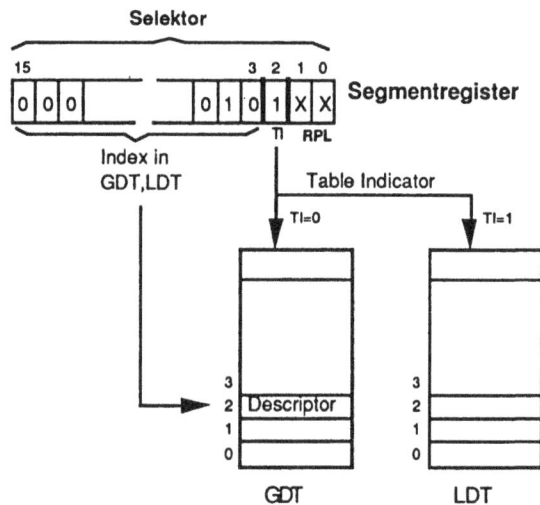

Abb. 6.5-5: Struktur eines Selektors

Mit Hilfe des TI-Bits kann zwischen globaler und lokaler Deskriptortabelle unterschieden werden. Das Feld **RPL** enthält den **Requested Privilege Level**.

Das RPL -Feld wird nur verwandt, um auf ein Segment mit einer geringeren Privilegstufe zugreifen zu können. Dies ist i.A. nicht möglich.

Für den Zugriff auf ein Segment bildet der 80486 (80386) aus dem CPL und dem RPL des zu ladenden Selektors den **Effective Privilege Level (EPL)**. Dieser ergibt sich aus der geringeren Privilegstufe aus CPL und RPL (arithmetisch: EPL = max {CPL, RPL}).
Ist RPL = 0, so ergibt sich stets ein EPL gleich CPL, von welchem aus ein Deskriptor mit einem gewissen DPL (gleich der Privilegstufe des entsprechenden Segments) geladen werden soll.

Soll auf ein Codesegment mit einer geringeren Privilegstufe als CPL zugegriffen werden (CPL < $DPL_{Codesegment}$), so besteht die Möglichkeit, dies mit einem Selektor mit RPL $\geq$ $DPL_{Codesegment}$ dennoch zu tun.

Diese Maßnahme wird häufig dazu verwendet, um zu überprüfen, ob ein an eine Systemprozedur übergebener Selektor von der aufrufenden Task selbst geladen werden darf. Falls nicht (d.h. RPL < CPL), besteht der "Verdacht", daß eine Task sich indirekt Daten aus einem höherprivilegierten Segment (über eine Systemfunktion) verschaffen will.

Z.B. übergibt ein Anwenderprogramm einen Zeiger auf einen geschützten Bereich an eine Systemfunktion zur Ausgabe an ein ext. Gerät. Da die Systemfunktion unter CPL=0 abläuft, würde dies offensichtlich keine Probleme machen.
Um dies zu umgehen, kann die Systemfunktion mit dem Befehl ARPL (Adjust Requested Privilege Level) das RPL-Feld eines "bedenklichen" Selektors auf den CPL (genauer auf den Wert max{CPL, RPL}) der rufenden Task setzen. Falls deren CPL zu gering (numerisch max {CPL, RPL} > DPL) ist, so wird ein Protection Fault ausgelöst.

6.5.3.2. Privileg Transfer

Sollen von einer weniger privilegierten Task System (Unter-) Programme aufgerufen werden, welche eine Änderung der aktuellen Privilegstufe für die Dauer der Ausführung dieses Programms erfordern, so benötigt man dazu spezielle Unterstützung in Form von

- **Interrupt-Gates,**
- **Trap-Gates,**
- **Task-Gates und**
- **Call-Gates.**

Interrupt- und Trap-Gates

Interrupt- und Trap-Gates bieten eine Möglichkeit zur Programmverzweigung nach einer externen Unterbrechungsanforderung oder einer intern ausgelösten Exception (Fehlerzustand bzw. nach INT n -Befehl). Sie werden zu diesem Zweck in die Interrupt Deskriptor Tabelle (IDT) eingetragen und müssen vor der Auslösung einer Unterbrechung gültige Werte besitzen.

Interrupt- und Trap-Gates enthalten jeweils einen Selektor, welcher auf ein Codesegment zeigt, und einen Offset, welcher den Einsprungpunkt zur Serviceroutine innerhalb des Segments definiert. Der Unterschied zwischen Interrupt- und Trap-Gate besteht darin, daß durch ein Interrupt-Gate das Interrupt-Enable-Flag gelöscht wird (keine weiteren Interrupts zugelassen), bei einem Trap-Gate dagegen nicht (Schachtelung von Interrupts möglich).

Die Auslösung eines Interrupts hat dabei stets auch einen Übergang zu einem höher privilegierten Mode zur Folge.

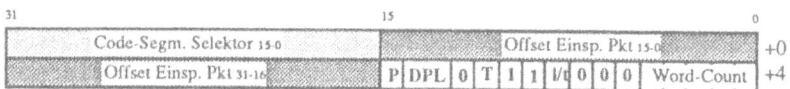

31		15		0	
Code-Segm. Selektor 15-0		Offset Einsp. Pkt 15-0			+0
Offset Einsp. Pkt 31-16	P	DPL	0	T	1	1	i/t	0	0	0	Word-Count	+4

P: Present Bit   (1=Present im physik. Speicher, 0 = not Present,
                  bei Zugriff erfolgt Exc. 11)
T: Gate-Typ   (0: 286 Int.-Gate, 1: 386/486 Int.-Gate)
i/t: Int/Trap   (0: Interrupt -Gate, 1: Trap-Gate)

Innerhalb des Gates bezeichnet DPL die niedrigste Privilegstufe, welche noch berechtigt ist, das Gate zu verwenden ($DPL_{Gate} \geq CPL$). Das Codesegment, welches im Gate eingetragen ist, muß jedoch ebenso oder höher privilegiert sein, wie die laufende Task ($DPL_{Codesegment} \leq CPL$). Ist dies nicht der Fall, so wird ein General Protection Fehler ausgelöst. Ist die Privilegstufe höher ($DPL_{Codesegment} < CPL$), so erfolgt ein Wechsel des CPL auf diesen Wert und ein Umschalten auf einen entsprechend höher privilegierten Stack.

Task-Gates

Auch Task-Gates bieten eine Möglichkeit zur Programmverzweigung nach einer externen Unterbrechungsanforderung oder einer intern ausgelösten Exception.

Ein Task-Gate enthält einen Selektor, welcher die Task bestimmt, welche nach dem Auftreten einer Unterbrechung als Handler-Routine bearbeitet werden soll.

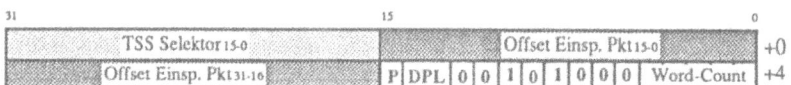

31		15		0	
TSS Selektor 15-0		Offset Einsp. Pkt 15-0			+0
Offset Einsp. Pkt 31-16	P	DPL	0	0	1	0	1	0	0	0	Word-Count	+4

P: Present Bit (1=Present im physik. Speicher, 0 = not Present, bei Zugriff
               erfolgt Exc. 11)

Innerhalb des Task-Gates bezeichnet DPL die niedrigste Privilegstufe, unter
der eine Task laufen darf, um das Gate z.B. durch Aufruf eines Befehls INT n
verwenden zu können. Um also auf eine Task per Task-Gate umschalten zu
können, muß die aufrufende Task mindestens genauso hoch privilegiert sein
(CPL ≤ DPL$_{Task-Gate}$), wie das Task-Gate. Wie bei Int.- oder Trap-Gates erfolgt
gegebenenfalls ein Wechsel des CPL zu der Privilegstufe des DPL$_{TSS}$ und
einen höher privilegierten Stack.

Call-Gates

Ein Call-Gate kann ähnlich wie ein Deskriptor in der GDT oder einer LDT
abgelegt werden. Es enthält einen Selektor, welcher auf ein Codesegment
zeigt, und einen Offset, welcher das Sprungziel innerhalb dieses Segments
angibt. Die CALL-Anweisung enthält als Operanden den Selektor des Gates
und einen nicht benötigten Offset.

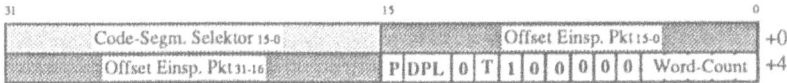

31		15		0	
Code-Segm. Selektor 15-0			Offset Einsp. Pkt 15-0		+0
Offset Einsp. Pkt 31-16		P DPL 0 T 1 0 0 0 0 0	Word-Count		+4

P: Present Bit (1=Present im physik. Speicher, 0 = not Present, bei Zugriff
               erfolgt Exc. 11)
T: Gate-Typ   (0: 286 Call-Gate, 1: 386/486 Call-Gate)

Es handelt sich hierbei also um einen indirekten Unterprogrammaufruf,
welcher sich besonders für die Realisierung von Einsprungadressen für
Systemprogramme eignet. Ändern sich die tatsächlichen Adressen, zu denen
verzweigt werden soll (z.B. neue Betriebssystemversionen), so bleiben
Anwenderprogramme davon unberührt.

Innerhalb des Call-Gates bezeichnet DPL die niedrigste Privilegstufe, welche
noch berechtigt ist, das Gate zu verwenden. Ist der CPL der rufenden Task
(numerisch) größer als der DPL im Call-Gate, so wird eine Exception 13
(General Protection Fault) ausgelöst. Ist CPL ≤ DPL, so erfolgt gegebenenfalls
ein Aufruf der im Gate per Codesegment Selektor und Offset des
Einsprungpunktes spezifizierten Prozedur.
Vor dem Aufruf des Programms vergleicht der Prozessor den CPL der
rufenden Task mit dem DPL des Codesegments.

Gilt CPL < DPL (vom Codesegment, nicht vom Call-Gate!), so wird ein
General Protection Fault ausgelöst.

Ist CPL = DPL, so erfolgt kein Wechsel der Privilegstufe und der Anwender-
Stack wird beibehalten.

Ist CPL > DPL, so erfolgt ein Wechsel zu der im DPL-Feld des Codesegments hinterlegten Privilegstufe und ein Übergang vom Anwender-Stack zum entsprechenden privilegierten Stack. Jede Task enthält für die vorhandenen Privilegstufen je einen eigenen Satz von Stacksegmenten und Stackpointern. Ein Übergang zu einem anderen Stacksegment ist notwendig, um sicherzustellen, daß der Anwender-Stack beim Aufruf von Systemfunktionen nicht überläuft. Einer Anwendertask kann i.A. nicht "zugemutet" werden, daß sie einen hinreichend großen Stack zur Bearbeitung von Systemaufrufen vorhält.

Zur Übergabe von Parametern werden die im Feld Word-Count hinterlegte Anzahl von Parametern (bei 286 16-Bit, bei 386 32-Bit Werte, maximal 31 Parameter) vom Anwender- auf den entsprechenden privilegierten Stack (ESP0, ESP1 oder ESP2) kopiert.
Durch den Mechanismus des Call-Gates wird dafür gesorgt, daß sich die gleiche Anzahl von Parametern an den gleichen relativen Adressen auf dem neuen Stack befinden.

Am Ende der gerufenen Prozedur erfolgt mit einem RET bzw. im Fall von übergebenen Parametern per RET n ein Rücksprung zur rufenden Task. Dabei wird, falls erforderlich, automatisch zum ursprünglichen Privilege Level und zum Anwender-Stack zurückgekehrt.

Um eine Anzahl von Systemfunktionen verfügbar zu machen können jeweils eigene Call-Gates definiert werden oder aber nur ein einziges, welches den Zugang zum Systemmodus gestattet und intern weiterverzweigt.

Neben der statischen Definition können Call-Gates auch dynamisch vom Betriebssystem erzeugt (bzw. für bestimmte Anwendertasks in deren LDT eingetragen) werden.
Eine weitere Möglichkeit besteht darin, daß Call-Gates zwar z.B. in der LDT gehalten, jedoch kein gültiges Sprungziel enthalten und zugleich als "nicht verfügbar" markiert werden. Erfolgt ein CALL aus einer Anwendertask, so wird ein Segmentfehler generiert, in dessen Handler-Routine das Sprungziel analysiert, eingetragen und das Segment als verfügbar gekennzeichnet werden kann.

Erfolgt ein CALL (oder JMP) in ein Conformance Codesegment (C-Bit gesetzt), so bleibt der CPL unverändert.
Dies ist jedoch nur möglich, wenn die Prozedur in diesem Segment keine eigenen, vor aufrufenden Programmen zu schützende Datensegmente hat, da sie sonst selbst mindestens so hoch privilegiert sein müßte wie diese Datensegmente. Beispiele hierfür sind "Shared Libraries" welche Funktionen beinhalten, welche keine System-Resourcen verwenden.

Betrachtet man die bislang behandelten Möglichkeiten der Segmentierung und des gegenseitigen Schutzes von Segmenten über ihre Deskriptoren, d.h. die Informationen, welche in den nicht zugängigen Bereichen zu jedem der Segmentregister gespeichert sind, unter dem Gesichtspunkt der drei unter-

schiedlichen Betriebsarten, so ergeben sich implizit die nachfolgenden
Belegungen für Basis-, Limit- und Attributregister:

Belegung im Real Mode:

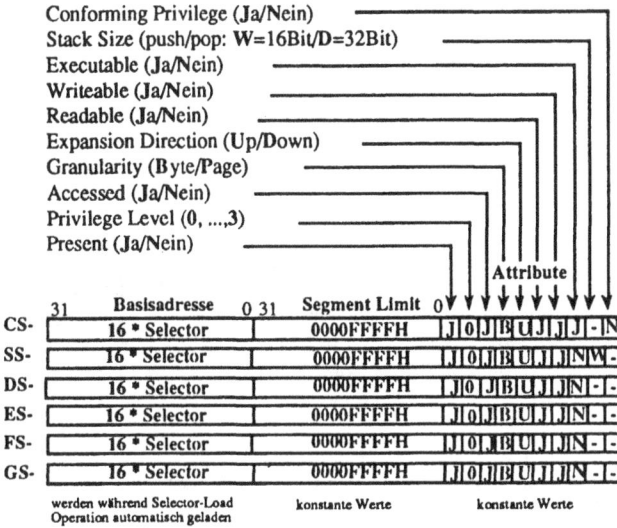

Conforming Privilege (Ja/Nein)
Stack Size (push/pop: W=16Bit/D=32Bit)
Executable (Ja/Nein)
Writeable (Ja/Nein)
Readable (Ja/Nein)
Expansion Direction (Up/Down)
Granularity (Byte/Page)
Accessed (Ja/Nein)
Privilege Level (0, ...,3)
Present (Ja/Nein)

Attribute

	31 Basisadresse 0	31 Segment Limit 0	Attribute
CS-	16 * Selector	0000FFFFH	J 0 J B U J J J - N
SS-	16 * Selector	0000FFFFH	J 0 J B U J J N W -
DS-	16 * Selector	0000FFFFH	J 0 J B U J J N - -
ES-	16 * Selector	0000FFFFH	J 0 J B U J J N - -
FS-	16 * Selector	0000FFFFH	J 0 J B U J J N - -
GS-	16 * Selector	0000FFFFH	J 0 J B U J J N - -

werden während Selector-Load   konstante Werte   konstante Werte
Operation automatisch geladen

Belegung im Virtual 8086-Mode (Task, welche im Virtual 8086-Mode abläuft):

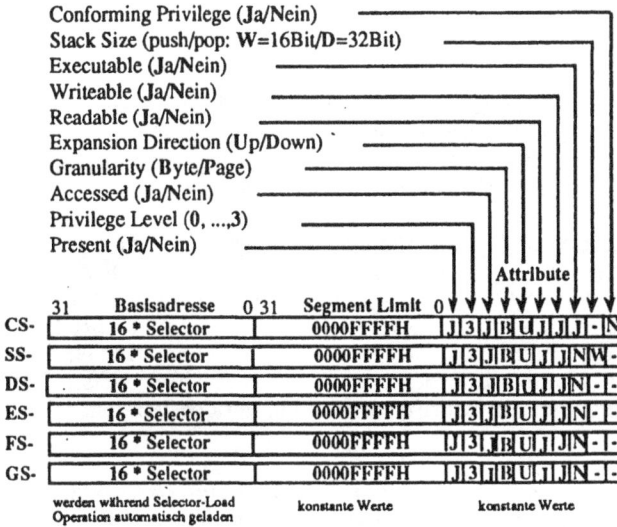

Conforming Privilege (Ja/Nein)
Stack Size (push/pop: W=16Bit/D=32Bit)
Executable (Ja/Nein)
Writeable (Ja/Nein)
Readable (Ja/Nein)
Expansion Direction (Up/Down)
Granularity (Byte/Page)
Accessed (Ja/Nein)
Privilege Level (0, ...,3)
Present (Ja/Nein)

Attribute

	31 Basisadresse 0	31 Segment Limit 0	Attribute
CS-	16 * Selector	0000FFFFH	J 3 J B U J J J - N
SS-	16 * Selector	0000FFFFH	J 3 J B U J J N W -
DS-	16 * Selector	0000FFFFH	J 3 J B U J J N - -
ES-	16 * Selector	0000FFFFH	J 3 J B U J J N - -
FS-	16 * Selector	0000FFFFH	J 3 J B U J J N - -
GS-	16 * Selector	0000FFFFH	J 3 J B U J J N - -

werden während Selector-Load   konstante Werte   konstante Werte
Operation automatisch geladen

Virtual Protected Mode:

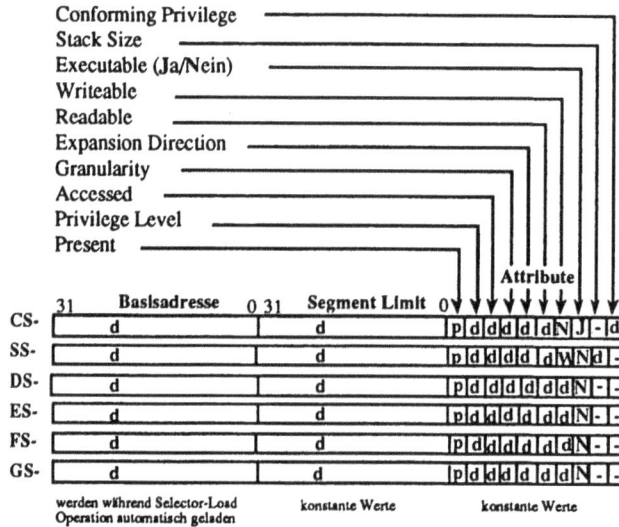

Conforming Privilege
Stack Size
Executable (Ja/Nein)
Writeable
Readable
Expansion Direction
Granularity
Accessed
Privilege Level
Present

Attribute

	31	Basisadresse	0	31	Segment Limit	0		
CS-		d			d		p d d d d d N J - d
SS-		d			d		p d d d d d W N d -
DS-		d			d		p d d d d d d N - -
ES-		d			d		p d d d d d d N - -
FS-		d			d		p d d d d d d N - -
GS-		d			d		p d d d d d d N - -

werden während Selector-Load   konstante Werte   konstante Werte
Operation automatisch geladen

d: Werte werden durch den Segmentdeskriptor bestimmt
p: Wird per Segmentdeskriptor bestimmt, falls nicht present, dann Seg.-Not-Present Exception 11 (bzw. Stack Fault (Exc.12) bei SS
r: per Segmentdeskriptor, falls nicht lesbar, General Prot. Fault (Exc. 13)
w: per Segmentdeskriptor, falls nicht schreibbar, General Prot. Fault (Exc. 13)

6.5.4. Paging

6.5.4.1. Prinzip des Paging

Segmentierung bedeutet, daß der Speicher in Segmente variabler Länge eingeteilt wird. Ein Programm enthält in der Regel mindestens ein Code-, ein Stack- und ein Datensegment. Mehrere Programme können sich auch Segmente teilen (z.B. gemeinsame Codesegmente).

Die Adressierung erfolgt innerhalb eines Programms über einen Selektor- und einen Offset-Anteil in der Adresse. Der Selektor zeigt auf einen Deskriptor in einer Tabelle, welcher die Segmentanfangsadresse und die Größe des Segments enthält. Anfangsadresse + Offset ergeben die lineare Adresse innerhalb des maximal 4 GByte umfassenden linearen Adreßraums. Schutzmechanismen überprüfen ob der gewählte Offset innerhalb des Segments liegt und die Zugriffsrechte nicht verletzt werden.

Beim Paging dagegen wird der lineare Adreßraum (4 GByte, A_{31-0}) in Seiten fester Länge (beim 80486/386 4 KByte große Pages) eingeteilt. Diese Einteilung richtet sich unabhängig von der Speicherbelegung (Code, Daten oder Stackbereiche) oder der logischen Struktur eines Programms an 4 KByte

Blöcken aus, so daß die niederwertigen 12 Adreßbits einer linearen Adresse gerade den Offset innerhalb einer Seite beschreiben und die verbleibenden höherwertigen Adreßbits eine Seite referenzieren.

In der Regel steht dem linearen Adreßraum von 4 GByte nur ein realer Hauptspeicherausbau von 1 bis 32 MByte (bei sehr größeren Systemen auch mehr) gegenüber. Der reale (physikalische) Speicher ist darum in Teile (Kacheln) gleicher Größe eingeteilt, so daß der Inhalt einer (virtuellen) Speicherseite genau in eine Speicherkachel hineinpaßt. Da es in der Regel sehr viel mehr Speicherseiten als physikalisch vorhandene Speicherkacheln gibt, können nicht alle Seiten gleichzeitig in die geringere Zahl von Kacheln geschrieben werden und so für den Prozessor direkt verfügbar sein.
Für alle Seiten, welche aktuell nicht im Hauptspeicher aufgenommen werden können, muß Speicherkapazität auf einem Hintergrundspeicher (in der Regel eine Partition auf einer Festplatte) bereitgestellt werden.

Die Umsetzung einer linearen Adresse in eine physikalische Adresse erfolgt prinzipiell über eine Seitentabelle, welche die Zuordnungen zwischen Seite und Kachel enthält. Soll auf eine Adresse innerhalb einer Seite zugegriffen werden, welche sich aktuell nicht im Hauptspeicher (d.h. in irgendeiner Kachel dort) befindet, so muß diese zuerst vom Hintergrundspeicher (Festplatte) gelesen und in den Hauptspeicher geschrieben werden. Sind dort bereits alle Kacheln besetzt, so muß eine nicht mehr bzw. nicht unmittelbar benötigte Seite zuerst auf den Hintergrundspeicher (virtueller Speicher) ausgelagert werden.

Werden während der Bearbeitung mehrerer Tasks bei Taskumschaltung und bei Bedarf weiterer Speicherseiten nicht nur einzelne Seiten, sondern stets alle von einer Task benötigten Pages zwischen Haupt- und Hintergrundspeicher ausgetauscht, so spricht man von **Swapping**, sonst von **Paging**.

Soll ein Programm (im Zeitmultiplex mit anderen Programmen) ausgeführt werden, so braucht (theoretisch) zunächst nur die erste Seite des Codesegments in eine Kachel geladen und sofort mit der Ausführung des ersten Befehls begonnen zu werden. Erfolgt innerhalb der Programm-abarbeitung ein Zugriff auf eine weitere Seite (Stack, Daten oder Code), so wird diese, da die Seite zunächst nicht verfügbar ist, eine Exception (Page-Fault) auslösen, und ein Systemprogramm des Betriebssystems analysiert den Fehler. Sie lädt die benötigte Seite vom Hintergrundspeicher in eine Hauptspeicherkachel und gibt die Kontrolle zurück an die Task, welche den Seitenfehler erzeugt hat. Da es sich bei dieser Unterbrechung nicht um einen Trap, sondern um einen Fault handelt, wird der Maschinenbefehl welcher den Seitenfehler verursacht hat erneut ausgeführt (restartable instructions). Dieses mal jedoch mit Erfolg, da die Seite nun vorhanden ist.

Mit Hilfe dieses Verfahrens können erstmals Programme ausgeführt werden, deren benötigte Speichergröße über der des physikalischen Speicherausbaus liegt.

Ein kurzer Vergleich beider Verfahren ergibt folgende Vor- und Nachteile:

Verfahren	Vorteile	Nachteile
Segmentierung	• relative Adressierung von Prog. da (Offset) relativ zum Segmentanfang	•Speicherverschnitt durch die Belegung und Freigabe von Segm.(externe Fragmentierung)
	• Schutz vor gegenseitiger Beeinflussung/Manipulation	• zus. Segmentregister notwendig (Umladen zur Laufzeit)
	• unterschiedliche Privilegstufen sind möglich (User- und Systemmode)	• aufwendiger Zugriff über komplexe Deskriptoren / Selektoren
		• zus. Hardware (MMU)
Paging	•kein Speicherverschnitt beim Auswechseln von Seiten (konstante Seitengröße)	•Speicherverschnitt durch feste Seitengröße (nur ganze Seite, interne Fragmentierung)
	• Programmgröße ist theoretisch nicht begrenzt	• bei Page-Fault Seite nachladen (zus. Hadware notwendig)

6.5.4.2. Adreßumsetzung beim Paging-Verfahren

Bei der Adreßberechnung durchläuft der 80486/386 Prozessor (entsprechend Abb. 6.5-1) zunächst die Segmentierung und danach das Paging. Dies bedeutet, daß logisch zunächst über die Segmentdeskriptoren eine lineare Adresse gebildet wird, deren Gültigkeit anhand von Limit und Attribut (nach der Privilegprüfung beim Laden des Deskriptors) überprüft wird. Erst anschließend findet eine Umsetzung der linearen in die physikalische Adresse im Rahmen des Pagings statt (tatsächlich werden beide Umsetzungen von der MMU parallel durchgeführt).

Die Umsetzung von Seiten- in Kachelnummern erfolgt in zwei Stufen. Dazu wird zunächst der Offset von der linearen Adresse abgespalten. Er wird später mit der Kacheladresse konkateniert.

Die Nummer der virtuellen Speicherseite (der verbleibende höherwertige Rest der lin. Adr.) wird in einen Directory- und einen Table-Offset aufgeteilt. Der Directory-Offset zeigt mit dem Register CR3 (Basisadresse) zu einem Eintrag im Seitentabellenverzeichnis (Page Directory Table), welcher folgenden Aufbau besitzt:

Page Directory Entry (PDE):

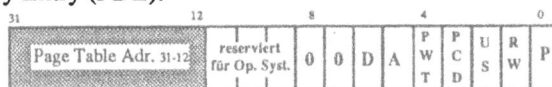

31	12	8		4					0
Page Table Adr. 31-12	reserviert für Op. Syst.	0	0	D	A	P W T	P C D	U S	R W	P

Innerhalb dieses Eintrags befindet sich ein Zeiger auf eine Seitentabelle (Page Table). Innerhalb der Page Table befindet sich an der Adresse des Table-Offsets ein Seitentabelleneintrag, welcher die Form

Page Table Entry (PTE):

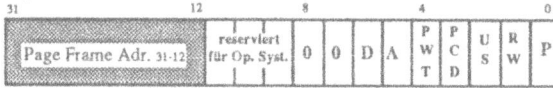

besitzt. In diesem Eintrag findet man schließlich die Nummer der Kachel (Page Frame), in der die Seite abgespeichert ist.

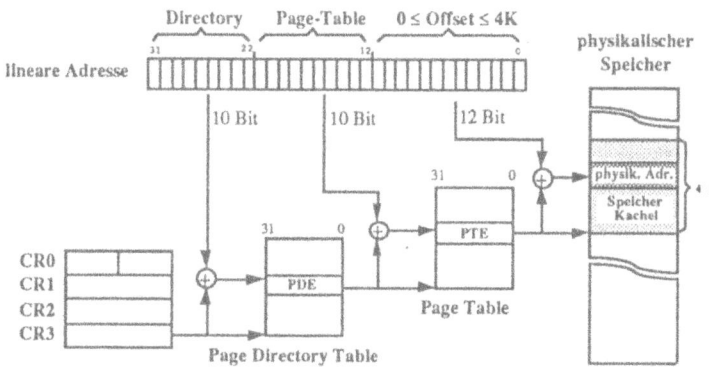

Abb. 6.5- 6: Adreßumsetzung beim Paging

Neben diesen Referenzen findet man in den Einträgen reservierte Bereiche, Konstanten und Kennzeichenbit für verschiedene Zustände, in denen sich eine Seite befinden kann:

P: Present Bit
P=1: der Eintrag ist gültig und kann für eine Adreßumsetzung verwendet werden, d.h. die   Seite befindet sich aktuell im Hauptspeicher in der entspr. Kachel
P=0: der Eintrag ist für eine Adreßumsetzung ungültig
Innerhalb eines Seitentabelleneintrags kann dieses Feld jedoch z.B. zur Zwischenspeicherung der Blocknummer auf der Festplatte verwendet werden, unter der sich die Seite im virtuellen Speicher befindet und auf die sie bei einer späteren Auslagerung abgespeichert werden muß.

A: Accessed Bit
A=1: Dieses Bit wird automatisch gesetzt, wenn das erste mal auf die Seite zugegriffen wird (lesender oder schreibender Zugriff).

D: Dirty Bit

D=1: Innerhalb eines PTE zeigt dieses Bit an, daß auf die Seite schreibend zugegriffen, d.h. die Seite wahrscheinlich verändert wurde. Nur veränderte Speicherseiten müssen bei einer Taskumschaltung gegebenenfalls auf den virtuellen Hintergrundspeicher zurückgeschrieben werden. Beim Seitentabellenverzeichnis ist diese Bit undefiniert.

Die Bit P, A und D werden vom Prozessor automatisch gesetzt bzw. gelöscht. Sie werden in nicht unterbrechbaren Operationen verändert.

PCD: Page Cache Disable
PCD=1 sperrt den internen Pufferspeicher.

PWT: Page Write Through
PWT kann benutzt werden um das Schreiben in einen externen Pufferspeicher (Cache) zu steuern.

Diese beiden Bits dienen der Pufferspeichersteuerung, sie werden an den beiden Anschlußstiften gleichen Namens aus dem Prozessor herausgeführt.

U/S User/Supervisor
R/W Read/Write
Zur Einführung eines Schutzmechanismus auf der Basis von Speicherseiten werden zwei Privilegstufen unterschieden:
        User Mode: CPL= 3
   Supervisor Mode: CPL=0,1 oder 2

Die Berechtigung zum Lesen und Schreiben ist durch die obigen Bits wie folgt geregelt:

U/S	R/W	CPL=3	CPL < 3
0	0	-	read+write
0	1	-	read+write
1	0	read-only	read+write
1	1	read+write	read+write

Die beiden Bit werden in Verbindung mit dem WP-Bit des Statusregisters (CR0) zur Steuerung der Zugriffsrechte benutzt. Es wird damit festgelegt, ob im Benutzer- bzw. Supervisor Mode lesend oder schreibend zugegriffen werden darf.

Adreßumsetzung mittels **Translation Lookaside Buffer (TLB)**:

Betrachtet man die obige (zweistufige) Adreßumsetzung über Directory- und Seitentabelle, so wird deutlich, daß die MMU für den Zugriff auf eine Adresse vorher stets zwei Speicherzugriffe zum Lesen der Directory- und Page-Table Entries benötigt, um schließlich erst im dritten Zugriff die eigentliche Adresse ausgeben zu können. Das Verfahren ist praktisch unbrauchbar! Um diesen

Vorgang von Seiten der Hardware zu Unterstützen wird ein Assoziativspeicher verwendet. Die Adreßumsetzung arbeitet dann wie folgt:

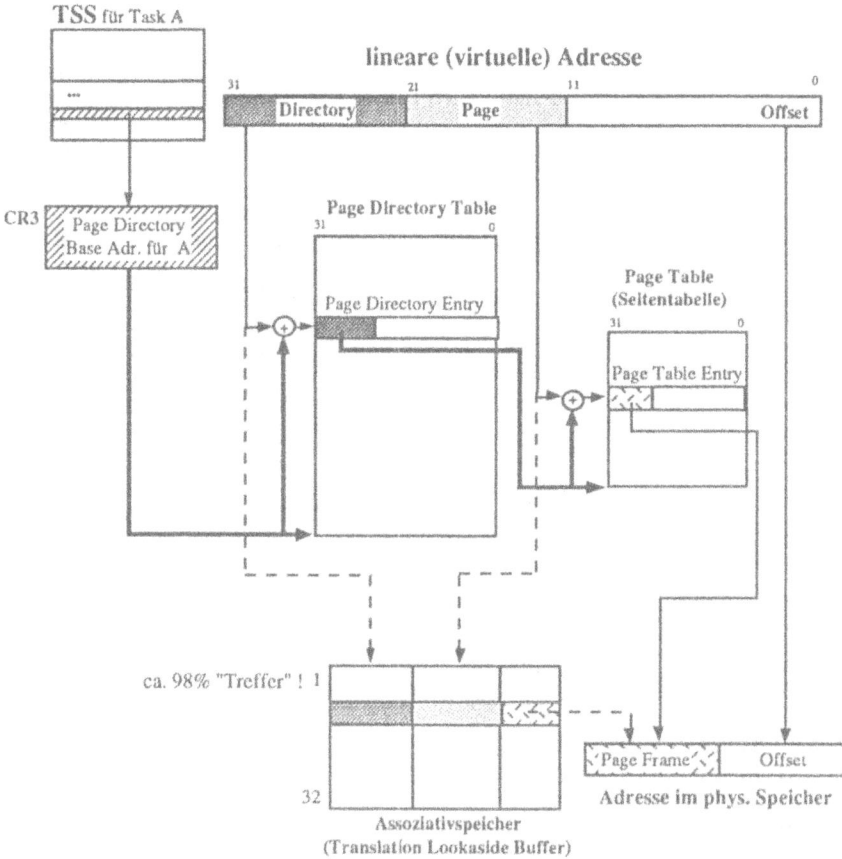

TSS für Task A

lineare (virtuelle) Adresse

| 31 | 21 | 11 | 0 |

Directory   Page   Offset

CR3   Page Directory Base Adr. für A

Page Directory Table
31   0

Page Directory Entry

Page Table (Seitentabelle)
31   0

Page Table Entry

ca. 98% "Treffer" ! 1

32

Assoziativspeicher (Translation Lookaside Buffer)

Page Frame   Offset

Adresse im phys. Speicher

Abb. 6.5-7: Adreßumsetzung mit dem TLB

Die von der Segmentierung erhaltene 32-Bit lange lineare Adresse wird in Directory/Page-Anteil und Offset aufgespalten. Über einen Assoziativspeicher werden Directory- und Page-Adresse adressiert (parallel an alle 32 Registereingänge angelegt). Befindet sich die gesuchte Zuordnung bereits im Assoziativspeicher (d.h. es liegt ein "Treffer" bzw. "Hit" vor), so steht die Kachelnummer sofort bereit. Dies ist im Mittel bei 98% aller Zugriffe (Daten, Code oder Stack) der Fall.

Befindet sich die gesuchte Zuordnung (noch) nicht im Translation Lookaside Buffer, so muß zunächst der Page Directory Entry (PDE) gelesen werden. Ist das darin befindlicher P-Bit (Present) gesetzt (P=1), so zeigt dies an, daß sich die entsprechende Seitentabelle im Hauptspeicher unter der angegebenen Adresse befindet. In diesem Fall wird der entsprechende Seitentabelleneintrag

(Page Table Entry, PTE) gelesen und gleichzeitig das darin befindliche A-Bit (Accessed) gesetzt.

Ist das darin befindliche P-Bit gesetzt, so befindet sich die Seite aktuell in der angegebenen Kachel im Hauptspeicher und nach einem Update von Accessed- und Dirty-Bit kann der Inhalt der Adresse gelesen bzw. neu eingeschrieben werden. Die hierbei gewonnene Zuordnung zwischen Directory, Page und Page-Frame wird (unter der Annahme, daß eine weitere Anzahl von Zugriffen auf diese Seite folgen wird) in den Translation Lookaside Buffer übernommen. Dabei muß evtl. ein alter Eintrag überschrieben werden.

Ist innerhalb der Tabelleneinträge ein P-Bit nicht gesetzt oder liegt bezüglich U/S und R/W-Bit eine Privilegverletzung vor, so wird ein Page-Fault (Exception 14) generiert, wobei das Register CR2 die lineare Adresse (d.h. Directory- und Page-Anteil) enthält, welche den Fehler ausgelöst hat. CS:EIP zeigen dann auf die Anweisung, welche den Seitenfehler ausgelöst hat, und ein Fehlercode (16-Bit Wort) wird per PUSH auf den Stack geschrieben[16], welches per gesetztem Bit Auskunft darüber gibt, welcher Fehler aufgetreten ist:

```
15                          2    1    0
 ┌─────────────────────┬───┬───┬───┐
 │      undefiniert     │u/s│r/w│ p │       Page Fault Error-Code auf dem
 └─────────────────────┴───┴───┴───┘       Stack
```

U/S=1: Fehler ereignete sich im User-Mode
U/S=0: Fehler ereignete sich im Supervisor Mode

R/W=0: Fehler trat bei einem Lesezugriff auf
R/W=1: Fehler trat bei einem Schreibzugriff auf

P=0: Fehler wurde durch eine nicht vorhandene Seite ausgelöst
P=1: Fehler wurde durch eine Page Level Protection Violation ausgelöst

Im TLB stehen neben den Kachelnummern noch die Bits PCD und PWT für die Steuerung des internen Cache-Speichers zur Verfügung. Das P-Bit ist bei einem vorhandenen Cache-Speicher (beim 80486 stets der Fall, und beim 80386 für den Fall eines angeschlossenen Cache-Speichers) nicht erforderlich. Im TLB können im Fall eines Pufferspeichers nur Seiten stehen, welche sich aktuell in einer Hauptspeicherkachel befinden.

---

[16] Der Stack arbeitet bei 8086 und 80286 nur mit 16-Bit Daten, während beim 80386 und 80486 auch 32 Bit möglich sind.

6.6. Der Pufferspeicher

6.6.1. Allgemeines

Betrachtet man die Speicherhierarchie, so ergibt sich folgendes Bild:

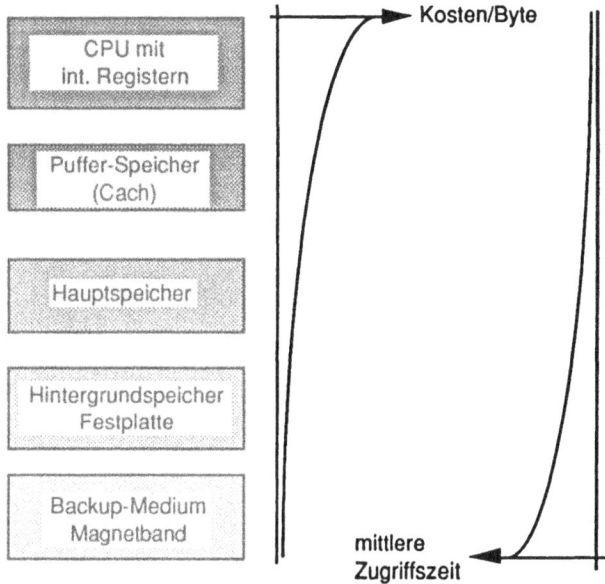

Abb. 6.6-1: Speicherhierarchie

Zur weiteren Steigerung der Verarbeitungsgeschwindigkeit von Prozessorbefehlen verfügt der Prozessor 80486 stets und der 80386 beim Einsatz
zusätzlicher Hardware (z.B. 82385 Cache-Controller und SRAM-
Speicherbausteine) über einen sehr schnellen Pufferspeicher.

Der Pufferspeicher dient der Anpassung der Zugriffszeiten gegenüber den
üblichen Speicherbausteinen (bei welchen teilweise sogar Wait-States
eingefügt werden müssen) an die hohe Verarbeitungsgeschwindigkeit der
CPU. Dies ist insbesondere bei hohen Taktfrequenzen sinnvoll und wird
erreicht durch

• schnellere SRAM-Bausteine (Zugriffszeiten von 20-40ns), die

• Vermeidung (bzw. Reduktion) von Wait-States und die

• Verringerung der Anzahl von Zugriffen zum langsameren Arbeitsspeicher
  (70-120ns).

Wenn dennoch auf den vergleichsweise langsamen Hauptspeicher
zugegriffen werden muß, so kann dies z.B. im Burst-Mode erfolgen, wobei
dann ganze Blöcke (jeweils ausgerichtet 16 Byte) gelesen werden.

In der Praxis unterscheidet man verschiedene Cache-Organisationen, wobei die nachfolgenden Eigenschaften bedeutsam sind:

- Software-Transparenz (d.h. SW kann unabh. von Cache entwickelt werden)
- es gibt logische und physikalische Cache-Speicher (vor bzw. hinter der MMU)
- Instruktionen, Daten oder beide werden gepuffert

6.6.2. Der Cache-Speicher des 80486

Der Cache des Prozessors 80486 ist ein software-transparenter, physikalischer 4-Wege-Assoziativ Cache für Instruktionen und Daten. Er verwendet einen least recently used-Algorithmus (LRU) zur Ersetzung seines Inhalts.
Der Pufferspeicher des 80486 arbeitet also nur mit physikalischen Adressen, die Umsetzung von virtuellen Adressen über Segmente und Seiten bzw. Hauptspeicherkacheln wird vorher von der MMU durchgeführt.

Durch die beiden Bits CE (Cache Enable) und WT (Write Through) im Steuerregister CR0 kann der Betrieb des Pufferspeichers gesteuert werden:

CE	WT	Funktion
0	0	Kein Cache-Betrieb, Default bei Initialisierung der CPU
0	1	Pufferspeicher nicht nachfüllen, aber bei Schreibzugriffen den Pufferspeicher ebenfalls aktualisieren
1	0	Ungültig
1	1	Cache-Betrieb eingeschaltet

Ist der Cache-Betrieb eingeschaltet, so erfolgen alle Zugriffe auf Daten zunächst an die Cache-Verwaltung. Befindet sich ein gewünschtes Datum bereits im Pufferspeicher (Cache-Hit), so wird es von dort gelesen und ein Buszugriff auf den Hauptspeicher wird überflüssig. Ist dies nicht der Fall (Cache-Miss), so liest die Buseinheit einen Block von 16 Byte aus dem Hauptspeicher in den Pufferspeicher (sog. Line Fill), wobei sich die gewünschte physikalische Adresse in diesem Block befindet.
Ein Block ist stets an einer 16 Byte Grenze ausgerichtet, d.h. in der Adresse des ersten Bytes sind A_{3-0} Null.

Anschließend erfolgt erneut dieselbe Leseoperation (zuerst auf den Cache), welche jetzt erfolgreich ist. Der Cache-Betrieb führt dazu, daß an den Adreß- und Datenleitungen des Prozessors der aktuelle Datenfluß nicht mehr nachvollzogen werden kann!

Der interne Cache-Speicher des 80486 ist als ein 4-Wege Assoziativspeicher (je 128*16= 2 KByte) aufgebaut. Zur Überprüfung, ob eine angelegte Adresse im Puffer verfügbar ist, wird diese zunächst in drei Teile aufgespalten:

- **Byte-Auswahl** (A_{3-0}) innerhalb einer Zeile, bestehend aus 16 Bytes
- **Gruppenauswahl** (A_{10-4}), Einteilung in 128 Gruppen
- **Tag-Feld** (A_{31-11}), nach diesem Muster wird in 4 Feldern einer Gruppe gesucht

Innerhalb des Suchvorgangs wird unter der in Frage kommenden Gruppe, in den vier Tag-Feldern überprüft, ob das Tag in einem der Wege enthalten ist. Ist dies der Fall und das entsprechende Valid-Bit in der Gruppe gleich 1, so ist die Suche erfolgreich und das gesuchte Datenobjekt befindet sich in der zugehörigen Zeile (In der Abb.: Weg1 und somit Line1).

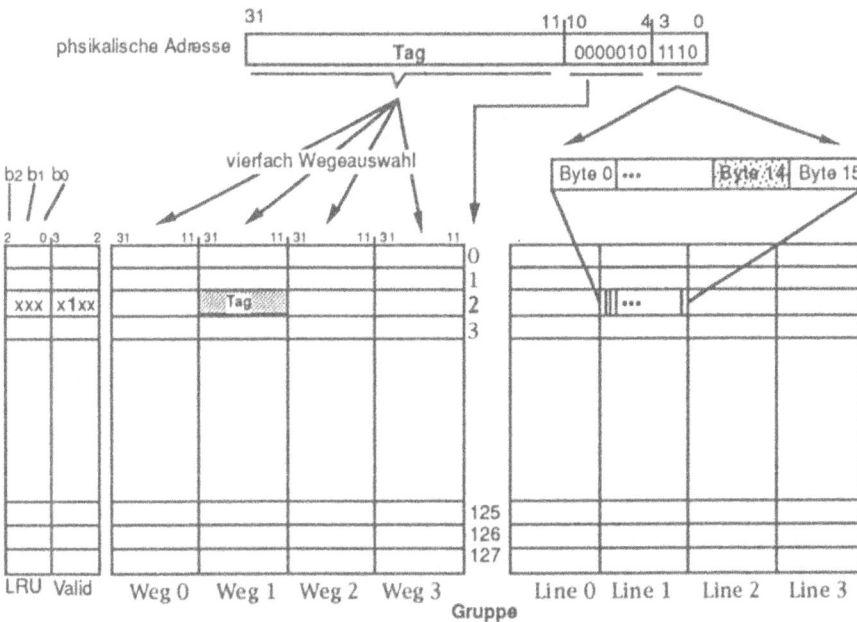

phsikalische Adresse — 31 — Tag — 11 10 — 0000010 — 4 3 0 — 1110

vierfach Wegeauswahl

b2 b1 b0

Byte 0 ... Byte 14 Byte 15

xxx x1xx Tag ...

LRU Valid | Weg 0 Weg 1 Weg 2 Weg 3 | Line 0 Line 1 Line 2 Line 3

Gruppe

Abb. 6.6-2: Cache-Verwaltung des 80486

6.6.3. Pufferspeicher-Strategie

Beim Einsatz eines Cache-Speichers treten nachfolgende Probleme auf:

- Welche Daten sollen im Pufferspeicher gehalten werden?
- Welche Daten sollen aus dem Pufferspeicher entfernt / überschrieben werden, wenn der Pufferspeicher voll ist und neue Bereiche in den Pufferspeicher gebracht werden sollen?
- Wie kann man sicher stellen, daß eine Übereinstimmung zwischen Puffer- und Hauptspeicher besteht?

Bei DMA könnten Hauptspeicher und Pufferspeicher inkonsistente Daten beinhalten, da DMA-fähige Geräte zwar in den Hauptspeicher, nicht jedoch in den Pufferspeicher schreiben können. Der Prozessor überwacht darum die Adressen auf dem Adreßbus und markiert gegebenenfalls Pufferspeicherbereiche, die mit gerade überschriebenen Hauptspeicherbereichen übereinstimmen, im Pufferspeicher als ungültig.
Über die Page-Table Entries können einzelne Seiten des Hauptspeichers auch als "non cacheable" markiert werden.

Schreiboperationen können auf verschiedene Weisen durchgeführt werden. Befindet sich eine gesuchte Adresse im Pufferspeicher, so wird das Objekt dort verändert und gleichzeitig eine Schreiboperation auf die entsprechende Hauptspeicherstelle angestoßen (**write-through**).

Erfolgt ein Lesevorgang, so muß i.a. entschieden werden, welche Pufferzeile überschrieben werden soll. Auf das Überschreiben einer gültigen Pufferzeile kann nur dann verzichtet werden, wenn noch Zeilen vorhanden sind, welche als ungültig markiert sind. Andernfalls bedient sich der 80486 eines pseudo-LRU Algorithmus, nach dem jeweils diejenige Zeile überschrieben wird, welche sich am längsten im Cache befindet.

Die Auswahl erfolgt in Abhängigkeit von den LRU-Bits b_{2-0}. Wird ein Tag und der ihm zugeordnete Puffer mit 16 Byte Speicherinhalt überschrieben, so ändern sich auch die LRU-Bits:

b_0 b_1 b_2	$\rightarrow$	b_0 b_1 b_2	und Tag und Datenblock i überschreiben
0 0 0		1 1 0	0
1 0 0		0 0 1	2
0 1 0		1 0 0	1
1 1 0		0 1 1	2
0 0 1		1 1 1	0
1 0 1		0 0 0	3
0 1 1		1 0 1	1
1 1 1		0 1 0	3

6.6.4. Anschlüsse des Pufferspeichers

Cache-Invalidation:

AHOLD: Address Hold Request
Dies Signal bewirkt, daß der Prozessor den Adreßbus im nächsten Takt hochohmig schaltet. Dadurch kann ein anderer Prozessor über den Adreßbus verfügen, ohne daß der Pufferspeicher verändert wird.

EADS#: Valid External Address
Dies Signal zeigt an, daß am Prozessor eine von außen kommende gültige Adresse anliegt, die keine Veränderung im Pufferspeicher bewirken soll.

Cache-Kontrolle:

KEN#:   Cache Enable
Das Signal KEN (aktiv low) bewirkt einen Zyklus zum Laden des Pufferspeichers.

FLUSH#:   Cache Flush
Das Signal FLUSH (aktiv low) bewirkt ein Ungültigsetzen des ganzen Pufferspeichers (alle Valid-Bits werden Null gesetzt).

Pufferspeichereigenschaft von Seiten :

PCD: Page Cache Disable
PWT: Page Write-Through
Die Ausgangsleitungen PCD und PWT geben den Zustand der beiden gleichnamigen Bits im Page Table oder Page Directory Entry wieder. Ist das Paging ausgeschaltet (oder bei Zyklen, die kein Paging bewirken), zeigen die Anschlüsse den Zustand der entsprechenden Flag im Steuerregister CR3 an.

7. Anhang

Beispiel für die Übersetzung eines C-Programms in 80x86-Assembler

Quellprogramm in der Sprache C:

```c
#include <stdio.h>
int u,v,w;

int max(int a,int b,int c)
{int m;
m= (a>b) ?a:b;
return (m>c) ?m:c;
}

main()
{u=56;
 v=378;
 w=max(u,v,4711);
 printf("a= %d b= %d  max= %d",u,v,w);
}
```

Zugehöriges Assemblerprogramm, übersetzt durch Turbo C++ Compiler:

```
        ifndef ??version
?debug macro
        endm
$comm  macro   name,dist,size,count
        comm    dist name:BYTE:count*size
        endm
        else
$comm  macro   name,dist,size,count
        comm    dist name[size]:BYTE:count
        endm
        endif
        ?debug S "test.c"
        ?debug C E95285D41806746573742E63
        ?debug C E90008CA1415433A5C54435C494E434C5544455C737464696F2E68
_TEXT   segment byte public 'CODE'
_TEXT   ends
DGROUP group   _DATA,_BSS
        assume cs:_TEXT,ds:DGROUP
_DATA   segment word public 'DATA'
d@      label  byte
d@w     label  word
_DATA   ends
_BSS    segment word public 'BSS'
b@      label  byte
b@w     label  word
_BSS    ends
_TEXT   segment byte public 'CODE'
   ;
   ;    int max(int a,int b,int c)
   ;
        assume cs:_TEXT
_max   proc  near
        push  bp
        mov   bp,sp
        push  si
   ;
   ;    {int  m;
```

```
;   m=  (a>b)  ?a:b;
;
    mov    ax,word ptr  [bp+4]
    cmp    ax,word ptr  [bp+6]
    jle    short  @1@74
    mov    ax,word ptr  [bp+4]
    jmp    short  @1@98
@1@74:
    mov    ax,word ptr  [bp+6]
@1@98:
    mov    si,ax
;
;   return  (m>c)  ?m:c;
;
    cmp    si,word ptr  [bp+8]
    jle    short  @1@146
    mov    ax,si
    jmp    short  @1@170
@1@146:
    mov    ax,word ptr  [bp+8]
@1@170:
    jmp    short  @1@194
@1@194:
;
;   }
;
    pop    si
    pop    bp
    ret
_max  endp
;
;   main()
;
    assume cs:_TEXT
_main proc   near
    push   bp
    mov    bp,sp
;
;   {u= 56;
;
    mov    word ptr DGROUP:_u,56
;
;    v=378;
;
    mov    word ptr DGROUP:_v,378
;
;     w=max(u,v,4711);
;
    mov    ax,4711
    push   ax
    push   word ptr  DGROUP:_v
    push   word ptr  DGROUP:_u
    call   near ptr  _max
    add    sp,6
    mov    word ptr  DGROUP:_w,ax
;
;    printf("a= %d b= %d  max= %d",u,v,w);
;
    push   word ptr DGROUP:_w
    push   word ptr DGROUP:_v
    push   word ptr DGROUP:_u
    mov    ax,offset DGROUP:s@
    push   ax
    call   near ptr _printf
    add    sp,8
;
;   }
```

```
        ;
        pop     bp
        ret
_main   endp
_TEXT   ends
_BSS    segment word public 'BSS'
_u      label   word
        db      2 dup (?)
_v      label   word
        db      2 dup (?)
_w      label   word
        db      2 dup (?)
        ?debug C E9
_BSS    ends
_DATA   segment word public 'DATA'
s@      label   byte
        db      'a= %d b= %d  max= %d'
        db      0
_DATA   ends
_TEXT   segment byte public 'CODE'
_TEXT   ends
        extrn   _printf:near
        public  _main
        public  _max
        public  _w
        public  _v
        public  _u
        end
```

8. Literaturverzeichnis

[Hu 92]   Hummel, Robert L.:
            Die Intel-Familie: Technisches Referenzhandbuch für den 80x86
            und 80x87, te-wi Verlag, München, 1992

[Int 87]   Intel Corp.:
            Intel Microprocessor and Peripheral Handbook Vol. 1 and 2; Order
            Number 230843; Intel Corp., Literature Sales, P.O. BOX 58130,
            Santa Clara, CA 95052-8130, 1987

[Int 91]   Intel Corp.:
            i486 Microprocessor Hardware Reference Manual, Order Number
            240552,
            Intel Corp., Literature Sales, P.O. BOX 58130, Santa Clara, CA
            95052-8130, 1991

[Int 91]   Intel Corp.:
            i486 Microprocessor Programmer´s Reference Manual, Order
            Number 240486
            Intel Corp., Literature Sales, P.O. BOX 58130, Santa Clara, CA
            95052-8130, 1991

[Sie 76]   Siemens AG:
            Siemens Mikroprozessorbausteine, System SAB 8080, Siemens AG,
            Bereich Bauelemente, Balanstraße 73, 8000 München 80, 1976

[Thi 92]   Thies, Klaus-Dieter:
            80486 Systemsoftware-Entwicklung, Ein Lehr- und Arbeitsbuch
            für die Intel- Mikroprozessoren, Carl Hanser Verlag, München,
            Wien, 1992

9 . Index